***ACCESO GRATIS** a la Lectura en la Nube*

Para visualizar el libro electrónico en la nube de lectura envíe junto a su nombre y apellidos una fotografía del código de barras situado en la contraportada del libro y otra del ticket de compra a la dirección:

ebooktirant@tirant.com

En un máximo de 72 horas laborales le enviaremos el código de acceso con sus instrucciones.

DERECHO PROCESAL CONSTITUCIONAL Y JUICIO DE AMPARO CONTRA NORMAS GENERALES

Procedimiento de selección de originales, ver página web:
www.tirant.net/index.php/editorial/procedimiento-de-seleccion-de-originales

DERECHO PROCESAL CONSTITUCIONAL Y JUICIO DE AMPARO CONTRA NORMAS GENERALES

JORGE ALVAR CONTRERAS SEGURA

tirant lo blanch
Ciudad de México, 2024

© EDITA: TIRANT LO BLANCH
DISTRIBUYE: TIRANT LO BLANCH MÉXICO
Av. Tamaulipas 150, Oficina 502
Hipódromo, Cuauhtémoc
CP 06100, Ciudad de México
Telf: +52 1 55 65502317
infomex@tirant.com
www.tirant.com/mex/
www.tirant.es
ISBN: 978-84-1056-122-9
MAQUETA: Disset Ediciones

A Jorge Alvar Contreras Vázquez, gracias por ser mi héroe;
Griselda Segura Ayala †, gracias por ser mi guía;
Ana María Cedillo González, gracias por ser mi fortaleza;
Victoria Abreo Fuentes, gracias por ser mi amparo;
y Sandra Contreras Segura, gracias por ser mi seguridad.

Índice

CAPÍTULO TERCERO

Prólogo

Sin duda, en los últimos años (difícil establecer un número preciso), los problemas jurídicos más relevantes que hemos tenido en México han surgido con motivo del análisis de constitucionalidad de normas generales, es decir, del contraste del contenido de leyes generales, federales, locales, constituciones locales, reglamentos y, en general, de cualquier disposición de observancia general con la Constitución Política de los Estados Unidos Mexicanos.

Entre las temáticas más relevantes que han surgido en México con motivo del análisis de constitucionalidad de normas generales podemos destacar los siguientes: el análisis de la regularidad constitucional de la llamada reforma energética[1]; la reforma legal conocida como el traslado del control operativo y administrativo de la Guarda Nacional a la Secretaría de la Defensa Nacional[2]; el llamado "Plan B"[3] consistente en una modificación al funcionamiento del sistema electoral en México; de la Ley Federal de Remuneraciones de los Servidores Públicos[4]; la Ley Nacional sobre el Uso de la Refuerza[5]; la Ley "Bonilla" (modificación a la Constitución local del estado de Baja California que ampliaba el periodo para el gobernador electo de 2 a 5 años); entre otros temas relevantes para orden jurídico nacional mexicano.

Asimismo, debe mencionarse que nuestra Suprema Corte de Justicia de la Nación no solo ha tenido la oportunidad, como ocurrió en los asuntos recién citados, de analizar la regularidad constitucional de normas generales a partir del estudio de su contenido material o del análisis del procedimiento que

---

1 Reformas a la Ley de la Industria Eléctrica publicadas el publicada el 9 de marzo de 2021.

2 Reformas a Ley Orgánica de la Administración Pública Federal, Ley de la Guardia Nacional, Ley Orgánica del Ejército y Fuerza Aérea Mexicanos y la Ley de Ascensos y Recompensas del Ejército y Fuerza Aérea Mexicanos, en materia de Guardia Nacional y Seguridad Pública, publicadas en el Diario Oficial de la Federación de 9 de septiembre de 2022.

3 Diversas modificaciones a la Ley General de Instituciones y Procedimientos Electorales, de la Ley General de Partidos Políticos, de la Ley Orgánica del Poder Judicial de la Federación, y la expedición de la Ley General de los Medios de Impugnación en Materia Electoral, publicados el 2 de marzo de 2023.

4 Reformas publicadas el 5 de noviembre de 2018.

5 Expedición de la Ley Nacional Sobre Uso de la Fuerza, publicada en el Diario Oficial de la Federación de 27 de mayo de 2019.

concluyó en la emisión de tales disposiciones; también se ha visto obligada a estudiar violaciones directas a la Constitución con motivo de la omisión por parte del legislador de expedir leyes, como ocurrió en la resolución del Amparo en Revisión 308/2020 en el que se señaló como acto reclamado la omisión del Congreso de la Unión de expedir la Ley General de Comunicación Social.

Ahora bien, al margen de la problemática -ya referida- relativa a que el análisis de constitucionalidad de normas generales puede versar sobre el estudio de su contenido material, del análisis del procedimiento legislativo que las originan o de su falta de emisión, lo cierto es que cualquiera de estos tres tipos de violación pueden hacerse valer en tres diferentes medios de control judicial de regularidad constitucional: 1) amparo directo o amparo indirecto; 2) controversia constitucional o 3) acción de inconstitucionalidad; situación la cual deriva en que el análisis de regularidad constitucional de normas generales tiene diferentes reglas y alcances en función del mecanismo procesal en el que se plantee la inconstitucionalidad de una norma general.

Por ejemplo, en amparo indirecto, un planteamiento de tal naturaleza respecto a una constitución local, ley general, federal, local, tratado internacional o general cualquier disposición de observancia general, tiene la naturaleza de acto reclamado destacado (ya sea que la norma sea autoaplicativa o heteroaplicativa), lo puede formular cualquier persona física o moral siempre que acredite un interés jurídico o legítimo, su análisis está a cargo de un Juez de Distrito y una eventual declaratoria de inconstitucionalidad solo beneficiará a la persona quejosa (principio de relatividad); en cambio, en amparo directo, este argumento solo será vía excepción y con motivo de la aplicación concreta de la norma en una resolución jurisdiccional o en un procedimiento seguido en forma de juicio, estará a cargo de un Tribunal Colegiado y también se regirá por el principio de relatividad. En acción de inconstitucionalidad son limitados los sujetos legitimados que pueden realizar un argumento de tal naturaleza, su estudio se limita a normas generales con rango de ley, es posible que tenga efectos generales y su resolución está a cargo únicamente de la Suprema Corte de Justicia de la Nación; de forma similar a lo que sucede con las Controversias Constitucionales que tienen como principal finalidad la defensa del principio de división de poderes entre los poderes constituidos.

Como se advierte, dentro del orden jurídico mexicano existen muchos y diversos escenarios, formas y materias de análisis cuando se plantea el estudio de regularidad constitucional de una norma de carácter general, temáticas las cuales, se insiste, son las de mayor relevancia jurídica en nuestro país.

Por ello, preocupado por la dificultad para comprender este tema tan complejo, pero al mismo tiempo cotidiano y relevante para nuestro país, el Licenciado Jorge Alvar Contreras Segura, desde su experiencia académica y profesional dentro de la Suprema Corte de Justicia de la Nación, máximo tribunal constitucional de México, quien posee el monopolio de la expulsión definitiva de normas generales, nos presenta la obra "DERECHO PROCESAL CONSTITUCIONAL Y JUICIO DE AMPARO CONTRA NORMAS GENERALES", el cual, desde un texto sencillo de comprender y amigable, y ejemplos prácticos, nos explica la forma en cómo funciona en México la impugnación de normas generales en el juicio de amparo.

Con ese objetivo, el presente libro inicia explicando qué es el derecho procesal constitucional y el control judicial de constitucionalidad y sus tipos, para después centrarse en el juicio de amparo, su historia, su procedencia, sus principios y desarrollo procesal (distinguiéndolo de la Acción de Inconstitucionalidad y la Controversia Constitucional); para finalmente desarrollar los aspectos específicos del Juicio de Amparo contra normas generales en sus dos vías. Desarrollo académico que facilita la comprensión de un tema de la mayor complejidad tanto para personas abogadas como para no abogadas.

Libro que, sin duda alguna, aporta al desarrollo del derecho procesal constitucional en México y a la formación de los y las futuras abogadas de México.

GILBERTO NAVA HERNÁNDEZ
Secretario Auxiliar de Ponencia del Ministro González Alcántara Carrancá y Profesor titular de Teoría General del Proceso en el Instituto Tecnológico Autónomo de México

Introducción

El juicio de amparo es, indudablemente, el proceso constitucional de mayor envergadura en el sistema jurídico mexicano. Por esta razón, a lo largo de los años ha sido objeto de innumerables y extraordinarias investigaciones, ya que no resulta sencillo entender a nuestra máxima institución procesal. La complejidad que posee en la actualidad se debe a que bajo una única denominación contempla una federación de instrumentos procesales que, en otros países, se encuentran aislados. De tal suerte que nuestro juicio constitucional protege la libertad personal; sirve como medio de impugnación de las resoluciones judiciales; hace las veces de contencioso-administrativo; es un medio de defensa de los derechos agrarios; y controla la regularidad constitucional de las leyes.

Este último sector resulta de vital importancia, dado que la teoría del control de constitucionalidad de las leyes constituye la esencia misma de la Justicia Constitucional, tanto en su vertiente americana originada con la sentencia del Juez John Marshall en el caso *Marbury versus Madison* de 1803, como europea cimentada con la aparición de los tribunales constitucionales.

Es por esto que el estudio que en estas páginas iniciamos constituye un nuevo análisis del proceso constitucional de amparo contra leyes. El objetivo que nos proponemos es realizar una caracterización jurídico-procesal del juicio de amparo contra normas generales como auténtica garantía de regularidad constitucional de las leyes.

Para lograr nuestro objetivo utilizamos un método esencialmente descriptivo, empleando una técnica documental, con base en textos normativos jurisprudenciales y doctrinales, tanto de carácter nacional, como extranjeros.

Así, un *primer capítulo* lo dedicamos al estudio de los fundamentos de la disciplina jurídica a la que pertenece la investigación: el Derecho procesal constitucional. Análisis que se realizó con apego al pensamiento y obra de los máximos exponentes de la materia: Héctor Fix-Zamudio (†), Eduardo Ferrer Mac-Gregor, Giovanni A. Figueroa Mejía, Edgar S. Caballero González, entre muchos otros.

De esta manera y por razones metodológicas, el capítulo se divide en tres apartados: 1) La teoría general del Derecho procesal constitucional, esto es, el concepto, la naturaleza y sectores que integran la disciplina; 2) El control de constitucionalidad, sus clasificaciones, así como, sus métodos de aplicación y; 3) La procedencia del control de constitucionalidad de las normas en el sistema jurídico mexicano.

Ya en el *segundo capítulo* nos adentramos propiamente al estudio científico del juicio de amparo. Para esto, en primer lugar, realizamos un esbozo de la influencia extranjera y de los antecedentes nacionales, así como, del origen y consolidación del juicio constitucional en el ordenamiento jurídico mexicano. Posteriormente, abordamos la estructuración procesal del amparo, es decir, su concepción como garantía constitucional, los diversos sectores que lo integran, los procedimientos en los cuales se divide y sus partes procesales. Concluyendo con el análisis de los principios o postulados que regulan al amparo de conformidad con el texto constitucional vigente.

El *tercer capítulo,* abarca el análisis del objeto central de esta investigación, esto es, la *configuración jurídico-procesal del juicio de amparo contra normas generales.* A tal efecto, desglosamos los componentes específicos del control normativo y los aplicamos al amparo, identificando así, el objeto, criterio, el resultado y el órgano que ejerce el control.

Por último, en el *cuarto capítulo* dejamos un poco de lado el ámbito teórico, para describir los aspectos prácticos de este proceso. En virtud de que, el juicio constitucional de amparo contra leyes presenta características muy peculiares dependiendo de la vía, es decir, si es amparo indirecto o directo.

Pretendemos concluir con este breve exordio, manifestando nuestra infinita admiración y reconocimiento a las y los autores que hicieron posible esta sencilla y por de más modesta investigación, agradeciéndoles el hecho de que, sin siquiera conocerlos personalmente, han influenciado en demasía mi entendimiento del Derecho.

Un agradecimiento especial al Mtro. Gilberto Nava Hernández, por el incalculable apoyo que me ha brindado. No hay palabras con las cuales poder agradecer cada gesto de sincera amistad.

Quiero mostrar igualmente mi agradecimiento, reconocimiento y admiración al Lic. Horacio Vite Torres por todo el apoyo que me ha brindado y por ser mi mayor referente en materia de amparo.

Finalmente, quisiera brindar un agradecimiento especial al Dr. Giovanni A. Figueroa Mejía y al Dr. Edgar S. Caballero González, externándoles mi profunda admiración y respeto, agradeciéndoles por cada gesto que ha tenido con mi persona, para hacer de mi un mejor jurista, pero más aún, una mejor persona.

Capítulo primero

Introducción a la ciencia del derecho procesal constitucional

I. EL DERECHO PROCESAL CONSTITUCIONAL

En los años posteriores a la Segunda Guerra Mundial, se presentó un gran desarrollo dogmático sobre uno de los tópicos más relevantes en el campo del derecho público, esto es, la materia nombrada como defensa, control, justicia, jurisdicción y derecho procesal, todo ello con el adjetivo de "constitucional". Ciertamente, existen diferencias entre estos términos, puesto que, la defensa constitucional abarca instituciones tanto sustantivas como instrumentales.[1] El control constitucional, de igual forma es bastante amplio, puesto que comprende instrumentos jurídicos y políticos de resolución de conflictos derivados de la aplicación de las normas fundamentales, en tanto que jurisdicción constitucional es el concepto menos extenso, en cuanto comprende la decisión de dichos conflictos por medio de tribunales en sentido estricto.[2] Sin embargo, la denominación que se ha utilizado con mayor frecuencia, sobre

---

1 Así, Héctor Fix-Zamudio define a la defensa constitucional como "un concepto genérico de salvaguardia de la norma fundamental, que abarca no solamente el aspecto que pudiéramos llamar "patológico" de la Constitución, sino también su carácter "fisiológico", comprendiendo sistemas políticos, económicos, jurídicos y sociales de salvaguardia de la norma fundamental. Por tanto, dentro de este género, debemos distinguir por un lado la *protección* de la ley fundamental, que se contrae a todos aquellos métodos establecidos para preservar las normas fundamentales y mantener su vigencia, por lo que tienen un carácter eminentemente *preventivo o preservativo,* y por el otro a las garantías que constituyen los remedios jurídicos de índole procesal, destinados a reintegrar la eficacia de los preceptos constitucionales desconocidos, violados o incierto por lo que son de índole *restitutorio* o *reparado.*" (énfasis añadido). Véase FIX-ZAMUDIO, Héctor, y VALENCIA CARMONA, Salvador, *Derecho constitucional mexicano y comparado,* 9ª ed., México, Editorial Porrúa, 2017, p. 185.

2 Cfr. HERNÁNDEZ VALLE, Rubén, *Introducción al derecho procesal constitucional,* México, Editorial Porrúa, Instituto Mexicano de Derecho Procesal Constitucional, 2005, p. 8.

todo por la doctrina europea, y que posee un contenido hasta cierto punto amplio es "justicia constitucional".[3]

No obstante, diversos tratadistas otorgan un contenido aún más amplio al "derecho procesal constitucional", aunque, en la actualidad no existe consenso sobre el contenido de esta disciplina de carácter procesal. En efecto, diversos autores consideran que debe comprender el estudio de las categorías procesales insertas en la Constitución, y si bien se trata de una rama del derecho procesal, todavía no se deslinda por completo del derecho constitucional, y comprende el análisis de la jurisdicción, garantías, procesos y órganos todos ellos de naturaleza constitucional.[4]

Así, el destacado jurista argentino Osvaldo Alfredo Gozaíni considera no sólo comprende las llamadas garantías constitucionales, sino también las instituciones procesales, reguladas por las normas fundamentales, entre ellas los derechos de acción y del debido proceso.[5]

Esta confusión terminológica se debe a que existe un punto de confluencia en el estudio de las normas constitucionales y las de carácter procesal, el cual se manifiesta en dos disciplinas próximas: el derecho procesal constitucional y el derecho constitucional procesal, ciencias que comúnmente se mezclan en los estudios jurídicos, pero que es necesario distinguir para efectos de análisis.

El derecho constitucional procesal, como disciplina se inició en el campo del derecho constitucional, y su creación doctrinal se le atribuye al procesalista uruguayo Eduardo J. Couture, en su clásico estudio sobre las garantías constitucionales en el proceso civil. Esta ciencia se encamina examinar las ins-

---

3 Véase, entre otros, los siguientes libros: FERRERES COMELLA, Víctor, *Justicia constitucional y democracia*, 2ª ed., Madrid, Centro de Estudios Políticos y Constitucionales, 2007; PEGORARO, Lucio, *La justicia constitucional. Una perspectiva comparada*, Madrid, Dykinson, 2004; FERNÁNDEZ SEGADO, Francisco, *La jurisdicción constitucional en España*, Madrid, Dykinson, 1997; GARCÍA BELAUNDE, Domingo y FERNÁNDEZ SEGADO, Francisco (coords.), *La jurisdicción constitucional en Iberoamérica*, Madrid, Dykinson, 1997; PRIETO SANCHÍS, Luis, *Justicia constitucional y derechos fundamentales*, 3ª ed., Madrid, Editorial Trotta, 2014.

4 GARCÍA BELAUNDE, Domingo, "Sobre la jurisdicción constitucional", en Quiroga León, Aníbal (coord.), *Sobre la jurisdicción constitucional*, Lima, Pontificia Universidad Católica de Perú, Fondo Editorial, 1990, pp. 33-37. Citado por FIX-ZAMUDIO, Héctor, *Introducción al derecho procesal constitucional*, FUNDAP, Colegio de Secretarios de la Suprema Corte de Justicia de la Nación, 2002, p. 30.

5 GOZAÍNI, Osvaldo A., *El derecho procesal constitucional y los derechos humanos (vínculos y autonomías)*, México, UNAM, 1997, pp. 77-89.

tituciones procesales desde el ángulo y el enfoque del derecho constitucional, debido a que las Constituciones contemporáneas, especialmente las surgidas después de la segunda posguerra, han elevado a categoría de normas fundamentales a varias instituciones de carácter procesal, y si bien es cierto que con anterioridad, algunas de ellas ya figuraba en las Cartas constitucionales clásicas, lo eran en forma aislada, en tanto que en la actualidad existe la conciencia de otorga rango constitucional a las categorías procesales de mayor importancia, siendo estas: 1) La jurisdicción; 2) Las garantías judiciales; 3) Las garantías de las partes y; 4) Las formalidades esenciales del procedimiento.[6]

1. Noción

Iniciaremos señalando que el término "Derecho procesal constitucional",[7] tiene, por lo menos, tres significaciones. Primero, se utiliza para identificar el conjunto normativo diferenciado del ordenamiento jurídico (normas procesales de origen constitucional o derivadas de ellas). Así, se habla, por ejemplo, de leyes de jurisdicción constitucional, leyes orgánicas de tribunales constitucionales, o recientemente, de códigos procesales constitucionales.[8]

Igualmente se utiliza para designar a las actuaciones procedimentales que realizan los órganos de justicia constitucional, específicamente las realizadas por las jurisdicciones especializadas (tribunales, cortes o salas constitucionales), pero también las actuaciones o técnicas procesales de jueces ordinarios

---

6 FIX-ZAMUDIO, Héctor, "El pensamiento de Eduardo J. Couture y el derecho constitucional procesal, en *Boletín Mexicano de Derecho comparado*, número 30, septiembre-diciembre, México, IIJ, 1997, pp. 315-348.

7 Sobre Derecho procesal constitucional, podemos señalar sin ser exhaustivo las siguientes obras: CABALLERO GONZÁLEZ, Edgar S., *Curso básico de derecho procesal constitucional*, México, Centro de Estudios Jurídicos Carbonell A.C., 2018; FERRER MAC-GREGOR, Eduardo, *Derecho procesal constitucional*, IV tomos, 5ª ed., México, Editorial Porrúa, Colegio de Secretarios de la Suprema Corte de Justicia de la Nación, 2006; *Id., Ensayos sobre derecho procesal constitucional*, México, Editorial Porrúa, CNDH, 2004; GOZAÍNI, Osvaldo A., *Tratado de derecho procesal constitucional*, II tomos, México, Editorial Porrúa, 2011, entre otras.

8 *Vr.gr.* la Ley de Jurisdicción Constitucional de Costa Rica (1989); la Ley Orgánica de Garantías Jurisdiccionales y Control Constitucional de Ecuador (2009); la Ley de Procedimientos Constitucionales de El Salvador (1960); la Ley sobre Justicia Constitucional de Honduras (2005); el Código Procesal Constitucional de Perú (2004); la Ley Orgánica del Tribunal Constitucional español (1979); entre otras.

que ejercen el control de constitucionalidad de las leyes en sus variadas formas y matices.[9]

Un tercer significado alude a su carácter de disciplina jurídica especializada en su estudio; esto es, en palabras de Eduardo Ferrer Mac-Gregor, "la disciplina jurídica que se encarga del estudio sistemático de la jurisdicción, magistratura, órganos y garantías constitucionales, entendiendo estas últimas como los instrumentos predominantemente de carácter procesal dirigidos a la protección y defensa de los valores, principios y normas de carácter fundamental (procesos y procedimientos constitucionales)."[10]

Además, el Juez interamericano, señala que la materia comprende dos realidades: un fenómeno histórico-social, y su estudio científico.

La primera de ellas implica "el análisis de los instrumentos jurídicos de protección de los derechos humanos o de altos ordenamientos, así como las jurisdicciones u órganos que conocían de estos mecanismos en las diversas épocas y sistemas jurídicos".[11] Por lo tanto, su objeto de estudio son las instituciones, medios de defensa, garantías, personajes, jurisdicciones, jurisprudencia, doctrina e ideologías, lo que permite escudriñar sus antecedentes remotos desde la antigüedad".[12]

Por otro lado, el estudio científico del Derecho procesal constitucional adquiere relevancia a partir de la creación de los tribunales constitucionales en Europa. Particularmente con la creación de la Corte Constitucional austriaca en 1920, y específicamente con la obra de Hans Kelsen, publicada el 20 de octubre de 1928 en París, titulada *"La garantie juridictionnelle de la Constitution. La justice constitutionnelle"*.[13]

---

9 FERRER MAC-GREGOR, Eduardo, voz "Derecho procesal constitucional" en *Diccionario de derecho procesal constitucional y convencional. 1001 voces. In Memoriam Dr. Héctor Fix-Zamudio*, 3ª ed., t. I, México, UNAM, Instituto de Investigaciones Jurídicas, Instituto de Estudios Constitucionales del Estado de Querétaro, 2021, pp. 787-789 en 1061 pp.

10 FERRER MAC-GREGOR, Eduardo, "Aproximación al derecho procesal constitucional", en Carbonell, Miguel, *Diccionario de derecho constitucional*, t. I, 3ª ed., México, Editorial Porrúa, 2009, pp. 438-448.

11 CABALLERO GONZÁLEZ, Edgar S., *Curso básico de derecho procesal constitucional, op. cit.*, p. 1.

12 *Ídem.*

13 Fue originalmente presentado en la Quinta Reunión de Profesores Alemanes de Derecho público que se llevó a cabo en Viena los días 23 y 24 de abril de 1928. El texto alemán no tuvo mayor impacto más allá de la propia comunidad académica

Para el mayor entendimiento de la configuración científica del Derecho procesal constitucional, se han propuesto cinco etapas, de acuerdo con las contribuciones de ilustres juristas hasta alcanzar su autonomía procesal, las cuales son:

1) Precursora (1928-1942) Hans Kelsen

Se inicia con el trabajo de cimentación teórica del ilustre jurista austriaco, relativo a las garantías jurisdiccionales de la Constitución (1928) y al reafirmar su postura con la polémica que sostuvo con Carl Schmitt, sobre quién debería ser el defensor de la Constitución (1931).[14]

---

germánica, y sólo se publicó en Berlín al año siguiente, con el resto de las ponencias presentadas a dicho evento. Sin embargo, Kelsen envió su obra a su discípulo Charles Eisenmann, en París para que la tradujera al francés y la divulgara en esta esfera académica. La versión francesa debida a Eisenmann fue publicada el mismo año de 1928 en la reconocida *Revue du Droit et de la Science Politique.* No fue hasta el año de 1975 que el texto de Kelsen fue traducido por primera vez a otro idioma y publicado en el Anuario jurídico que por entonces editaba el Instituto de Investigaciones Jurídicas de la Universidad Nacional Autónoma de México con los siguientes datos bibliográficos: KELSEN, Hans, "La garantía jurisdiccional de la Constitución (La justicia constitucional)", en *Anuario jurídico,* número 1, México, UNAM,1974; pp. 471-515.

14 En la actualidad han surgido diferentes posturas sobre quién debe ser considerado como el fundador del Derecho procesal constitucional. Por una parte, Néstor Pedro Sagües, considera que "[D]esde Kelsen se ha dicho, y no sin fundados motivos, que fue su estructuración científica la que permitió la moderna concepción del derecho procesal constitucional. No obstante, y sin perjuicio del decisivo aporte del maestro de la Escuela de Viena, cabe alertar que si el derecho procesal constitucional se nutre no sólo de la doctrina kelseniana de la pirámide jurídica, sino también de los conocidísimo "procesos constitucionales" de *hábeas corpus*, amparo, *writ of error* y demás engranajes procesales destinados a la tutelar las garantías constitucionales y el principio de supremacía constitucional, resultaría desacertado atribuirle a que el ser una paternidad que históricamente no le correspondería". SAGÜÉS, Néstor Pedro, *Derecho procesal constitucional. Tomo I: Recurso extraordinario,* 4ª ed., Buenos Aires, Astrea, 2002, pp. 6 y 7. En cambio Domingo García Belaunde, estima que debe considerarse al maestro Niceto Alcalá-Zamora y Castillo, el fundador de la disciplina, considerando que fue el primero que utilizó la expresión con el ánimo de advertir una nueva disciplina científico procesal y no al jurista vienés que más bien inspiró a la jurisdicción constitucional como órgano concentrado de control, sentando las bases teóricas de su desarrollo. GARCÍA BELAUNDE, Domingo, "Dos cuestiones disputadas sobre el Derecho procesal constitucional", en *Revista Iberoamericana de Derecho Procesal Constitucional,* número 7, enero-junio, México, Instituto Iberoamericano de Derecho Procesal Constitucional, Editorial Porrúa, 2007, pp. 139-147 en 435 pp. Sobre esta

2) Descubrimiento procesal (1944-1947) Niceto Alcalá Zamora y Castillo

El procesalista español, a lo largo de su exilio en Argentina (1944-1945) y posteriormente en México (1947), advirtió la existencia de una nueva rama del derecho procesal, a la cual le otorgó denominación. Primero en Argentina, en 1944 al titular su obra Estudios de Derecho procesal (civil, penal y constitucional); y al año siguiente de manera expresa al señalar que el juicio de amparo se encuentra dentro del Derecho procesal constitucional, en una reseña que realizaba de un libro en la Revista de Derecho Procesal en 1945. Y posteriormente en México, en las referencias que realiza en su clásica obra *Proceso, autocomposición y autodefensa (contribución al estudio de los fines del proceso)* en 1947.[15]

3) Desarrollo dogmático procesal (1946–1955) Eduardo J. Couture, Piero Calamandrei, y Mauro Cappelletti

Etapa en la cual, el procesalismo científico de la época, realizó importantes aportaciones. Este periodo es iniciado por Eduardo J. Couture, de 1946[16] a 1948[17] al realizar sus célebres estudios sobre las garantías constitucionales en el proceso civil. Seguido del análisis de la jurisdicción constitucional e instrumentos procesales de control a través de las colaboraciones de Piero Calamandrei de 1950 a 1956 y de Mauro Cappelletti en 1955.

El eminente procesalista uruguayo, da comienzo a toda una tendencia dogmática en el estudio de las garantías constitucionales del proceso, sin embar-

---

controversia, véase FERRER MAC-GREGOR, Eduardo, "¿Es Kelsen el fundador del Derecho procesal constitucional? Análisis de un debate contemporáneo", en *Revista de Processo,* número 22, São Paulo/Brasil, Editora Revista dos Tribunais, 2008, pp. 245-282.

15 Véase FERRER MAC-GREGOR, "Niceto Alcalá Zamora y el Derecho procesal constitucional", en *Derecho,* número 10, año 10, Arequipa/Perú, Universidad Autónoma de San Agustín-Facultad de Derecho, 2008, pp. 13-17.

16 Publicado en la obra *Estudios de derecho procesal en honor de Hugo Alsina,* Buenos Aires, Ediar, 1946, pp. 151 y ss. En México se publicó en *Anales de Jurisprudencia,* t. LXV-LXVI, abril-mayo y julio-septiembre de 1950; y en *Foro de México,* núm. 27-30, junio-septiembre de 1955.

17 Obra con los siguientes datos bibliográficos: COUTURE, Eduardo J., *Estudios de derecho procesal civil,* t. I: *"La constitución y el proceso civil",* reimpresión de la 3ª ed., al cuidado de Santiago Sentís Melendo, Buenos Aires, Depalma, pp. 19 y ss., la primera edición es de 1948.

go, utiliza la palabra garantía como sinónimo de derecho fundamental y no como un instrumento procesal de defensa.[18]

Más tarde, Piero Calamandrei, estudia la figura de la jurisdicción constitucional a la luz del procesalismo científico, realizando categorías muy importantes sobre la caracterización de los sistemas de justicia constitucional y analizando especialmente los efectos de las sentencias constitucionales, aunque no advierte la existencia de la disciplina.[19]

Finalmente, Mauro Cappelletti, agrupa el estudio de los instrumentos procesales de protección jurisdiccional de los derechos fundamentales, en la categoría que él denominó "*jurisdicción constitucional de la libertad*", que con el transcurso del tiempo se ha aceptado, e inclusive se ha desarrollado su teoría en el ámbito supraestatal, sin embargo, de igual manera no advierte la existencia de una nueva rama del Derecho procesal.[20]

4) Definición conceptual y sistemática (1955-1956) Héctor Fix-Zamudio

La definición conceptual como disciplina procesal, fue un aporte del sobresaliente jurista, investigador emérito y ex presidente de la Corte Interamericana de Derechos Humanos, Héctor Fix-Zamudio, aportación materializada

---

18 FERRER MAC-GREGOR, Eduardo, "Las garantías constitucionales del proceso y el derecho constitucional procesal", en *Judicatus. Revista del Poder Judicial del Estado de Nuevo León*, 2ª época, número 1, Monterrey, Consejo de la Judicatura, 2008, pp. 13-17 y FIX-ZAMUDIO, Héctor, "El pensamiento de Eduardo J. Couture y el derecho constitucional procesal, en *Boletín Mexicano de Derecho comparado*, número 30, septiembre-diciembre, México, Instituto de Investigaciones Jurídicas, 1997, pp. 315-348.

19 Véase FIX-ZAMUDIO, Héctor, "La aportación de Piero Calamandrei al derecho procesal constitucional", en *Revista de la Facultad de Derecho de México*, t. VI, número 24, octubre-diciembre, México, UNAM, 1956, pp. 191-211.

20 Véase FERRER MAC-GREGOR, Eduardo, "Mauro Cappelletti y el derecho procesal constitucional", en *Anuario Iberoamericano de Justicia Constitucional*, número 13, Madrid, Centro de Estudio Políticos y Constitucionales, 2009, pp. 267-306. Corresponde a la ponencia presentada en el primer Congreso Mexicano de Derecho procesal constitucional (Monterrey, 8-10-septiembre de 2005), celebrado en la Facultad de Derecho y Criminología de la Universidad Autónoma de Nuevo León, bajo el auspicio del Instituto de Investigaciones Jurídicas de la UNAM y el Instituto Mexicano de Derecho Procesal Constitucional. Ponencia actualizada a noviembre de 2007.

en su tesis de licenciatura[21] titulada *"La garantía jurisdiccional de la Constitución mexicana. Ensayo de una estructuración procesal del amparo."*[22]

El distinguido jurisconsulto mexicano, define y le otorga los márgenes científicos al Derecho procesal constitucional, determina su naturaleza jurídica, la conceptualiza dentro del Derecho procesal inquisitorial, le otorga un contenido específico y la identifica fuera del Derecho constitucional.[23]

5) Expansión y autonomía (2008) Eduardo Ferrer Mac-Gregor Poisot

Para Edgar S. Caballero González, la creación de esta nueva etapa de desarrollo de la ciencia del Derecho procesal constitucional, se justifica en virtud de la creciente preocupación de su estudio, "tanto de los legisladores para realizar las reformas necesarias para consolidarlo mediante la creación de tribunales constitucionales o reformas integrales a las garantías constitucionales; los jueces constitucionales cada vez más preocupados por capacitarse con los lineamientos de la materia para brindar mejor protección a los Derechos Humanos; de los operadores jurídicos que cada día se encuentran más familiarizados con la doctrina procesal contemporánea, así como de las universidades formadoras de miles de futuros juristas, que han incorporado a sus planes de estudio de la materia de Derecho procesal constitucional con el objetivo de abandonar la vieja formación que hasta hace algunos años impartía".[24]

Además, es innegable que hoy por hoy el máximo promotor del desarrollo de la materia es el Juez interamericano Eduardo Ferrer Mac-Gregor. Siendo,

---

21 En la elaboración de este trabajo, don Héctor Fix-Zamudio dedicó cinco años bajo la dirección, en un primer momento, del procesalista José Castillo Larrañaga, y luego de quien se convertiría en su Maestro, Niceto Alcalá Zamora y Castillo.

22 El facsimilar de esta obra, constituye el número 100 de la Biblioteca Porrúa de Derecho procesal constitucional, con los siguientes datos bibliográficos: FIX-ZAMUDIO, Héctor, *La garantía jurisdiccional de la Constitución mexicana. Ensayo de una estructuración procesal del Amparo*, México, Editorial Porrúa, Instituto Mexicano de Derecho Procesal Constitucional, 2015.

23 Algunos de los incontables aportes del Maestro Fix-Zamudio a la ciencia del derecho procesal constitucional, son estudiados en: FERER MAC-GREGOR, Eduardo, "El Derecho procesal constitucional y la estructuración procesal del amparo: una sustancial aportación de Héctor Fix-Zamudio" en Ferrer Mac-Gregor, Eduardo y Herrera García, Alfonso, *El juicio de amparo en el centenario de la Constitución mexicana de 1917*, t. I, México, IIJ, 2017, pp. 47-64, en 621 pp.

24 CABALLERO GONZÁLEZ, Edgar S., *Curso básico de derecho procesal constitucional*, *op. cit.*, p. 2.

entre muchas cosas, el fundador de la colección de Editorial Porrúa, dedicada al derecho procesal constitucional, que ha reunido un importante número de publicaciones de autores dedicados a la disciplina de toda América latina, asimismo, dirige la Revista Iberoamericana de Derecho Procesal Constitucional desde su creación.

2. Naturaleza jurídica

De acuerdo con lo antes expuesto, el derecho procesal constitucional tiene naturaleza "instrumental", en virtud de que su función es "servir de medio para tutelar la vigencia y operatividad de la Constitución". Este carácter adjetivo no le resta importancia e independencia, porque sin medios de defensa que aseguren su cumplimiento, de nada servirían la Constitución y todas sus disposiciones y declaraciones."[25]

No obstante, en la actualidad subsiste el debate sobre la naturaleza jurídica del Derecho procesal constitucional, existiendo dos tendencias mayormente defendidas: 1) La europea, que la considera parte de estudio de la ciencia constitucional, y 2) La latinoamericana, que defiende su autonomía científica con dos vertientes: a) Autonomía mixta, al estimar que deben considerarse los principios, instituciones, metodología y técnicas del derecho constitucional y del derecho procesal, y b) Autonomía procesal, que partiendo de la teoría general del proceso, estima que deben construirse sus propias categorías, principios e instituciones, si bien con un acercamiento importante del Derecho constitucional.[26]

Si bien es cierto, el objeto de estudio de ambas corrientes se aproxima a tal grado que en ocasiones parece ser el mismo y todo depende de la perspectiva con la cual se analice; no menos cierto es que, diversos doctrinarios a lo largo de los últimos años han realizado esfuerzos muy serios para iniciar el deslinde de las ciencias procesal y constitucional.

---

25 ESCOBAR FORNOS, Iván, *Introducción al derecho procesal constitucional*, México, Editorial Porrúa, Instituto Mexicano de Derecho Procesal Constitucional, 2005, p. 5.

26 FERRER MAC-GREGOR, Eduardo, "Aproximación al derecho procesal constitucional", *op. cit.*, p. 4

3. *Contenido del Derecho procesal constitucional*

La doctrina especializada, señala que el contenido del Derecho procesal constitucional se divide para efectos de estudio en cinco sectores o categorías, que son:[27]

A. Derecho procesal constitucional de las libertades

Categoría que comprende el estudio de aquellos instrumentos procesales jurisdiccionales o no jurisdiccionales, destinados a la protección de los derechos fundamentales y los derechos humanos previstos en los instrumentos internacionales debidamente reconocidos por los Estados. En este sector se encuentran, el amparo, el *hábeas corpus,* el *hábeas data* o la institución del *ombudsman,* etcétera.

Cabe señalar, que la denominación es una aportación del ilustre comparatista Mauro Cappelletti, al intentar establecer en Italia una *"jurisdicción constitucional de la libertad",* y con ello lograr la garantía de los derechos y libertades constitucionales.[28]

B. Derecho procesal constitucional orgánico

Sector que se encarga del estudio de las garantías constitucionales creadas para dirimir los conflictos competenciales y de atribuciones constitucionales entre los distintos órganos de poder, así como también la acción abstracta de inconstitucionalidad de las normas de carácter general.

C. Derecho procesal constitucional local

Es el sector encargado del estudio de las garantías constitucionales, destinadas a proteger las constituciones de las entidades federativas.[29]

---

27 La sistematización de estudio esta propuesta en la obra de Ferrer Mac-Gregor, Eduardo, *Derecho procesal constitucional. Origen científico (1928-1956),* Madrid, Marcial Pons, 2008, p. 142

28 Véase CAPPELLETTI, Mauro, *La jurisdicción constitucional de la libertad con referencia a los ordenamientos alemán, suizo y austriaco,* trad. de Héctor Fix-Zamudio, Lima, UNAM, Palestra, 2010, 239 pp. La primera edición de la obra la publicó el Instituto de Derecho Comparado de la UNAM en 1961.

29 Respecto al Derecho procesal constitucional local o justicia constitucional local puede consultarse: LÓPEZ SÁENZ, Emanuel, *La justicia constitucional local en México: un*

En México, a partir del año 2000 ha incrementado este factor con la incorporación de garantías constitucionales en las Constituciones de los estados de Chiapas, Coahuila, Estado de México, Guanajuato, Nuevo León, Quintana Roo, Tlaxcala, Veracruz y más recientemente en la Ciudad de México, y en algunos casos con la incorporación de Salas constitucionales.[30]

D. Derecho procesal constitucional transnacional

Categoría del Derecho procesal constitucional, que fracciona su objeto de estudio en dos sectores a saber:

a. Los organismos, mecanismos, procedimientos y decisiones de carácter internacional, tanto jurisdiccionales como administrativos e inclusive parajudiciales, que se han establecido para resolver las controversias de carácter internacional.

b. La protección supraestatal de los Derechos Fundamentales, la cual está conformada por un sistema universal y por los sistemas de carácter regional, como lo son el europeo (Tribunal Europeo de Derechos Humanos en Estrasburgo, Francia), el africano (Corte Africana de Derechos Humanos y de los Pueblos en Arusha, Tanzania), y el americano (Corte Interamericana de Derechos Humanos en San José, Costa Rica).

E. La magistratura constitucional

Esta categoría, comprende en análisis íntegro de la función, estructura, regulación y resoluciones de los tribunales constitucionales, además, abarca el estudio del control constitucional normativo, tutelar y del ejercicio del poder político; así como de la interpretación y argumentación constitucional.

---

estudio de derecho comparado. Hacia una reforma a la Constitución Política de los Estados Unidos mexicanos para su consolidación, México, Consejo editorial H. Cámara de Diputados, 2019.

30 *Ibidem*, p. 26.

II. EL CONTROL DE CONSTITUCIONALIDAD

1. El principio de supremacía constitucional como núcleo del control constitucional

La doctrina converge en que el principio de supremacía constitucional se originó en la sección segunda del artículo VI de la Constitución estadounidense de 1787[31] y se consolidó en virtud del caso *Marbury vs. Madison* resuelto por aquel país en 1803,[32] del cual hablaremos más adelante.

La supremacía constitucional debe considerarse el principio básico de todo sistema jurídico, como lo demostró Hans Kelsen, en cuanto que el fundamento de validez de todo el ordenamiento jurídico se encuentra en las disposiciones de carácter constitucional.[33] En pocas palabras, supremacía constitucional significa que una norma contraria —ya sea material o formalmente— a esa norma superior no tiene posibilidad de existencia dentro de ese orden jurídico.[34]

La noción clave de que la Constitución condiciona la validez de las normas infraconstitucionales —tanto por su forma de creación y su origen, cuan-

---

31 Cfr., BURGOA, Ignacio, *Derecho constitucional mexicano,* 20ª ed., México, Editorial Porrúa, 2018, p. 360; CABALLERO GONZÁLEZ, Edgar S., *El diálogo jurisprudencial de la Suprema Corte de Justicia de la Nación con los Tribunales Constitucionales y Regionales,* México, Editorial Porrúa, Instituto Mexicano de Derecho Procesal Constitucional, 2019, p. 29; NOGUEIRA ALCALÁ, Humberto, *La jurisdicción constitucional y los tribunales constitucionales de Sudamérica en la alborada del siglo XXI,* Editorial Porrúa, Instituto Mexicano de Derecho Procesal Constitucional, 2004, p. 2; SÁNCHEZ GIL, Rubén, "El control difuso de la constitucionalidad en México. Reflexiones en torno a la tesis P./J. 38/2002", en *Cuestiones Constitucionales,* número 11, julio-diciembre, México, UNAM, 2004, p. 201; entre otros.

32 Sobre el contenido e implicaciones de esta sentencia, véase, entre otros: CARBONELL, Miguel, "Marbury versus Madison: en los orígenes de la supremacía constitucional y el control de constitucionalidad", en *Revista Iberoamericana de Derecho Procesal Constitucional,* número 5, enero-junio, México, Instituto Iberoamericano de Derecho Procesal Constitucional, Editorial Porrúa, 2006, pp. 289-301 en 495 pp.; ETO CRUZ, Gerardo, "John Marshall y la sentencia Marbury vs. Madison" en Ferrer Mac-Gregor, Eduardo, (coord.), *Derecho procesal constitucional,* 5ª ed., México, Editorial Porrúa, 2006.

33 Cfr., KELSEN, Hans, *Teoría general del derecho y del Estado,* trad. de Eduardo García Máynez, 3ª ed., México, UNAM, 2008, pp. 146-152.

34 CARPIZO, Jorge, *Estudios constitucionales,* 8ª ed., México, Editorial Porrúa, 2012, p. 2.

to por su contenido— encuentra fundamento, de acuerdo con el destacado constitucionalista Giovanni A. Figueroa Mejía, en tres razones primordiales:[35]

En primer lugar, la Constitución define el sistema de fuentes formales del Derecho, de manera que sólo por dictarse conforme a lo dispuesto por la Constitución, una ley será válida o un reglamento vinculante.[36]

En segundo lugar, la Constitución, al ser expresión de una intención fundacional y configuradora de un sistema entero que en ella se basa, tiene una pretensión de permanencia o duración, lo que parece asegurarle una superioridad sobre las normas ordinarias carentes de una intención total tan relevante.[37]

En último término, la Constitución engloba un contenido sustancial o material, al que ninguna fuente inferior o derivada debe oponerse cuando emanan sus propios productos, y que todas han de desarrollar e interpretar positivamente. En consecuencia, las normas infraconstitucionales serán válidas si no contradicen no sólo el sistema formal de producción de las mismas que la Constitución establece, sino también, y de manera especial, el conjunto de principios, declaraciones y valores que contiene la Constitución y que deben inspirar al resto del ordenamiento jurídico.[38]

Particularmente en México, el principio de supremacía constitucional se contiene básicamente en los artículos 40 y 133 de la Constitución de 1917,[39] aunque también se encuentra incluido en los artículos 41, 87 y 97, párrafo sexto y séptimo, del mismo ordenamiento.

---

35 FIGUEROA MEJÍA, Giovanni A., *Estudios sobre control constitucional y convencional*, Pró logo de Néstor Pedro Sagües, México, Editorial Porrúa, Instituto Mexicano de Derecho Procesal Constitucional, 2020, p. 47.

36 GARCÍA DE ENTERRÍA, Eduardo, *La Constitución como norma y el Tribunal Constitucional*, 4ª ed., Madrid, Civitas, 2006, p. 55.

37 *Idem.*

38 FIGUEROA MEJÍA, Giovanni A., *Estudios sobre control constitucional y convencional, op. cit.*, p. 48.

39 Véase "CONSTITUCIÓN POLÍTICA DE LOS ESTADOS UNIDOS MEXICANOS. SU APLICACIÓN DIRECTA CORRESPONDE INDISTINTAMENTE A TODAS LAS AUTORIDADES ORDINARIAS O DE CONTROL CONSTITUCIONAL, SIEMPRE Y CUANDO NO DESAPLIQUEN, PARA ESE EFECTO, UNA LEY SECUNDARIA"." Tesis 2a. CLXII/2008, Novena Época, Segunda Sala, *Semanario Judicial de la Federación y su Gaceta*, Tomo XXIX, enero de 2009, p. 781, aislada, constitucional. Registro digital: 168177.

2. *Concepto de control de constitucionalidad*

Desde un punto de vista semántico, la expresión a examen se compone por dos elementos a saber: "control" y "constitucionalidad". Este último es el más claro, ya que puede ser entendido en una primera aproximación proporcionada por el Diccionario de la lengua española como "la calidad de constitucional".[40] Por otro lado, si llevamos el término al ámbito jurídico, es posible entenderla como una técnica, referida concretamente a los actos de los poderes públicos que deben estar conforme o encontrar su fundamento en la Constitución.[41] Así, entenderemos por constitucionalidad el que todos los órganos formal o materialmente jurisdiccionales tomen a la Constitución como premisa en su actuar. Esto implica la obligación que tienen de analizar la conformidad de la ley con la Norma Fundamental, aplicarla para la determinación de situaciones jurídicas e interpretar el ordenamiento conforme a ella.[42]

Por lo que respecta al término "control", como señala Manuel Aragón, proviene del término latino-fiscal medieval *contra rotulum*, que pasó al francés *contre-rôle* (*contrôle*), cuyo significado, literalmente, es "contra-libro", es decir, "libro-registro", que permite contrastar la veracidad de los asientos realizados en otros.[43] Después de consolidarse en Francia, el término se generalizó poco a poco, hasta ampliar su significado al de "fiscalizar", "someter", "dominar", etcétera. A pesar de que suele decirse que en el idioma inglés control se refiere a dominio, a diferencia de lo que ocurre en francés, idioma en que el término suele restringirse más bien a "comprobación", lo cierto es que la amplitud del significado se manifiesta en ambos idiomas, y en otros. En inglés significa "mando", "gobierno", "dirección", pero también "freno" y "comprobación"; en francés, "registro", "inspección", "verificación", pero también "vigilancia", "dominio" y "revisión"; en alemán (*Kontrolle*), "comprobación", "registro", "vigilancia", pero también "intervención", "dominio" y "revisión"; en italiano (*controllo*), "revisión", "inspección", "verificación", pero también "vigilancia", "freno" y "mando".[44]

---

40 REAL ACADEMIA ESPAÑOLA, voz, "Constitucionalidad", en *Diccionario de la lengua española*, 23ª ed., t. I, Madrid, Espasa-Calpe, 2014, p. 549.

41 Cfr., BRITO MELGARAREJO, Rodrigo, "Una aproximación conceptual al control jurisdiccional de constitucionalidad", en *Revista de la Facultad de Derecho de México*, t. LXIII, núm. 259, México, UNAM, enero-junio, 2013, pp. 123-154, en 338 pp.

42 *Idem.*

43 ARAGÓN, Manuel, *Constitución, democracia y control*, México, Instituto de Investigaciones Jurídicas UNAM, 2002, pp. 120 y ss.

44 *Ibidem*, p. 121.

Ahora bien, partiendo de estas consideraciones gramaticales a la aplicación de la palabra en la Ciencia Jurídica, la multiplicidad de significados no desaparece, debido a que en los ordenamientos suele encontrarse el término "control" referido, como destaca Galeotti, a diferentes fenómenos (control parlamentario, judicial, administrativo, etcétera);[45] sin embargo, esta variedad de significaciones, que puede obligar a la elaboración de varios conceptos de control no impide atribuirle a este un único sentido, esto es que, "bajo las diversas formas (parlamentaria, judicial, social, etcétera) del control del poder y bajo las diversas facetas (freno, vigilancia, revisión, inspección, etcétera) que tal control puede revestir, late una idea común: hacer efectivo el principio de la limitación del poder."[46]

Con base en lo anterior, y no soslayando las diversas acepciones que el término pudiere tener, el control de constitucionalidad, a grandes rasgos, implica la existencia de uno o varios mecanismos de defensa, cuya finalidad es mantener la vigencia del orden constitucional.[47] Así, el control constitucional, estriba en aquellos instrumentos jurídicos que previenen, reparan, nulifican o sancionan, la violación de las disposiciones constitucionales.[48] Se trata, de una acción de verificación de la compatibilidad y conformidad de las disposiciones legales con el texto constitucional, de los actos, resoluciones y decisiones de las autoridades públicas con los valores, principios, derechos humanos, y equilibrio orgánico del Estado Constitucional de Derecho.[49]

De ahí que el principio de supremacía constitucional y el control de la constitucionalidad de las leyes sean complementarios. Como afirma Jorge Carpizo, uno se sostiene en el otro, en virtud de que serviría de muy poco que se estableciera que ninguna ley puede violar la Norma Suprema si ésta no estableciera el medio adecuado para hacer efectivo dicho enunciado.[50]

---

45 Cfr. GALEOTTI, Serio, *Introduzione alla teoria dei controlli costituzionali*, Milán, Giuffrè, 1963, p. 6.

46 ARAGÓN, Manuel, *Constitución, democracia y control, op. cit.*, p. 122.

47 DEL ROSARIO RODRÍGUEZ, Marcos Francisco, voz "Control de constitucionalidad", en *Diccionario de derecho procesal constitucional y convencional. 1001 voces. In Memoriam Dr. Héctor Fix-Zamudio, op. cit.*, pp. 344-346, en 1061 pp.

48 Cfr., SÁNCHEZ GIL, Rubén, "El control difuso de la constitucionalidad en México. Reflexiones en torno a la tesis P./J. 38/2002", *op. cit.*, p. 203.

49 CABALLERO GONZÁLEZ, Edgar S., *Curso básico de derecho procesal constitucional, op. cit.*, p. 13.

50 CARPIZO, Jorge, *Estudios constitucionales, op. cit.*, p. 2.

3. Clasificación de los sistemas de control constitucional

Con la finalidad de aumentar la comprensión del control de constitucionalidad, la doctrina tradicional ha propuesto distintas clasificaciones,[51] la mayoría con base en elementos determinantes muy específicos, como lo son: la naturaleza del órgano que ejerce el control (*órgano político vs órgano jurisdiccional*) o el contexto estructural en el cual operan las magistraturas constitucionales (*control concentrado vs. control difuso*);[52] y más recientemente, tomando en cuenta las funciones ejercidas por los tribunales; el bien tutelado; el objeto sometido a control y la amplitud del parámetro.[53] Clasificaciones que serán analizadas más adelante, ya que su entendimiento resulta necesario para la comprensión del objeto de esta investigación;[54] sin embargo, cabe destacar que en los últimos años, han surgido interesantes críticas respecto a estas cla-

---

51 PEGORARO, Lucio y RINELLA, Angelo, *Derecho constitucional comparado. 1. La ciencia y el método,* México, UNAM, Instituto de Investigaciones Jurídicas, Astrea, 2016, p. 190. En esta obra se señala que, "la utilidad de las clasificaciones, reside en su potencial analítico: pues aumenta la comprensión de los fenómenos complejos, simplificando los datos del mundo real mediante esquemas conceptuales que dan vida a modelos generales y abstractos."

52 Sobre las primeras clasificaciones de los sistemas de control constitucional, véase, CAPPELLETTI, Mauro*, Il controllo giudiziario di costituzionalità delle leggi nel diritto comparato,* Milán, Giuffrè, 1968, repetidamente reeditado y traducido a otras lenguas. Las referencias son de la edición de 1978.

53 Elementos que, en la opinión de Lucio Pegoraro, "aparecen como verdaderos y propios factores de transformación o incluso de subversión de los sistemas: señales de tendencia evolutiva destinadas a dejar huellas profundas en el sistema, como factores característicos del núcleo duro de cada modelo." Cfr., PEGORARO, Lucio y RINELLA, Angelo, *Derecho constitucional comparado. 4. Sistemas de justicia constitucional,* Buenos Aires, Astrea, G. Giappichelli Editore, 2020, p. 258. Sobre estas nuevas clasificaciones y algunas más, véase, BAGNI, Silvia y NICOLINI, Matteo, *Justicia constitucional comparada,* Madrid, Centro de Estudios Políticos y Constitucionales, 2021, pp. 207-278.

54 Según la lógica tradicional, una buena clasificación tiene dos propiedades esenciales: "Las categorías identificadas deben ser en primer lugar *recíprocamente exclusivas,* es decir, debe ser posible proceder a la clasificación de todos los elementos, de modo que ninguno de ellos esté incluido simultáneamente en varias categorías [...]. Las categorías deben ser además *conjuntamente exhaustivas,* en el sentido de no dejar ningún elemento por clasificar fuera de ellas [...]". Mientras las dos primeras propiedades son objetivas, la tercera -pertinencia- es subjetiva, y depende de las finalidades de la investigación comparativa. TUSSEAU, Guillaume, voz "Clasificaciones", trad. Giovanni Figueroa Mejía, en Pegoraro, Lucio (coord.), *Glosario de derecho público comparado,* México, Editorial Porrúa, Instituto Mexicano de Derecho Procesal Constitucional,

sificaciones, ya que algunos autores consideran que la aplicación contemporánea de la teoría de los modelos de control constitucional, presenta una serie de deficiencias prácticas y metodológicas.

Entre ellos, Guillaume Tusseau postula que la llamada *tesis de los modelos* presenta dos series de aporías. Primeramente, ésta no logra explicar en modo plenamente satisfactorio su propio objeto; es decir, dicha teoría no logra dar una explicación convincente sobre la jurisdicción constitucional tal y como de hecho es ejercida en el Derecho positivo de los diferentes Estados. A estos problemas empíricos se suman además ciertas dificultades de orden teórico, relacionadas directamente con la propia metodología sobre la que se fundamenta la oposición entre los dos modelos de jurisdicción constitucional."[55]

Un criterio similar es el adoptado por Lucio Pegoraro,[56] quien sostiene que en las clasificaciones tradicionales sobresalen dos malentendidos: uno es de tipo sustancial, y es que la gran división permanece considerándolo todo, entre el control concentrado y el control difuso; el otro es de tipo metodológico: es decir, que para entender la realidad se necesitan de las clasificaciones rígidas.[57]

A. Clasificación con base en la naturaleza política o jurisdiccional del órgano de control

Conforme al órgano encargado del control constitucional, encontramos la clásica división entre órgano político y órgano jurisdiccional. Ambos poseen diferencias que los oponen, aunque en realidad las características de cada

---

Centro de Investigación de Tecnología Jurídica y Criminológica, Universidad Autónoma de Nuevo León, 2012, pp. 29-39, en 423 pp.

55 TUSSEAU, Guillaume, *Modelli di giustizia costituzionale. Saggio di critica metodologica – Contre les "modelés" de justice constitutionnelle. Essai de critique metodologique*, Bolonia, BUP, 2009. Trad. al esp. *Para acabar con los "modelos" de jurisdicción constitucional. Un ensayo de crítica*, México, Editorial Porrúa, Instituto Mexicano de Derecho Procesal Constitucional, 2011, pp. 25 y ss.

56 Lo indicó primeramente en su obra *La justicia constitucional. Una perspectiva comparada, op. cit.*, p. 157 y ss., con base en un estudio concreto del control de constitucionalidad en los distintos ordenamientos, enfatizando el hecho, ya por todos aceptado, de que en cada uno de ellos conviven habitualmente varios modelos.

57 PEGORARO, Lucio, *Teorías y modelos de la comparación. Ensayos de derecho constitucional comparado*, Argentina, Ediciones Olejnik, 2017, p. 264.

uno de ellos pueden mezclarse en la práctica, generando la aparición de sistemas mixtos, híbridos o complejos.

Por un lado, existen sistemas donde el control de la constitucionalidad está encargado a un órgano esencialmente político, que puede ser el poder legislativo u otro órgano conformado a partir de un nombramiento político. Es decir, no son los jueces o tribunales jurisdiccionales los que ejercen el control constitucional.[58]

Las características de este sistema, son: i) Tienen una composición política, no sólo de la elección parlamentaria sino de la no exigencia de una preparación técnico jurídica de los que acceden a esta función; ii) El carácter de control que ejercen es, por lo general, de naturaleza preventiva, ya que el control de constitucionalidad debe efectuarse antes de que la disposición normativa entre en vigor; iii) En ocasiones el control de constitucionalidad tiene el carácter de ser consultivo, en consecuencia la decisión del órgano que ejerce el control no tiene efectos vinculantes.[59]

Ejemplo de este órgano político es el Supremo Poder Conservador, instituido en la segunda de las Siete Leyes Constitucionales Mexicanas de 1836, que copiamos del Senado Conservador Francés de 1800, obra de Emanuel Sieyès; calificándolo algunos juristas como un poder monstruoso, debido a las facultades omnímodas de las que estaba investido, destacando entre ellas: "suspender a la Alta Corte de Justicia; declarar la incapacidad física y moral del Presidente de la República, hasta suspender por dos meses las sesiones del Congreso General", poder instituido bajo el régimen centralista de don Antonio López de Santa Ana, destacando que con sus fallos anulaba y sacaba del mundo jurídico la ley contraria a la norma constitucional.[60]

En contraste, tenemos sistemas que encomienda el ejercicio del control de la constitucionalidad a un órgano jurisdiccional constituido por individuos con conocimientos altamente calificados en la ciencia del Derecho, que cuenta con facultades y competencia para ejercer el control por vía de procesos autónomos y extraordinarios.

---

58 CABALLERO GONZÁLEZ, Edgar S., *Curso básico de derecho procesal constitucional, op. cit.*, p. 18.

59 *Ibidem*, p. 19.

60 SILVA RAMÍREZ, Luciano, *El control judicial de la constitucionalidad y el juicio de amparo en México*, 4ª ed., México, Editorial Porrúa, 2017, pp. 27 y 28.

El sistema jurisdiccional se caracteriza por los siguientes elementos: i) Se encomienda a un órgano judicial con competencia expresa para determinar la constitucionalidad de diversos actos; ii) Ante él órgano jurisdiccional se lleva a cabo un auténtico proceso contencioso cuya litis versa sobre la constitucionalidad o inconstitucionalidad del acto impugnado y; iii) Las sentencias emitidas por este órgano, que declaran la inconstitucionalidad de la norma o acto impugnado, tienen efectos vinculantes para todos los poderes públicos.[61]

No obstante, en la actualidad —señala Pegoraro—, la percepción de la tasa de "politicidad" o "jurisdiccionalidad" de cada uno de los sistemas es una variable de tantas variables.[62] Citando como ejemplo el sistema francés, el cual ha sido durante mucho tiempo calificado como "político", por estar caracterizado por un procedimiento abstracto, *a priori*, ejercitado ante el *Conseil constitutionnel* y si bien, hoy en día, algunas de esas variables prevalecen —sobre todo lo relacionado al nombramiento de los miembros del *Conseil*; permanece el control preventivo, sin embargo, tras la reforma de 2008, el artículo 61-1 dispone en efecto que "*lorsque, à l'occasion d'une instance en cours devant une juridiction, il est soutenu qu'une disposition législative porte atteinte aux droits et libertés que la Constitution garantit, le Conseil constitutionnel peut être saisi de cette question sur renvoi du Conseil d'État ou de la Cour de cassation qui se prononce dans un délai déterminé.*" De esta forma se dotado a la institución de un control concreto—,[63] la doctrina y el mismo *Conseil*, particularmente durante la presidencia Badinter, ha defendido que al *Conseil constitutionnel* y a su actividad se le reconociera la patente de "jurisdiccional".[64]

Con este ejemplo, Pegoraro, demuestra la parcial transformación de un sistema, que, por un lado, permanece con elementos estructurales típicos del

---

61 GOZAÍNI, Osvaldo A., voz "Efectos erga omnes" en *Diccionario de derecho procesal constitucional y convencional. 1001 voces. In Memoriam Dr. Héctor Fix-Zamudio*, 3ª ed., t. II, México, UNAM, Instituto de Investigaciones Jurídicas, Instituto de Estudios Constitucionales del Estado de Querétaro, 2021, pp. 1067-1069, en 1123 pp.

62 PEGORARO, Lucio y RINELLA, Angelo, *Derecho constitucional comparado. 4. Sistemas de justicia constitucional, op. cit.*, p. 263.

63 Cfr., BON, Pierre, "La cuestión prejudicial de constitucionalidad en Francia. ¿solución o problema?", en *Teoría y Realidad Constitucional*, número 23, Madrid, UNED, 2009, pp. 313-325, en 579 pp.

64 PEGORARO, Lucio, *Teorías y modelos de la comparación. Ensayos de derecho constitucional comparado, op. cit.*, pp. 273.

modelo político, pero, al mismo tiempo, ha consolidado procedimientos, decisiones y efectos distintivos del sistema jurisdiccional.[65]

B. Clasificación basada en la titularidad y la estructura

En relación con la estructura, la clasificación tradicional pone en contraste la conocida bipartición entre el control denominado como "difuso" o "americano" y el control llamado "concentrado", "continental", "europeo", "austriaco" o "kelseniano".

El sistema difuso, se caracteriza por otorgar a los jueces la facultad y obligación de aplicar la Constitución con preferencia a las leyes y éstas con preferencia a los decretos o resoluciones; de manera que todos los jueces están habilitados para inaplicar aquellas leyes que juzguen contrarias a la Norma Fundamental.[66]

La gran mayoría de los académicos coinciden en que este sistema tiene como antecedente el caso del doctor Tomas Bonham, suscitado a principios de 1610, y del que conoció el Juez Edward Coke.[67] En la resolución se estableció que el derecho natural estaba por encima de las prerrogativas del rey, sentando así las bases de lo que posteriormente ser el control constitucional de las leyes por parte de los jueces.[68]

Posteriormente al *Bonham's case,* la doctrina fue retomada en la famosa sentencia emitida en 1803 *Marbury vs. Madison.* En esta, el Juez John Marshall, apelando al principio de la supremacía de la Constitución sobre la ley de la judicatura de 1789, sentó las bases de que los jueces podrían controlar la constitucionalidad de las leyes, es decir, los jueces tienen la facultad de revisar la adecuación de las normas a la Constitución.[69]

---

[65] *Idem.*

[66] CABALLERO GONZÁLEZ, Edgar S., *Curso básico de derecho procesal constitucional, op. cit.*, pp. 21-23.

[67] CAPPELLETTI, Mauro, *La justicia constitucional (Estudios de derecho comparado),* trad. de Luis Dorantes Tamayo, México, Editorial Porrúa, 1987, pp. 48-57.

[68] Cfr., CAPPELLETTI, Mauro, "Necesidad y legitimidad de la justicia constitucional", en FAVOREU, Louis (coord.), *Tribunales constitucionales europeos y derechos fundamentales,* trad. de Luis Aguiar de Luque y María Gracia Rubio de Casas, Madrid, Centro de Estudios Políticos y Constitucionales, 1984, pp. 599-662.

[69] Véase CENTRO DE ESTUDIOS JURÍDICOS CARBONELL A.C., *Marbury versus Madison,* estudio preliminar de Miguel Carbonell, trad. de Ignacio Fernández Sarasola,

Las características de este modelo, son: i) Ser *difuso,* debido a que no existe un juez especial para conocer de los planteamientos de inconstitucionalidad, sino que lo es cualquier juez sin importar su jerarquía, sea local o federal; ii) Es *incidental,* ya que se tramita la cuestión de inconstitucionalidad por vía incidental o prejudicial ante el juez ordinario, que debe resolver el fondo del asunto, sea a petición de parte o de oficio; iii) Es *especial,* debido a que la desaplicación de la ley sólo opera para el caso particular respecto de las partes de la controversia; y iv) Es *declarativo,* en la medida en que sólo se declara la certeza de la nulidad retroactiva de la norma (efecto *ex tunc*), es decir, operando al pasado, nulificando la disposición legislativa.[70]

Contrario a la tendencia americana o difusa, en 1920, Hans Kelsen, previo la instalación de tribunales constitucionales que se dedicarán a resolver de manera "concentrada" las cuestiones de inconstitucionalidad, siendo el Tribunal Constitucional, el que conozca de manera única y exclusiva la constitucionalidad de las leyes y la protección de los derechos fundamentales.

Cómo resultado de esta corriente, se establecieron los tribunales constitucionales, primero en Austria y, más tarde, en Checoslovaquia. El austriaco funcionó regularmente hasta 1930, y con dificultad hasta 1933, año en que fue intervenido y desactivado. El checoslovaco casi no funcionó, emitió una sola sentencia, quedando paralizado en 1931 y suspendido por la inanición en 1938.

No obstante, es, sobre todo, al finalizar la Segunda Guerra Mundial, cuando dichos tribunales se establecieron en varios países europeos (tendencia que se expandió a Latinoamérica, e incluso a algunos países de África y Asia), tras una experiencia amarga, llena de violaciones a los derechos y libertades fundamentales del hombre, y con ellos adquirir una verdadera conciencia universal de protección.[71]

---

epílogo de Marian Ahumada Ruiz, México, Centro de Estudios Jurídicos Carbonell A.C., 2017, pp. 36-80.

70 CABALLERO GONZÁLEZ, Edgar S., *Curso básico de derecho procesal constitucional, op. cit.*, p. 23.

71 Sobre la noción, origen y evolución de los tribunales constitucionales, véase, entre otros: CABALLERO GONZÁLEZ, Edgar S., *El diálogo jurisprudencial de la Suprema Corte de Justicia de la Nación con los Tribunales Constitucionales y Regionales, op. cit.*; CENTRO DE ESTUDIOS CONSTITUCIONALES. TRIBUNAL CONSTITUCIONAL, *Tribunales constitucionales europeos y autonomías territoriales,* Madrid, Centro de Estudios Políticos y Constitucionales, 1985; FAVOREU, Louis, *Los tribunales constitucionales,* Argentina, Ariel, 1994; FERRER MAC-GREGOR, Eduardo, *Los tribunales constitucionales en Ibe-*

En pocas palabras, en este sistema, se reserva a un único órgano el monopolio del juicio de constitucionalidad de las leyes, llámese Tribunal Constitucional, Corte Constitucional, Sala Constitucional.[72]

Sistema cuyas características son: i) Ser *concentrado*, debido a que es un único y especial órgano (Tribunal Constitucional), ubicado fuera del Poder Judicial, siendo el encargado de ejercer la jurisdicción constitucional; ii) *Principal*, debido a que se ejerce por vía de acción autónoma donde se impugna la inconstitucionalidad de la norma con independencia de casos concretos; iii) *General*, debido a que la sentencia, tendrá efectos *erga omnes* y iv) *Constitutivo*, al operar como anulación *ex nunc*, es decir hacia el futuro sin afectar la validez de la norma del pasado.

Por otro lado, en relación con el contexto estructural en el que se insertan los órganos de control constitucional, los tribunales pueden ocupar una posición casi exclusiva o prevalentemente de monopolio (sistemas unitarios) o prevalentemente concurrente con otros sujetos (sistemas plurales).

Combinando las diversas variables se puede distinguir entre: i) Sistemas unitarios integralmente concentrados en los que un único tribunal ejerce todas las competencias propias en la justicia constitucional como España, Italia, Bélgica, Francia, Rumania, etc.; ii) Sistemas plurales parcialmente concentrados, en los que cada uno de los niveles territoriales cuenta con un solo órgano habilitado para ejercer el control constitucional, aunque en el conjunto del ordenamiento convivan distintos tribunales constitucionales (Alemania, Austria); iii) Sistemas plurales parcialmente descentralizados, en los que la función está distribuida entre los jueces ordinarios y un Tribunal Supremo, pero no existe superposición de niveles (ordenamientos no federales del *common law*, Portugal, Grecia, etc. y; iv) Sistemas plurales integralmente descentralizados (países del *common law* federales, como los Estados Unidos de América, Rusia, países federales de Latinoamérica como México, Brasil y Argentina).[73]

---

roamérica, prólogo de Héctor Fix-Zamudio, México, FUNDAP, 2002; RIVERA SANTIBÁÑEZ, José Antonio, *El Tribunal Constitucional defensor de la Constitución. Reflexiones sobre la necesidad de su consolidación y fortalecimiento institucional*, Bolivia, AECI, 2007.

72 Cfr., ORRÙ, Romano, voz "Control de constitucionalidad concentrado", trad. Giovanni Figueroa Mejía, en Pegoraro, Lucio (coord.), *Glosario de derecho público comparado*, *op. cit.*, pp. 53-55, en 423 pp.

73 PEGORARO, Lucio y RINELLA, Angelo, *Derecho constitucional comparado. 4. Sistemas de justicia constitucional*, *op. cit.*, p. 270.

C. Clasificación conforme a las funciones ejercidas y el bien tutelado

De acuerdo con las funciones ejercidas por las distintas magistraturas constitucionales, se puede distinguir entre sistemas monofuncionales y plurifuncionales.

La primera categoría hace referencia a las magistraturas cuyas competencias siguen siendo esencialmente las tradicionales, es decir, el control de constitucionalidad de la ley y de las competencias de los entes territoriales.[74] En contraste, encontramos tribunales que han recibido competencias ulteriores, que van desde la justicia política, la contenciosa-electoral, el control de las omisiones legislativas, hasta la tutela de los derechos constitucionales, por mencionar algunas. Aunque, esta división tampoco es del todo clara, atendiendo a la variedad de sistemas existentes. A este respecto Pegoraro señala, que los sistemas plurifuncionales son una clase amplia, pero graduada: comprende de hecho sistemas en donde la Corte desempeña dos funciones principales (control normativo y actividad de consulta, como en Canadá) así como donde junto al control de constitucionalidad de las leyes desempeña otras numerosas funciones (como en Alemania).[75]

En términos generales, a la primera categoría pertenecen los tribunales de los ordenamientos del *common law* (también algunos latinoamericanos y del norte de Europa); a la segunda, los europeos clásicos (Alemania, Italia, España, Francia) y los del este del viejo continente.[76]

Ahora bien, en relación con el bien tutelado, podemos determinar, con base en lo anterior, que los Tribunales, Cortes o Salas constitucionales, realizan dos funciones principales: *la tutela de las competencias* y *la tutela de los derechos* —a pesar de que, evidentemente el bien tutelado es siempre en última instancia, la supremacía de la Constitución—. Esta dualidad corresponde a si se controlan las libertades o la ley; sin embargo, la aparición de sistemas

---

74 Como afirma el constitucionalista español Javier Pérez Royo, "...controlar los actos del legislador es lo único que pertenece a la esencia de la justicia constitucional. Todo lo demás son añadidos, que se ha considerado oportuno confiárselos al Tribunal Constitucional una vez que se contaba con su existencia". Cfr., PÉREZ ROYO, Javier, *Tribunal Constitucional y división de poderes*, Madrid, Tecnos, 1988, p. 72. Con excepción de los conflictos competenciales, que son inherentes a la implementación de la justicia constitucional en los Estados federales o políticamente descentralizados.

75 PEGORARO, Lucio y RINELLA, Angelo, *Derecho constitucional comparado. 4. Sistemas de justicia constitucional, op. cit.*, p. 271.

76 *Idem.*

plurifuncionales hace más complejo este tipo de clasificaciones. Por lo tanto, este esquema de clasificación debe estar basado en "*criterios de prevalencia*" de ciertos sistemas, partiendo de la premisa de que, respecto al bien tutelado, encontramos diversidad de escenarios.[77]

Por ejemplo, en Francia, hasta los años setenta, el bien protegido fue exclusivamente el reparto de competencias, posteriormente, el control previo y abstracto fue usado también para proteger los derechos y libertades constitucionales.[78]

D. Clasificación con base en la amplitud del parámetro y el objeto de control

Si comenzamos por establecer conceptualmente el significado que aquí atribuimos a la locución "*parámetro constitucional*", se hace imprescindible la delimitación semántica de dicho término. Para esto, hay que indicar que el sustantivo "*parámetro*" significa, en su primera acepción proporcionada por el Diccionario de la lengua española: "dato o factor que se toma como necesario para analizar o valorar una situación."[79] Evoca la idea de arquetipo o modelo, y en sentido amplio indica la existencia de un punto de referencia que inevitablemente se transforma en un criterio de comparación.[80]

En el contexto del derecho procesal constitucional, el parámetro identifica la disposición o disposiciones que constituyen el término de comparación usados por la Corte, y a las cuales la legislación ordinaria (y en general, toda fuente subordinada) debe atenerse,[81] en otras palabras, indica un término de confrontación, utilizado por las magistraturas constitucionales para verificar la constitucionalidad del objeto puesto en la base del juicio.

A este respecto, los sistemas pueden dividirse en *limitados* y *extensos* (propiamente "de parámetro limitado" o de "parámetro extenso"). En los primeros, los tribunales toman como único parámetro de control a la Constitución

---

77 *Ibidem*, p. 184.

78 Véase, HERRERA GÓMEZ, Ana Ruth, *La introducción del juicio de amparo en el sistema jurídico francés*, México, Editorial Porrúa, Instituto Mexicano de Derecho Procesal Constitucional, Escuela Libre de Derecho, 2013, pp. 143 y ss.

79 REAL ACADEMIA ESPAÑOLA, voz, "Parámetro", en *Diccionario de la lengua española*, 23ª ed., t. II, Madrid, Espasa-Calpe, 2014, p. 1678.

80 ASTUDILLO, César, *El bloque y el parámetro de constitucionalidad en México*, México, Tirant lo Blanch, 2014, p. 37.

81 BAGNI, Silvia y NICOLINI, Matteo, *Justicia constitucional comparada*, *op. cit.*, p. 234 a 238.

(cómo sucedía en Bélgica hasta la reforma de 2003, en Francia hasta 1971 en los Estados Unidos de América hasta la introducción de los *Civil War Amendments*, en Canadá hasta la adopción de la *Charter*); en cambio en los segundos, junto a la Constitución, sirven también como parámetro los tratados internacionales, o convenciones en materia de derechos humanos o, particularmente en Europa, los documentos internacionales que disciplina la estructura de la actividad de la Unión.[82]

Por otro lado, con referencia a su objeto, los sistemas de control constitucional pueden ordenarse en *integrales* cuando los tribunales pueden conocer la legitimidad de las leyes, actos administrativos, actos políticos, tratados, o incluso de leyes de reforma constitucional; y en *parciales*, cuando su control se ejerce sólo sobre leyes o, con procedimientos distintos, sobre actos administrativos.[83]

4. Modalidades prácticas del control de constitucionalidad: control abstracto y control concreto

A juicio de Joaquín Brage Camazano, la distinción entre control abstracto y control concreto se originó en la doctrina germana para contraponer dos modalidades de control de la constitucionalidad ejercidos por el Tribunal Constitucional:[84] a) El control de la constitucionalidad de una ley realizado a instancia de determinados órganos políticos y completamente fuera de un caso particular, y de la aplicación que esta ley pudiera haber tenido;[85] y b) El control de la constitucionalidad de las leyes ejercido por el Tribunal Constitucional a solicitud de un juez o tribunal que, al resolver una controversia

---

82 PEGORARO, Lucio, "Clasificaciones y modelos de justicia constitucional en la dinámica de los ordenamientos", en *Revista Iberoamericana de Derecho Procesal Constitucional*, núm. 2, julio-diciembre, México, Editorial Porrúa, Instituto Iberoamericano de Derecho Procesal Constitucional, 2004, pp. 131-159, en 333 pp.

83 *Idem.*

84 BRAGE CAMAZANO, Joaquín, *La acción abstracta de inconstitucionalidad*, México, UNAM, 2005, pp. 105 y ss.

85 "El control abstracto funciona en primera instancia como un recurso contra leyes, entendidas éstas en relación con su rango normativo. En estos procesos se impugnan normalmente tanto vicios formales como materiales derivados del proceso de creación de la norma". Cfr., HUERTA OCHOA, Carla, "La acción de inconstitucionalidad como control abstracto de conflictos normativos", en *Boletín Mexicano de Derecho Comparado*, número 108, México, UNAM, 2003, p. 935.

particular, estime necesario aplicar una ley de la cual existen dudas sobre su conformidad con la Constitución, por lo que eleva la cuestión sobre la constitucionalidad de la ley al órgano con jurisdicción constitucional.[86]

Mientras que, en este último caso, la discusión del caso concreto tendrá, por lo general, un papel preponderante, no será así en el primer caso, en el que, el tribunal lleva a cabo un control de constitucionalidad con "total abstracción de la aplicación concreta del Derecho" y se limita a resolver una divergencia abstracta en torno a la conformidad o no de un texto legal con el texto de la propia Constitución.[87]

III. PROCEDENCIA DEL CONTROL DE CONSTITUCIONALIDAD DE LAS NORMAS GENERALES EN EL SISTEMA JURÍDICO MEXICANO

Específicamente en nuestro país, la conformidad de las normas generales con los principios, valores y derechos constitucionalmente reconocidos es examinada a través de los siguientes instrumentos de control constitucional: 1) Controversia constitucional, 2) Acción de inconstitucionalidad, 3) Juicio de amparo y; 4) Control difuso.

1. Juicio de amparo

El juicio de amparo Mexicano tiene su origen el 31 de marzo de 1841 en la Constitución Yucateca, bajo el diseño de Manuel Crescencio Rejón, proyecto elaborado en el mes de diciembre de 1840 por este ilustre jurista mexicano.

---

86 En consecuencia, el control abstracto es un control directo, puesto que la pretensión procesal consiste en la impugnación de la constitucionalidad de la ley; y objetivo, dado que se defiende en interés general. Por el contrario, el control concreto se trata de un control incidental, ya que se configura procesalmente como un incidente lo que implica la existencia de un juicio principal diferente el control de constitucionalidad que se pretende con el incidente; y objetivo, al defenderse en interés general. Cfr., FERNÁNDEZ RODRÍGUEZ, José Julio, voz "control abstracto", en Pegoraro, Lucio (coord.), *Glosario de derecho público comparado, op. cit.*, pp. 52-53, en 423 pp.

87 BRAGE CAMAZANO, Joaquín, *La acción abstracta de inconstitucionalidad, op. cit.*, pp. 105 y 106.

Los artículos 8, 9 y 62 de la Constitución Yucateca constituyen los primeros preceptos vigentes que consagraron el juicio de amparo en México.[88]

En lo que respecta al ámbito Nacional, el juicio amparo fue establecido en el documento denominado "Acta Constitutiva y de Reformas", expedido el 18 de mayo de 1847, con lo cual se introdujeron modificaciones a la Constitución de 1824, cuya vigencia había sido restablecida. Este documento constitucional, fue inspirado en el proyecto redactado por Mariano Otero, quien lo diseñó como un instrumento para proteger los derechos fundamentales de los habitantes del país contra toda norma general o acto de autoridad y que debía de promoverse ante los tribunales federales de acuerdo con el artículo 25 del propio documento, de la misma forma, se introduce la Fórmula Otero, a través de esta, la sentencia que otorgue el amparo no debe contener declaraciones generales respecto de la ley o acto que la motivare.

El ex ministro de la Suprema Corte de Justicia Mexicana Arturo Zaldívar Lelo de Larrea define el juicio de amparo como "un medio de control constitucional a través del cual se protege a las personas frente a normas generales, actos u omisiones por parte de los poderes públicos o, en ciertos casos, de particulares". [89]

Concepto que es susceptible de descomponerse en los siguientes elementos, los cuales, a su vez, constituyen los principales atributos del juicio constitucional de amparo:[90]

El juicio de amparo salvaguardar los derechos humanos y las garantías que la Norma Suprema otorga a los gobernados, por lo que por medio de este se protege, de manera inmediata y directa, la parte dogmática de la Constitución, pero, además, de forma inmediata indirecta se preserva el orden constitucional.

Por medio del amparo los gobernados pueden defenderse de las omisiones y de los actos de autoridad, *lato sensu,* que vulneren sus derechos funda-

---

88 FIX-ZAMUDIO, Héctor y FERRER MAC-GREGOR, Eduardo, (coord.) *El Derecho de amparo en el mundo,* México, Editorial Porrúa, Instituto de Investigaciones Jurídicas, Fundación Konrad-Adenauer, 2006, p. 465.

89 ZALDÍVAR LELO DE LARREA, Arturo, voz "Amparo (México)", en *Diccionario de derecho procesal constitucional y convencional. 1001 voces. In Memoriam Dr. Héctor Fix-Zamudio, op. cit.,* pp. 98-100, en 1061 pp.

90 SUPREMA CORTE DE JUSTICIA DE LA NACIÓN, *Manual del justiciable en materia de amparo,* 2ª reimp., México, Suprema Corte de Justicia de La Nación, 2010, pp. 19-20.

mentales. A través del juicio de amparo pueden impugnarse todo tipo de actos de las autoridades federales, locales, municipales e incluso de particulares cuando realicen actos equivalentes a los de autoridad y, en todos los casos, para que se conceda al gobernado a la protección de la Justicia Federal es necesario que los referidos actos u omisiones conculquen sus derechos públicos subjetivos o que, en su perjuicio, vulneren o restrinjan el régimen de competencia entre la Federación y los estados establecidos en la Constitución.

Únicamente procede contra actos definitivos. En juicio de amparo es un medio extraordinario de defensa que procede únicamente contra actos definitivos, de modo que los gobernados, antes de promover el juicio constitucional, deben hacer valer todos los medios impugnación con que cuentan para lograr que el acto u omisión de autoridad sea anulado, revocado o modificado

Su objetivo es restituir al gobernado en el goce de sus derechos vulnerados. La sentencia que concede el amparo tiene el efecto de anular, en el caso concreto, el acto de autoridad contrario a la norma suprema, para restituir al quejoso el coste de sus derechos humanos y sus garantías violadas.

Además, su ámbito de protección se entiende a la tutela de todo el orden jurídico nacional, pues comprende las funciones de *hábeas corpus* o tutela de la libertad personal, la protección de los derechos fundamentales de fuente nacional e internacional, *el control de constitucionalidad de leyes*, así como el control de legalidad de los actos de autoridades administrativas y de las sentencias judiciales.

Sus bases están contenidas en los artículos 103 y 107 constitucionales, cuya reforma del 6 de junio de 2011 complementada por la del 10 de junio siguiente en materia de derechos humanos, lo transformó significativamente a esta institución procesal paradigmática del derecho procesal constitucional mexicano.

Conforme a su reglamentación actual, los órganos competentes para conocer del juicio de amparo son: la Suprema Corte de Justicia de la Nación; los Tribunales Colegiados de Circuito; los Tribunales Colegiados de Apelación; los Juzgados de Distrito, y los órganos jurisdiccionales de las entidades federativas, en auxilio de la justicia federal. La vía indirecta se tramita contra actos u omisiones en juicio cuya ejecución sea de imposible reparación, fuera de juicio o después de concluido, contra actos que afecten a personas extrañas al juicio, contra normas generales y contra actos u omisiones de autoridad administrativa; y en vía directa cuando se impugnan sentencias definitivas, laudos y resoluciones que pongan fin al juicio, dictadas por tribunales judiciales, administrativos o del trabajo.[91]

Las partes en el proceso son el quejoso, la autoridad responsable, el tercero interesado y el Ministerio Público Federal. En cuanto a la legitimación activa —a partir de la precitada reforma del 6 de junio del 2011—, ya no se exige la comprobación de un interés jurídico, sino de un interés legítimo individual o colectivo derivado de una afectación a la esfera jurídica del promovente, ya sea de manera directa o en virtud de su especial situación frente al orden jurídica, manteniéndose la exigencia de un derecho subjetivo afectado de manera personal y directa, únicamente para la impugnación de actos de autoridades jurisdiccionales. Por otra parte, respecto a la legitimación pasiva, se privilegia un criterio de identificación material, al señalarse que tiene el carácter de autoridad para efectos del amparo la que con independencia de su naturaleza formal intervenga en el acto que crea, modifica o extingue situaciones jurídicas en forma unilateral y obligatoria; u omita el acto que de realizarse crearía, modificaría o extinguiría dichas situaciones, con lo que el ámbito de protección se amplió a las omisiones.[92]

2. Controversia constitucional

Desde una perspectiva histórica, la Constitución Federal de 1824, en su artículo 137, fracción I, facultaba a la Corte Suprema de Justicia para "conocer de las diferencias que puede haber de uno a otro Estado de la Federación, siempre que las reduzcan a un juicio verdaderamente contencioso en que deba recaer formal sentencia, y de las que se susciten entre un Estado y uno o más vecinos de otro, o entre particulares, sobre pretensiones de tierras, bajo concesiones de diversos Estados, sin perjuicio de que las partes usen de su derecho, reclamando la concesión a la autoridad que la otorgó".[93]

De la misma manera, el artículo 73, fracción IV, primer párrafo, del voto particular de la minoría de la Comisión de Constitución, de 26 de agosto de

---

91 ZALDÍVAR LELO DE LARREA, Arturo, voz "Amparo (México)", en *Diccionario de derecho procesal constitucional y convencional. 1001 voces. In Memoriam Dr. Héctor Fix-Zamudio, op. cit.*, p. 98, en 1061 pp.

92 *Idem.*

93 SUPREMA CORTE DE JUSTICIA DE LA NACIÓN, *La Suprema Corte de Justicia. Sus leyes y sus hombres*, México, Suprema Corte de Justicia de la Nación, 1985, p. 50.

1842, confería a la Suprema Corte la potestad de conocer de "las diferencias de los Estados entre sí y de las que se susciten entre un Estado y uno ó más vecinos de otro, siempre que la reduzcan á un punto contencioso, en el que deba recaer formal sentencia".

Posteriormente, en el artículo 98 del Estatuto Orgánico Provisional de la República Mexicana, de 15 de marzo de 1856, se estableció nuevamente la facultad expresa de la Corte de resolver conflictos interestatales, pues este artículo dispuso que la Suprema Corte podía "conocer de las diferencias que pueda haber de uno a otro Estado de la nación, siempre que las reduzcan a un juicio verdaderamente contencioso, en que deba recaer formal sentencia, y las que se susciten entre un Estado y uno o más vecinos de otro, o entre particulares sobre pretensiones de tierras, bajo concesiones de diversos Estados, sin perjuicio de que las partes usen de su derecho, reclamando la concesión a la autoridad que la otorgó"

En cambio, el antecedente directo de carácter normativo, de la Controversia constitucional, lo constituye el numeral 98 de la Constitución Política de la República Mexicana de 1857, en el que se precisaba, "corresponde a la Suprema Corte de Justicia desde la primera instancia, el conocimiento de las controversias que se susciten de un Estado con otro, y de aquellas en que la Unión fuere parte."

Finalmente, la Constitución Federal vigente regula en su artículo 105, fracción I, a la Controversia constitucional, señalando que sólo le corresponde a la Suprema Corte el conocimiento de las controversias suscitadas entre dos o más Estados, entre los poderes de un mismo Estado sobre la constitucionalidad de sus actos, y de los conflictos entre la Federación y uno o más Estados.

De tal suerte que, de acuerdo con el texto primigenio de nuestra Norma Fundamental, la Suprema Corte de Justicia de la Nación, debía resolver las aludidas controversias; empero, en la práctica no fue muy recurrida esta garantía constitucional, puesto que, los conflictos de esta naturaleza solían ser resueltos por el Senado de la República con base en las facultades que a éste se reconocían en las fracciones V y VI del artículo 76 constitucional. En consecuencia, de 1917 a 1994 no se utilizó frecuentemente a la Controversia constitucional. No obstante, la reforma constitucional del 31 de diciembre de 1994 provocó la ampliación de los supuestos de procedencia de la Controversia constitucional, lo que, sumado a la publicación de la Ley Reglamentaria de las Fracciones I y II del Artículo 105 de la Constitución Política de los Estados Unidos Mexicanos, incitó que esta institución procesal-constitucional comenzara a tener mayor uso práctico.

Es la garantía constitucional, a través del cual se protege de manera directa al texto fundamental en su apartado orgánico y las competencias asignadas a los órganos del Estado. De igual forma, puede entenderse como el proceso mediante el cual se plantea un juicio con todas sus características: acción planteada en forma de demanda, una contestación, una etapa probatoria y una sentencia, cuyos efectos pueden ser *inter partes* o *erga omnes* y cuya finalidad es resolver un conflicto competencial entre los órganos del Estado y diversos órdenes jurídicos.[94]

Por su parte, el ministro en retiro José Ramón Cossío Díaz ha conceptuado a las controversias constitucionales como:

> "Los procesos previstos en la fracción I del artículo 105 constitucional que tienen como principal función permitir a la Suprema Corte de Justicia la resolución de, primordialmente, los conflictos de constitucionalidad o de legalidad surgidos de las distribuciones competenciales llevadas a cabo a través del sistema federal o del principio de división de poderes".[95]

La Suprema Corte de Justicia de la Nación, advierte las características de las Controversias Constitucionales, traducidas en los puntos siguientes:

c. Se instauran para garantizar el principio de la división de poderes, pues mediante ella se plantea una invasión de las esferas competenciales establecidas en la Constitución.

d. Constituyen un verdadero proceso entre los poderes, entes u órganos que se precisan en la fracción I del artículo 105 de la Constitución General.

e. Únicamente puede ser promovida por la Federación, las Entidades Federativas, los municipios y más recientemente, por órganos constitucionales autónomos federales o locales.

f. Infiere la presencia de un agravio en perjuicio del promovente.

---

94 MARTÍNEZ RAMÍREZ, Fabiola, "Las controversias constitucionales como medio de control constitucional", en Ferrer Mac-Gregor, Eduardo y Zaldívar Lelo de Larrea, Arturo, *La ciencia del derecho procesal constitucional. Estudios en homenaje a Héctor Fix-Zamudio en sus cincuenta años como investigador del derecho,* t. VIII, México, UNAM, Instituto Mexicano de Derecho Procesal Constitucional, Marcial Pons, 2008, pp. 557-602, en 998 pp.

95 COSSÍO DÍAZ, José Ramón, *La controversia constitucional,* México, Editorial Porrúa, 2008, p. 1.

g. Es improcedente para impugnar normas generales en materia electoral.

h. Es procedente para impugnar tanto normas generales como actos.

i. Los efectos de la sentencia, en el caso de normas generales, consistirán en declarar la invalidez de la norma con efectos *erga omnes* siempre que se trate de disposiciones de los Estados o de los municipios impugnadas por la Federación; de los municipios, impugnadas por los Estados, o bien, en conflictos de órganos de atribución y siempre que haya sido aprobada por una mayoría de por lo menos ocho votos de los ministros de la Suprema Corte de Justicia.

El objeto de las controversias constitucionales ha sido precisado por la Corte Suprema Mexicana, a través de su jurisprudencia, al señalar que:

> "(...) la tutela jurídica de la controversia constitucional es la *protección del ámbito de atribuciones de los órganos del Estado que derivan del sistema federal* (Federación, Estados, Municipios y Distrito Federal) y del sistema de división de poderes a que se refieren los artículos 40, 41, 49, 115, 116 y 122 de la Constitución Federal, con motivo de sus actos o disposiciones generales que estén en conflicto o contraríen a la Norma Fundamental, lo cual se encuentra referido a los actos en estricto sentido y a las leyes ordinarias y reglamentos, ya sean federales, locales o municipales, e inclusive tratados internacionales."[96] (énfasis añadido)

En suma, podemos advertir que la Controversia constitucional tiene por objeto: 1) Proteger el ámbito de atribuciones que la Constitución Política de los Estados Unidos Mexicanos otorga a los órganos originarios del Estado[97] y; 2) Tutelar el sistema de división de poderes previsto en el artículo 49 constitucional, conforme al cual "el Supremo Poder de la Federación se divide para su ejercicio en Legislativo, Ejecutivo y Judicial".

---

96 "CONTROVERSIA CONSTITUCIONAL. ES IMPROCEDENTE PARA IMPUGNAR EL PROCEDIMIENTO DE REFORMAS Y ADICIONES A LA CONSTITUCIÓN FEDERAL". Tesis P./J.40/2002, Novena Época, Pleno, *Semanario Judicial de la Federación y su Gaceta*, Tomo XVI, septiembre de 2002, p. 998, jurisprudencia, constitucional. Registro digital: 186044.

97 "CONTROVERSIA CONSTITUCIONAL. PROCEDE DE MANERA EXCEPCIONAL AUN CUANDO EL ACTO IMPUGNADO SEA UNA RESOLUCIÓN JURISDICCIONAL EN ESTRICTO SENTIDO, SI LA CUESTIÓN A EXAMINAR ATAÑE A LA PRESUNTA INVASIÓN DE LA ESFERA COMPETENCIAL DE UN ÓRGANO ORIGINARIO DEL ESTADO." Tesis P./J. 16/2008, Novena Época, Pleno, *Semanario Judicial de la Federación y su Gaceta*, Tomo XXVII, febrero de 2008, p. 1815, jurisprudencia, constitucional. Registro digital: 170355.

La observancia de estas dos funciones se traduce en, la tutela directa de la Constitución, razón por la cual la controversia constitucional tiene la naturaleza de una garantía constitucional, cuya finalidad es salvaguardar las normas constitucionales contra actos, normas generales o tratados internacionales que pretendan suprimir el orden previsto por la Norma Suprema.

Por conducto de las Controversias constitucionales, pueden enjuiciar tanto actos jurídicos individualizados como *normas generales*, siempre que no se refieran a la materia electoral. Igualmente son improcedentes las que se refieran a conflictos de límites entre entidades federativas.[98]

Los supuestos que pueden dar lugar a una Controversia constitucional se han ampliado en virtud de la evolución que ha tenido está garantía constitucional. En un primer momento, se admitieron sólo los conflictos que se suscitaron entre una entidad federativa y otra. Ulteriormente, se contemplaron, además, aquellos que se originaron entre los poderes de un mismo Estado o entre la Federación y uno o más Estados. A la postre, se sumaron aquellos que se dieran entre dos o más Estados y el Distrito Federal (hoy Ciudad de México) y los que se suscitaron entre los órganos de gobierno de éste.

Actualmente, los conflictos que pueden ser materia de una controversia constitucional conforme a la fracción I del artículo 105 de la Constitución Generales son los que se susciten entre:

1) La Federación y una entidad federativa;
2) La Federación y un municipio;
3) El Poder Ejecutivo y el Congreso de la Unión; aquél y cualquiera de las Cámaras de éste, en su caso, la Comisión Permanente;
4) Una entidad federativa y otra;
5) Dos municipios de diversos Estados;
6) Dos Poderes de una misma entidad federativa;
7) Un Estado y uno de sus Municipios;
8) Una Entidad Federativa y un Municipio de otra o una demarcación territorial de la Ciudad de México;

---

98 HERRERA GARCÍA, Alfonso, *Elementos de jurisdicción constitucional. Nacional, comparada y supranacional*, México, Editorial Porrúa, Instituto Mexicano de Derecho Procesal Constitucional, 2017, p. 65.

9) Dos órganos constitucionales autónomos de una entidad federativa, y entre uno de éstos y el Poder Ejecutivo o el Poder Legislativo de esa entidad federativa, y

10) Dos órganos constitucionales autónomos federales, y entre uno de éstos y el Poder Ejecutivo de la Unión o el Congreso de la Unión.

3. Acción de inconstitucionalidad

El origen de la acción de inconstitucionalidad, puede remontarse, como precedentes remotos, a la *actio popularis* de Colombia (1850) y Venezuela (1858), y ya como verdadero nacimiento, a la "solicitud" *(Antrag)*, prevista en la Constitución Austriaca de 1920 (art. 140), por influjo de Hans Kelsen, y a modo de "racionalización" del sistema americano difuso de control de la constitucionalidad, no pudiendo desconocerse tampoco la previsión, de nula eficacia posterior, de dicho instituto unos meses antes en la Constitución de Checoslovaquia. Desde entonces esta garantía, se ha extendido en varias partes del mundo, y podemos decir que se ha generalizado de manera especial en Europa y América Latina.[99]

Concretamente en el Estado Constitucional mexicano, la doctrina clásica señala que las acciones abstractas de inconstitucionalidad, ya habían sido contempladas en ordenamientos como las Siete Leyes de 1836, en las que se estableció que el Supremo Poder Conservador, como órgano juzgador, tendría la facultad de decidir la constitucionalidad de leyes o decretos y, en su caso, declarar los nulos por violar preceptos constitucionales, además, encontraron en el voto particular de Fernando Ramírez del de reforma a la Constitución de 1836, la iniciativa de que fuese la Suprema Corte quien tuviese dicha facultad.[100]

Sin embargo, sería en la Constitución Yucateca de 1840 cuando se desarrolló el antecedente más próximo a lo que hoy conocemos como acción de inconstitucionalidad, en su artículo 81. Lo anterior puede ser considerado como un *antecedente*, pero no podemos considerarlo como su *origen*.[101]

---

99 BRAGE CAMAZANO, Joaquín, voz "Acción de inconstitucionalidad", en *Diccionario de Derecho procesal constitucional y convencional*, 2ªed., México, UNAM, 2014, pp. 11-14.

100 CABALLERO GONZÁLEZ, Edgar S., *op. cit.*, pp. 81-90.

101 *Idem.*

Este proceso constitucional fue introducido por vez primera en nuestra historia con la reforma constitucional de 31 de diciembre de 1994, bajo la influencia del derecho constitucional europeo con el objeto de otorgar a las minorías parlamentarias la posibilidad de impugnar ante los organismos de justicia constitucional (Cortes, Tribunales Constitucionales o inclusive el Consejo Constitucional francés) las disposiciones legislativas aprobadas por la mayoría, especialmente en Austria, República Federal de Alemania, España, Francia y Portugal.[102]

Otra reforma judicial muy importante es la del 22 de agosto de 1996, enfocada en realidad a la materia electoral. Aparte de la expresión de principios relativos a este ámbito y la creación de todo un sistema de medios impugnación en él (de ella surgió el Tribunal Electoral del Poder Judicial de la Federación), modificó la procedencia de la acción de inconstitucionalidad para permitir que por medio de ella se impugnen leyes electorales, lo que representó una gran novedad en el sistema jurídico mexicano, legitimando también a los partidos políticos para promoverla en esta materia. Con esta reforma, al no quedar ya acto de poder fuera del posible conocimiento de la Suprema Corte de Justicia de la Nación sea en amparo, controversia constitucional, acción de inconstitucionalidad, y darse así a este órgano jurisdiccional las condiciones para que siempre puedan dar la interpretación definitiva de las normas constitucionales; se erigió a la Corte como auténtico Tribunal Constitucional, conforme el entendimiento actual de dicho término, mucho más extenso que el tradicional y primigenio, de carácter formal, que imperó por largo tiempo en Europa.[103]

Asimismo, la reforma constitucional publicada el 14 de septiembre de 2006 también es importante para la acción de inconstitucionalidad. Se legitimó las Comisiones de Derechos Humanos federales y locales, para promover la contra "leyes que vulneren los derechos humanos establecidos en la Constitución"; dio la posibilidad de que sean reclamadas muchas más leyes, en especial

---

[102] Cfr., FERRER MAC-GREGOR, Eduardo y SÁNCHEZ GIL, Rubén, "El control abstracto de inconstitucionalidad de leyes en México. Tipología de resoluciones", en Häberle, Peter y García Belaunde, Domingo (coords.), *El control del poder. Homenaje a Diego Valádes,* t.II, México, UNAM, Instituto de Investigaciones Jurídicas, 2011, pp. 121-155.

[103] Véase FERRER MAC-GREGOR, Eduardo, *Los tribunales constitucionales en Iberoamérica, op. cit.,* pp. 55-57.

aquellas que los legisladores son partidos no tienen interés práctico de reclamar cuyos vicios no hubieran advertido.[104]

La acción de inconstitucionalidad forma parte de las garantías constitucionales, es decir, los instrumentos jurídicos de naturaleza procesal que tienen por objeto la reparación del orden constitucional cuando ha sido violado o desconocido, así como la evolución y adaptación de sus normas a la realidad.[105]

Entonces, podemos definir a la acción de inconstitucionalidad como aquel instrumento procesal, a través del cual determinados órganos o instituciones, cumpliendo los requisitos procesales legalmente establecidos, podrán plantear de forma directa, ante el órgano con jurisdicción constitucional, si una determinada norma jurídica es o no constitucionalmente válida.

Este proceso constitucional, dará como resultado, una sentencia en la que dicho Tribunal Constitucional resolverá en abstracto y con efectos *erga omnes* sobre si la norma impugnada es o no conforme con la Constitución y, en el supuesto de que no lo fuere, declarará la inconstitucionalidad y en consecuencia la nulidad de dicha norma, sin embargo, existe la posibilidad de que el órgano de la constitucionalidad dicte alguna de las modalidades atípicas de sentencias.[106]

En esta definición contiene los caracteres fundamentales de toda acción de inconstitucionalidad: su naturaleza (acción procesal de control normativo abstracto de la constitucionalidad), la legitimación activa para ejercitarla, su posible objeto, su parámetro (la Constitución), su procedimiento y sus efectos.[107]

La acción de inconstitucionalidad procede contra normas generales que tengan el carácter de leyes o tratados internacionales, y que sean contrarias a

---

[104] Sobre esta reforma y sus implicaciones, véase, SÁNCHEZ GIL, Rubén, "El *ombudsman* en la acción de inconstitucionalidad" en Astudillo, César y Carbonell, Miguel (coords.), *Las comisiones de derechos humanos y la acción de inconstitucionalidad,* México, UNAM, CNDH, 2007, pp. 145-158.

[105] Cfr., FIX-FIERRO, Héctor, voz "Acción de inconstitucionalidad", en Carbonell, Miguel (coord.), *Diccionario de derecho constitucional, op. cit.*, pp. 3 y 4.

[106] Sobre sentencias atípicas la obra obligatoria de consulta: FIGUEROA MEJÍA, Giovanni A., *Las sentencias constitucionales atípicas en el derecho comparado y en la acción de inconstitucionalidad mexicana,* México, Editorial Porrúa, Instituto Mexicano de Derecho Procesal Constitucional, 2011.

[107] BRAGE CAMAZANO, Joaquín, *La acción abstracta de inconstitucionalidad, op. cit.*, pp. 2-7.

la Constitución Federal.[108] El carácter general de una norma no sólo depende de su designación, sino también de su contenido material; es decir, la norma impugnable debe cubrir ciertos requisitos que la definen como de carácter general y, consecuentemente, combatible mediante la acción de inconstitucionalidad.[109]

Entre las características que advertimos de la acción abstracta de inconstitucionalidad, podemos señalar las siguientes:

a. Se trata de una *garantía constitucional*, entendiendo ésta como un instrumento predominantemente de carácter procesal, dirigido a la protección y defensa de los valores, principios y normas de carácter fundamental.

b. A través de esta, se alega una contradicción entre la norma impugnada y la Constitución.

c. Supone un control abstracto, ya que implica una solicitud para que la Suprema Corte de Justicia de la Nación analice la constitucionalidad de una norma, sin que sea necesario la existencia de un agravio o la demostración de una afectación para conferir legitimación del promovente.[110]

d. Posee una legitimación activa restringida, puesto que sólo los sujetos que limitativamente se establece en la Constitución pueden ejercitar la acción de inconstitucionalidad.

---

108 "ACCIÓN DE INCONSTITUCIONALIDAD. SÓLO PROCEDE CONTRA NORMAS GENERALES QUE TENGAN EL CARÁCTER DE LEYES O DE TRATADOS INTERNACIONALES." Tesis P./J. 22/99, Novena Época, Pleno, *Semanario Judicial de la Federación y su Gaceta*, Tomo IX, abril de 1999, p. 257, jurisprudencia, constitucional. Registro digital: 194283.

109 "ACCIÓN DE INCONSTITUCIONALIDAD. PARA DETERMINAR SU PROCEDENCIA EN CONTRA DE LA LEY O DECRETO, NO BASTA CON ATENDER A LA DESIGNACIÓN QUE SE LE HAYA DADO AL MOMENTO DE SU CREACIÓN, SINO A SU CONTENIDO MATERIAL QUE LO DEFINA COMO NORMA DE CARÁCTER GENERAL." Tesis P./J.23/99. Novena Época, Pleno, *Semanario Judicial de la Federación y su Gaceta*, Tomo IX, abril de 1999, p. 256, jurisprudencia, constitucional. Registro digital: 194260.

110 "ACCIÓN DE INCONSTITUCIONALIDAD Y CONTROVERSIA CONSTITUCIONAL. LA VIOLACIÓN AL PRINCIPIO DE DIVISIÓN DE PODERES PUEDE SER MATERIA DE ESTUDIO EN UNA U OTRA VÍA." Tesis P./J. 81/2003, Novena Época, Pleno, *Semanario Judicial de la Federación y su Gaceta*, Tomo XVIII, diciembre de 2003, p. 531, jurisprudencia, constitucional. Registro digital: 182741.

e. Únicamente procede contra normas generales en sentido material y formal.

f. Su resolución permite declarar la invalidez de la norma general que se impugna.

g. Procede respecto a normas de reciente aprobación, pues el plazo fatal para su promoción se encuentra a partir de la publicación de estas en el correspondiente diario o periódico oficial.

h. A través de ésta se ejerce un control constitucional *a posteriori*, dado que la norma tiene que haber sido promulgada y publicada para que pueda cuestionarse su constitucionalidad.

i. El control de la regularidad constitucional que se lleva a cabo a través de ella por parte de la Suprema Corte de Justicia de la Nación autorice el examen de todo tipo de violaciones a la Constitución Política de los Estados Unidos Mexicanos.[111]

Los sujetos legitimados para interponer la acción de inconstitucionalidad se establecen, de manera expresa y limitativa, en el artículo 105, fracción II, de la Constitución Federal, precepto conforme al cual la posible contradicción entre una norma de carácter general y la Constitución puede ser planteada por:

1) El equivalente al 33% de los integrantes de la Cámara de Diputados del congreso de La Unión;

2) El equivalente al 33% de los integrantes del Senado;

3) El Ejecutivo Federal, por conducto del Consejero Jurídico del Gobierno;

4) El equivalente al 33% de los integrantes de alguna de las legislaturas de las entidades federativas;

5) Los partidos políticos con registro ante el Instituto Nacional Electoral, por conducto de sus dirigencias nacionales;

6) La Comisión Nacional de los Derechos Humanos;

---

[111] "ACCIÓN DE INCONSTITUCIONALIDAD. EL CONTROL DE LA REGULARIDAD CONSTITUCIONAL A CARGO DE LA SUPREMA CORTE DE JUSTICIA DE LA NACIÓN AUTORIZA EL EXAMEN DE TODO TIPO DE VIOLACIONES A LA CONSTITUCIÓN POLÍTICA DE LOS ESTADOS UNIDOS MEXICANOS." Tesis P. XI/2008, Novena Época, Pleno, *Semanario Judicial de la Federación y su Gaceta,* Tomo XXVII, junio de 2008, p. 673, jurisprudencia, constitucional. Registro digital: 169573.

7) Las Comisiones estatales de los Derechos Humanos;

8) El organismo garante que establece el artículo 6 de la Constitución y;

9) El Fiscal General de la República.

Sin embargo, la legitimación para promover la acción de inconstitucionalidad depende del tipo de norma cuya inconstitucionalidad se reclama, pues, como lo ha señalado la Corte Suprema Mexicana:

> "La fracción II del artículo 105 de la Constitución Política de los Estados Unidos Mexicanos establece de manera limitativa y expresa quiénes son los sujetos legitimados para promover una acción de inconstitucionalidad; sin embargo, no todos ellos pueden plantear ese medio de control constitucional contra cualquier ley, sino que su legitimación varía en función del ámbito de la norma que pretende impugnarse, es decir, si se trata de leyes federales, locales, del Distrito Federal o de tratados internacionales."[112]

En este tenor, tomando como base la naturaleza de la norma que se estima contraria a la Constitución, se tiene que:

1) En el caso de tratados internacionales, su inconstitucionalidad puede ser planteada por:

   a) El equivalente al 33% de los integrantes del Senado;

   b) El Fiscal General de la República;

   c) La Comisión Nacional de los Derechos Humanos, si los referidos tratados vulneran los Derechos Humanos consagrados en la Constitución y;

   d) El Organismo garante de carácter Federal que establece el artículo 6 de la Constitución, si los relativos tratados vulneran el derecho al acceso a la información pública y a la protección de datos personales.

2) Por lo que hacen las leyes federales expedidas por el Congreso de la Unión, la acción puede promoverse por:

   a) El equivalente al 33% de los integrantes del Senado;

---

112 "ACCIÓN DE INCONSTITUCIONALIDAD. QUIÉNES SE ENCUENTRAN LEGITIMADOS PARA PROMOVERLA ATENDIENDO AL ÁMBITO DE LA NORMA IMPUGNADA." Tesis P./J. 7/2007, Novena Época, Pleno, *Semanario Judicial de la Federación y su Gaceta,* Tomo XXV, mayo de 2007, p. 1513, jurisprudencia, constitucional. Registro digital: 172641.

b) El equivalente al 33% de los integrantes de la Cámara de Diputados del Congreso de la Unión;

c) El Ejecutivo Federal, por conducto del Consejero Jurídico del Gobierno;

d) El Fiscal General de la República;

e) La Comisión Nacional de los Derechos Humanos, si las referidas leyes vulneran los derechos humanos consagrados en la Constitución;

f) El Organismo garante de carácter Federal que establece el artículo 6 de la Constitución.

3) En relación con las normas generales expedidas por el Poder Legislativo de una entidad federativa, la inconstitucionalidad puede alegarse por:

a) El Fiscal General de la República;

b) El equivalente al 33% de los integrantes del órgano legislativo que las expidió;

c) La Comisión Nacional de los derechos humanos, si las referidas leyes vulneran los derechos humanos consagrados en la Constitución;

d) El organismo autónomo para la protección de los Derechos Humanos de la entidad federativa la que corresponde el cuerpo legislativo que la despidió, si ésta se considera violatorios de los derechos humanos previstos en la Constitución y;

e) El organismo garante de carácter local que establece el artículo 6 de la Constitución.

f) En tratándose de leyes electorales federales, la acción puede ser ejercitada por:[113]

---

[113] "ACCIÓN DE INCONSTITUCIONALIDAD EN MATERIA ELECTORAL. ESTÁN LEGITIMADOS PARA PROMOVERLA, ADEMÁS DE LOS PARTIDOS POLÍTICOS, LOS ENTES MENCIONADOS EN LA FRACCIÓN II DEL ARTÍCULO 105 CONSTITUCIONAL." Tesis P./J. 9/2007, Novena Época, Pleno, *Semanario Judicial de la Federación y su Gaceta,* Tomo XXV, mayo de 2007, p. 1489, jurisprudencia, constitucional. Registro digital: 172642.

g) Los partidos políticos con registro ante el Instituto Nacional Electoral, por conducto de sus dirigencias nacionales;

h) El Fiscal General de la República;

i) El equivalente al 33% de los integrantes del Senado;

j) El equivalente al 33% de los integrantes de la Cámara de Diputados del Congreso de La Unión.

4) El caso de leyes electorales locales, están legitimados para promoverla:

a) Los partidos políticos con registro ante el Instituto Nacional Electoral, por conducto de sus dirigencias nacionales;

b) Los partidos políticos con registro estatal, a través de sus diligencias;

c) El Fiscal General de la República y;

d) El equivalente al 33% de los diputados de las legislaturas locales.

En último lugar, con relación con la legitimación para ejercitar la acción de inconstitucionalidad, señalamos que, al tratarse de un control abstracto de constitucionalidad no es necesario que los promoventes resientan un agravio o perjuicio en su esfera jurídica, o bien, la existencia de un interés jurídico para iniciar el procedimiento, pues la actuación de ellos se reduce a plantear a la Suprema Corte Mexicana, la posible contradicción entre la nueva norma y la Ley Fundamental, con el objeto de que determine si se configura o no dicha contradicción y, en su caso, se declare la invalidez de la norma.

Así, como lo ha señalado la jurisprudencia de la Corte Suprema:

> "Al ser la acción de inconstitucionalidad un tipo especial de procedimiento constitucional en el que, por su propia y especial naturaleza, no existe contención, las partes legitimadas para promoverla, en términos de lo dispuesto por el artículo 105, fracción II, de la Constitución Política de los Estados Unidos Mexicanos, no ejercen la acción para deducir un derecho propio o para defenderse de los agravios que eventualmente les pudiera causar una norma general, pues el Poder Reformador de la Constitución las facultó para denunciar la posible contradicción entre aquélla y la propia Carta Magna, a efecto de que la Suprema Corte de Justicia de la Nación, atendiendo al principio de supremacía constitucional, la someta a revisión y establezca si se adecua a los lineamientos fundamentales dados por la propia Constitución."[114]

---

114 "ACCIÓN DE INCONSTITUCIONALIDAD. LAS PARTES LEGITIMADAS PARA PROMOVERLA SÓLO ESTÁN FACULTADAS PARA DENUNCIAR LA POSIBLE

4. Control difuso de constitucionalidad

Algunos académicos sostienen que, el control de constitucionalidad difuso no es del todo novedoso dentro del constitucionalismo mexicano,[115] en virtud de que, la Constitución de 1857 ya lo contemplaba en su artículo 126, mismo que, aun cuando no fue contemplado en el proyecto original enviado por don Venustiano Carranza al Congreso Constituyente, posteriormente fue incorporado en el transcurso de los debates ocurridos entre 1916 y 1917 por la Comisión de Constitución, para aprobarse y pasar prácticamente inalterado en su texto en el artículo 133 de la Constitución vigente de 1917, que entre otras cosas contempla la supremacía constitucional; y el ejercicio del control constitucional difuso que autoriza a los jueces a observar la Constitución Federal, leyes y tratados internacionales a pesar de las disposiciones en contrario que pudiera ver en las Constituciones y leyes locales. Cabe destacar que el citado artículo 126 de la Constitución de 1857 y el 133 de la Constitución de 1917, tuvieron una fuerte inspiración, en el contenido del artículo VI.2 de la Constitución de los Estados Unidos de América.

En el transcurso de la vigencia de nuestra Constitución, la interpretación del artículo 133 por parte de la Suprema Corte de Justicia de la Nación con relación al ejercicio del control constitucional difuso ha variado desde una perspectiva amplia a una restringida;[116] sin embargo, uno de los cambios más significativos que sufrió la Constitución de 1917, a través de sus múltiples reformas fueron las ocurridas el seis y diez de junio de dos mil once, relativas

---

CONTRADICCIÓN ENTRE UNA NORMA GENERAL Y LA PROPIA CONSTITUCIÓN." Tesis P./J. 129/99, Novena Época, Pleno, *Semanario Judicial de la Federación y su Gaceta,* Tomo X, noviembre de 1999, p. 791, jurisprudencia, constitucional. Registro digital: 192841.

115 JIMÉNEZ ASENSIO, Rafael, *El constitucionalismo. Proceso de formación y fundamentos del derecho constitucional,* Madrid, Marcial Pons, 2005, pp. 31-32- Citado por Samaniego Santamaría, Luis Gerardo, "Control difuso de constitucionalidad-convencionalidad. Evolución jurisprudencial a cien años de la Constitución mexicana de 1917", en Ferrer Mac-Gregor, Eduardo y Flores Pantoja, Rogelio (coords.), *La Constitución y sus garantías. A 100 años de la Constitución de Querétaro de 1917. Memoria del XI Encuentro Iberoamericano y VIII Congreso Mexicano de Derecho Procesal Constitucional,* México, Instituto de Estudios Constitucionales del Estado de Querétaro, UNAM, Instituto de Investigaciones Jurídicas, 2017, pp. 865-883, en 967 pp.

116 Véase CARPIZO, Jorge, "La interpretación del 133 constitucional", en *Boletín Mexicano de Derecho comparado,* año II, número 4, enero-abril, UNAM, 1969, 7-8 y SÁNCHEZ GIL, Rubén, "El control difuso de la constitucionalidad en México. Reflexiones en torno a la tesis P./J. 38/2002", *op. cit.,* p. 218-223.

a las formulación de los derechos humanos en la Constitución General y, si bien dicha reforma no alteró el contenido del artículo 133, si modificó diversos artículos de la Constitución que ya hacían insostenibles los criterios jurisprudenciales restrictivos de la Suprema Corte de Justicia de la Nación respecto del ejercicio del control constitucional difuso a cargo de los jueces de los estados.[117]

De este modo, la Corte Suprema mexicana, ha precisado que actualmente existen dos grandes vertientes dentro del modelo de control de constitucionalidad en el orden jurídico mexicano. En primer término, el control concentrado en los órganos del Poder Judicial de la Federación con vías directas de control: acciones de inconstitucionalidad, controversias constitucionales y amparo directo e indirecto; en segundo término, el control por parte del resto de los jueces del país en forma incidental durante los procesos ordinarios en los que son competentes, esto es, sin necesidad de abrir un expediente por cuerda separada. Ambas vertientes de control se ejercen de manera independiente y la existencia de este modelo general de control no requiere que todos los casos sean revisables e impugnables en ambas. Es un sistema concentrado en una parte y difuso en otra, lo que permite que sean los criterios e interpretaciones constitucionales, ya sea por declaración de inconstitucionalidad o por inaplicación, de los que conozca la Suprema Corte para que determine cuál es la interpretación constitucional que finalmente debe prevalecer en el orden jurídico nacional. Finalmente, debe señalarse que todas las demás autoridades del país en el ámbito de sus competencias tienen la obligación de aplicar las normas correspondientes haciendo la interpretación más favorable a la persona para lograr su protección más amplia, sin tener la posibilidad de inaplicar o declarar su incompatibilidad.[118]

Este control difuso que realizan todas las autoridades del país, en el ámbito de su competencia, se ejerce de manera oficiosa, si y sólo si, encuentran sustento para ello, respaldándose en el imperio del cual están investidas para juzgar conforme a la Constitución. Por tanto, el control ordinario que ejercen estas autoridades en su labor cotidiana, es decir, en su competencia específica,

---

117 SAMANIEGO SANTAMARÍA, Luis Gerardo, "Control difuso de constitucionalidad-convencionalidad. Evolución jurisprudencial a cien años de la Constitución mexicana de 1917", *op. cit.*, pp. 872 y 873.

118 "SISTEMA DE CONTROL CONSTITUCIONAL EN EL ORDEN JURÍDICO MEXICANO." Tesis: P. LXX/2011, Décima época, Pleno, *Semanario Judicial de la Federación y su gaceta*, Tomo I, diciembre de 2011, p. 557, aislada, constitucional. Registro digital: 160480.

se constriñe a establecer la legalidad del asunto sometido a su consideración con base en los hechos, argumentaciones jurídicas, pruebas y alegatos propuestos por las partes, dando cumplimiento a los derechos fundamentales de audiencia, legalidad, debido proceso y acceso a la justicia. Es aquí donde el juzgador ordinario, al aplicar la norma, puede contrastar, de oficio, entre su contenido y los derechos humanos que reconoce el orden jurídico nacional (esto es, realizar el control difuso) en ejercicio de una competencia genérica, sin que la reflexión que realiza el juez común forme parte de la disputa entre actor y demandado. En ese sentido, la diferencia toral entre los medios de control concentrado y difuso estriba, esencialmente, en que en el primero es decisión del quejoso que el tema de inconstitucionalidad o inconvencionalidad de la ley forme parte de la litis, al plantearlo expresamente en su demanda de amparo; mientras que en el segundo, ese tema no integra la litis, que se limita a la materia de legalidad (competencia específica); no obstante, por razón de su función, por decisión propia y prescindiendo de todo argumento de las partes, el juzgador puede desaplicar la norma que a su criterio no sea acorde con la Constitución o con los tratados internacionales en materia de derechos humanos.[119]

119 "CONTROL DIFUSO DE CONSTITUCIONALIDAD Y CONVENCIONALIDAD. SU EJERCICIO NO LIMITA NI CONDICIONA EL DEL CONTROL CONCENTRADO." Tesis 1a. CCXC/2015 (10a.), Décima Época, Primera Sala, *Gaceta del Semanario Judicial de la Federación*, Tomo II, Libro 23, octubre de 2015, p. 1648, aislada, común. Registro digital: 2010144.

Capítulo segundo

Generalidades del juicio de amparo

I. BREVE RELACIÓN DE ANTECEDENTES Y ORIGEN DEL JUICIO DE AMPARO EN MÉXICO

Los tratadistas especializados en la materia han señalado diversos antecedentes del proceso de amparo en instituciones helénicas,[120] romanas, [121] y medioevales,[122] sin embargo, sólo se relacionan en general con la defensa de las constituciones y con la tutela de los derechos fundamentales, pero no estrictamente con el juicio de amparo.[123] Por tanto, sólo haremos referencia a las tendencias que influyeron de manera directa en la estructuración del proceso constitucional, y que podemos dividir en: 1) Influencia extranjera y 2) Antecedentes nacionales y origen.[124]

---

120 El *graphé paranomón*, véase, LINARES QUINTANA, Segundo V., *Teoría e historia constitucional,* vol. I, Buenos Aires, Editorial Alfa, 1958, p. 253; o el *pséfisma,* véase, CAPPELLETTI, Mauro, *La justicia constitucional (Estudios de Derecho comparado), op. cit.*, pp. 46-48.

121 El interdicto de *homine libero exhibendo* y la *intercessio tribunicia;* véase, entre otros: BURGOA, Ignacio, *El juicio de amparo*, 43ª ed., México, Editorial Porrúa, 2009 pp. 48 y 49; CHÁVEZ CASTILLO, Raúl, *Nuevo juicio de amparo*, 18ª ed., México, Editorial Porrúa, 2019, p. 15; ARELLANO GARCÍA, Carlos, *El juicio de amparo*, 13ª ed., México, Editorial Porrúa, 2012, pp. 23-29; VALLARTA, Ignacio L., *El juicio de amparo y el writ of hábeas corpus*, t. V, remp. facsimilar, México, Editorial Porrúa, 1980, pp. 22 y ss.

122 *El Justicia de Aragón,* y los procesos forales encomendados a dicho funcionario. Cfr., FERRER MAC-GREGOR, Eduardo, *La acción constitucional de amparo en México y España. Estudio de Derecho comparado.* Prólogo de Héctor Fix-Zamudio, 4ª ed., México, Editorial Porrúa, 2007, pp. 7-12; VALLARTA, Ignacio L., *El juicio de amparo y el writ of habeas corpus, op. cit.*, pp. 431 y ss.

123 Sobre la defensa constitucional, véase: FIX-ZAMUDIO, Héctor, *Estudio de la defensa de la Constitución en el ordenamiento mexicano,* México, Editorial Porrúa, 2005.

124 Clasificación que tomamos de: HERRERÍAS TELLERÍA, Armando, "Orígenes externos del juicio de amparo", en *Revista de la Facultad de Derecho de México,* t. V, núm.19, México, UNAM julio-septiembre, 1955, pp. 37 y ss.

1. Influencia extranjera

A lo largo de los años, el ordenamiento jurídico mexicano ha sido objeto de numerosos *trasplantes.*[125] Específicamente por lo que respecta al juicio constitucional de amparo, podemos advertir la circulación de los formantes doctrinal y legal[126] por lo menos de tres grandes corrientes: A) Anglosajona, B) Hispánica y, C) Francesa.

A. Influencia anglosajona

La influencia Norteamericana es la más evidente debido a que los creadores del amparo, Manuel Crescencio Rejón y Mariano Otero, así como los constituyentes de 1857, que lo consagraron, tuvieron la intención de introducir los principios de esenciales de la *judicial review of legislation,*[127] pero entendiéndose en la forma en que se había divulgado en la clásica obra del publicista francés Alexis de Tocqueville, *De la démocratie en Amérique,*[128] cuya primera edición en español, traducida por D. Sánchez de Bustamante publicada en París en

---

125 "A menudo se habla de genéricamente de trasplantes para identificar cualquier modalidad de circulación; [...] se usan también otros términos, entre ellos (en inglés): *transposition, borrowing, migration,* y hasta *legal tourism*; se usan también injerto y *cross fertilization*". PEGORARO, Lucio, "Estudio introductorio. Trasplantes, injertos, diálogos. Jurisprudencia y doctrina frente a los retos del Derecho comparado", en Ferrer Mac-Gregor, Eduardo y Herrera García, Alfonso, *Diálogo jurisprudencial en Derechos Humanos entre tribunales constitucionales y cortes internacionales,* México, Tiran lo Blanch, 2013, p. 33 y ss.

126 La expresión formante del ordenamiento la utilizado Rodolfo Sacco, "Legal formants: a dynamic approach to comparative law", en *American Journal of Comparative Law,* vol. 39, núm. 2, 1991, p. 343 ss.; ID. *Introduzione al diritto comparato,* 5ª ed., Turín, Uted, 1992, p.43 ss., para indicar a los diferentes conjuntos de reglas y proposiciones que, en el ámbito del ordenamiento, contribuyen a generar el orden jurídico de un grupo, en un determinado lugar y en un determinado tiempo.

127 HERNÁNDEZ ÁLVAREZ, Martha María del Carmen, "Influencia del pensamiento de Alexis de Tocqueville en el juicio de amparo mexicano", en Ferrer Mac-Gregor, Eduardo y Herrera García, Alfonso (coords.), *El juicio de amparo en el centenario de la Constitución mexicana de 1917, op. cit.,* pp. 115-122, en 621.

128 La primera edición en francés esta obra fue publicada en París por Charles Gosslein en 1835, mismo año en que apareció una edición traducida al inglés por Henry Reeve, *Democracy in America,* London, Saunders and Otley, 1835, de esta última se han hecho múltiples reimpresiones en diferentes épocas e idiomas, la más reciente en México: TOCQUEVILLE, Alexis, *La Democracia en América,* México, Fondo de Cultura Económica, 2020.

el año de 1836, se conoció en México en el año siguiente, y además, se hizo una reimpresión de la misma en nuestro país en 1855, año de la convocatoria del Congreso Constituyente del cual nació la Constitución Federal de 1857.[129]

Además, en los Estados Unidos de Norteamérica por estar conformado inicialmente por colonias inglesas, se trasplantó el *common law,* y con este la institución del *habeas corpus.* Hoy en día, en aquel país se conoce como un *writ.*[130] Instituye un mandato tendiente a la defensa de la libertad personal contra actos ilegales de la autoridad o de particulares.

B. Influencia hispánica

El influjo español fue más sigiloso si lo comparamos con el anglosajón, sin embargo, es innegable después de tres siglos de sometimiento cultural y político en la Nueva España. De tal suerte que, un sector mayoritario de la doctrina le atribuye gran importancia a la influencia española en el nacimiento del juicio de amparo. Considerando lo anterior, Eduardo Ferrer Mac-Gregor destaca la incidencia española en los siguientes tres aspectos: a) El nombre de la institución;[131] b) En la organización judicial centralista durante el gobierno

---

129 FIX-ZAMUDIO, Héctor, *Ensayos sobre el Derecho de amparo,* México, UNAM, 1993, pp. 22 y 23.

130 En ese sentido, los *writ* constituyen los diversos recursos extraordinarios de violaciones constitucionales. Además del *writ of habeas corpus,* de los más importantes se encuentran: *writ of certiorari, writ of error, writ of mandamus, writ of prohibition, writ of quo warranto, writ of injunction.* Respecto a los *writs* y, en general, al sistema de control constitucional estadounidense, *vid.,* la siguiente obra: TUNC, André et Suzanne, *El Derecho de los Estados Unidos de América,* trad., de Javier Elola, México, UNAM, 1960.

131 El término "amparo" tiene un doble significado en la legislación española. Primero, como aparece en la parte preliminar del título XXIII de la Tercera partida, en que se habla de "amparo y amparamiento" para designar a los recursos, se emplea como sinónimo de "medio de impugnación"; además es utilizado para designar a la defensa, protección o auxilio de los Derechos de una persona. Cfr. ESCRICHE, Joaquín, vos "amparar", *Diccionario razonado de legislación y jurisprudencia,* París, Librería de Garnies Hermanos, 1876, p. 168; FIX-ZAMUDIO, Héctor, *El juicio de amparo,* México, Editorial Porrúa, 1964, pp. 213 y 214; FERRER MAC-GREGOR, Eduardo, *La acción constitucional de amparo en México y España. Estudio de Derecho comparado, op. cit.,* p. 115.

español;[132] c) En la casación española;[133] y d) En el establecimiento de un sistema de legalidad.[134]

C. Influencia francesa

Advertimos una estrecha vinculación de la corriente cultural francesa durante la segunda mitad del siglo XIX, presentándose en el juicio de amparo, en una triple dimensión: 1) Primero, contribuyendo con las declaraciones constitucionales de los Derechos del hombre, las cuales formaron la materia sustantivas del proceso constitucional;[135] 2) Originó directamente el primer modelo de control constitucional a través de un órgano político, estableciendo en las Leyes constitucionales de 1836; y 3) La incorporación gradual de la casación en el amparo,[136] hasta el grado de que aún en nuestros días una gran parte del juicio de amparo tiene funciones de legalidad.[137]

2. Antecedentes nacionales y origen

No obstante que, el artículo 137, fracción I, de la Constitución de 1824 facultaba a la Corte Suprema de Justicia para "conocer de las diferencias que puede haber de uno a otro Estado de la Federación, siempre que las reduzcan a un juicio verdaderamente contencioso en que deba recaer formal sentencia, y de las que se susciten entre un Estado y uno o más vecinos de otro, o entre

---

132 La gran mayoría de asuntos de carácter jurisdiccional en la Nueva España, eran ventilados en las Audiencias de México y Guadalajara. Extraordinariamente en última instancia, conocía el Consejo de Indias.

133 El recurso de casación puede ser analizado exhaustivamente en: CABALLERO GONZÁLEZ, Edgar S., y MARTÍNEZ RAMÍREZ, Fabiola, "El recurso de casación", en *Revista Iberoamericana de Derecho procesal constitucional*, número 12, julio-diciembre, México, Editorial Porrúa, Instituto Iberoamericano de Derecho Procesal Constitucional, 2009, pp. 147-161.

134 FIX-ZAMUDIO, Héctor, "El Derecho de amparo en México y en España. Su influencia recíproca", en *Revista de Estudios Políticos*, Nueva época, número 7, enero-febrero, Madrid, Centro de Estudios Políticos y Constitucionales, 1979, pp. 227-267 y FERRER MAC-GREGOR, Eduardo, *La acción constitucional de amparo en México y España. Estudio de Derecho comparado, op. cit.*, pp. 114-115.

135 BURGOA, Ignacio, *Las garantías individuales*, 41ª ed., México, Editorial Porrúa, 2009, pp. 59 y ss.

136 Véase, *supra* nota 130.

137 FIX-ZAMUDIO, Héctor, *El juicio de amparo, op.cit.*, p. 372.

particulares, sobre pretensiones de tierras, bajo concesiones de diversos Estados, sin perjuicio de que las partes usen de su derecho, reclamando la concesión a la autoridad que la otorgó",[138] dicha facultad, se refiere más estrictamente a la Controversia constitucional,[139] además, no fue reglamentada y su trascendencia pasó inadvertida para nuestros publicistas. En consecuencia, de los antecedentes nacionales encontramos:

A. Leyes Constitucionales de la República Mexicana de 1836

Las Siete Leyes Constitucionales del año de 1836 cambiaron el régimen federativo por el centralista. Sin embargo, la característica más significativa de este cuerpo normativo, que tuvo una vigencia efímera, es la creación del "Supremo Poder Conservador", cual consistió en el primer intento de establecer un órgano protector de la Constitución, de carácter político, que sin duda se inspiró en el sistema semejante establecido por *Sieyès* en la Constitución francesa del 22 primario del año VIII (13 de diciembre de 1799) y cuyas facultades desorbitadas y excesivas ocasionaron su fracaso.[140]

B. Voto particular del diputado José Fernando Ramírez

Una gran parte de la doctrina mexicana señala que no debe pasar desapercibido el voto particular emitido en junio de 1840 por don José Fernando Ramírez, [141] por motivo de la reforma a la Constitución centralista de 1836, esencialmente por lo que hace a la extensión de las facultades y a la dignificación de la Corte Suprema de Justicia.

---

138 SUPREMA CORTE DE JUSTICIA DE LA NACIÓN, *La Suprema Corte de Justicia. Sus leyes y sus hombres, op. cit.*, p. 50.

139 Para un estudio pormenorizado de esta garantía constitucional, véase entre otros: ACUÑA MÉNDEZ, Francisco, *La controversia constitucional en México,* México, Editorial Porrúa 2004; CASTRO Y CASTRO, Juventino V., *El artículo 105 constitucional,* 5ª ed., México, Editorial Porrúa, 2004; SÁNCHEZ CORDERO DE GARCÍA VILLEGAS, Olga María, *¿Qué son las controversias constitucionales?,* 2ª ed., México, Suprema Corte de Justicia de la Nación, 2004.

140 BURGOA, Ignacio, *El juicio de amparo, op. cit.*, pp. 106 y 107; SILVA RAMÍREZ, Luciano, *El control judicial de la constitucionalidad y el juicio de amparo en México, op. cit.*, pp. 217 y 218; FIX-ZAMUDIO, Héctor, *El juicio de amparo, op. cit.*, p. 372.

141 Cfr., entre otros: ARELLANO GARCÍA, Carlos, *El juicio de amparo, op. cit.,* pp. 99-100; BURGOA, Ignacio, *El juicio de amparo, op. cit.*, pp. 109 y 110; FERRER MAC-GREGOR, Eduardo, *La acción constitucional de amparo en México y España. Estudio de Derecho comparado, op. cit.*, pp. 70 y 71

Este diputado pugnó por la desaparición del Supremo Poder Conservador, órgano que consideraba "monstruoso y exótico en un sistema representativo popular". Siendo influenciado por el sistema de control constitucional estadounidense, consideró necesario sustituir el órgano político de control constitucional por uno de naturaleza estrictamente jurisdiccional.[142]

Cabe destacar, que el proyecto de reforma presentado por la comisión no tuvo el impacto suficiente dentro del Congreso y, en consecuencia, fracasó. Asimismo, el voto particular del diputado José Fernando Ramírez pasó prácticamente inadvertido.[143]

C. Proyecto de Constitución del Estado de Yucatán de 1840

En mayo de 1839, el Estado de Yucatán rechazó el sistema centralista que prevalecía en la República mediante *Las Siete Leyes Constitucionales,*[144] y adoptó un régimen federal. De tal suerte que, el 23 de diciembre de 1840 se elaboró un proyecto de Constitución, cuyo nombre oficial fue el de "Proyecto de Constitución presentado a la legislatura de Yucatán por su comisión de reformas, para la administración interior del Estado". Este documento fue suscrito por los diputados Manuel Crescencio Rejón, Pedro C. Pérez y Dario Escalante.[145]

El primer aspecto por resaltar en este Proyecto de Constitución fue la incorporación de una declaración o catálogo de derechos fundamentales y libertades públicas del gobernado, los cuales quedaron plasmados en las nueve fracciones que contenía el artículo 62 de dicho proyecto. Con base en esta declaración de los derechos fundamentales, por primera vez en la historia de

---

142 *Idem.*

143 El texto del voto particular emitido por José Fernando Ramírez puede consultarte en las obras siguientes: ARELLANO GARCÍA, Carlos, *El juicio de amparo, op.cit.,* pp. 99-100; MONTIEL Y DUARTE, Isidro, *Derecho Público Mexicano,* México, Imprenta del Gobierno Federal en Palacio, 1882, t. III, pp. 145-146; BURGOA, Ignacio, *El juicio de amparo, op. cit.,* p. 114.

144 Que en aquella época también comprendía los territorios de los actuales Estados de Campeche, Quintana Roo y una parte de Tabasco.

145 BURGOA, Ignacio, *El juicio de amparo, op. cit.,* pp. 111-115; FERRER MAC-GREGOR, Eduardo, *La acción constitucional de amparo en México y España. Estudio de Derecho comparado, op. cit.,* pp. 71-74.

México se creó un sistema de control de constitucionalidad por vía jurisdiccional. Este control estaba consagrado en los artículos 53, 63 y 64.[146]

Tomando en cuenta lo anterior, podemos concluir que el Proyecto de Constitución del Estado de Yucatán representa el documento constitucional donde surge propiamente el sistema de amparo de control de la constitucionalidad de los actos de autoridad.

D. Constitución del Estado de Yucatán de 1841

El *supra* citado Proyecto de Constitución del 23 de diciembre de 1840 fue finalmente aprobado por el Congreso del Estado de Yucatán el 31 de marzo de 1841, entrando en vigor el 16 de mayo del mismo año. Los ideales consagrados en los artículos 53,63 y 64 del Proyecto de Constitución, se mantuvieron relativamente intactos, únicamente cambiando el número de articulado. Los artículos 63 y 64 se convirtieron en el texto definitivo de la Constitución en los artículos 8 y 9, respectivamente; y el artículo 53 del proyecto se transformó en el artículo 62.

De esta manera, la Constitución del Estado de Yucatán, constituye el primer ordenamiento constitucional en emplear un sistema de control constitucional y legal de los actos de autoridad, por vía de acción jurisdiccional, amparando en el caso concreto sin tener efectos generales.

---

[146] "Artículo 53: corresponde a este tribunal reunido:
1.- Amparar en el goce de sus Derechos a los que le pidan su protección, contra las leyes y decretos de la legislatura que sean contrarios a la Constitución: o contra las providencias del Gobernador o Ejecutivo reunido, cuando con ella se hubiese infringido el Código fundamental o las leyes, limitándose en ambos casos a reparar el agravio en la parte en que estas o la Constitución hubiesen sido violadas.
Artículo 63: Los jueces de primera instancia ampararán en el goce de los Derechos garantizados por el artículo anterior a los que les pidan su protección contra cualesquiera funcionarios que no correspondan al orden judicial, decidiendo breve y sumariamente las cuestiones que se susciten sobre los asuntos indicados.
Artículo 64: De los atentados cometidos por los jueces contra los citados Derechos, conocerán sus respectivos superiores con la misma preferencia de qué se ha hablado en el artículo precedente, remediando desde luego el mal que se le reclame, y enjuiciando inmediatamente al conculcador de las mencionadas garantías."

E. Proyectos constitucionales de 1842

En el año de 1842 se designa una comisión, integrada por siete miembros, cuyo cometido consistía en elaborar un Proyecto Constitucional para someterlo posteriormente a la consideración del Congreso, debido al desagrado imperante entre gobernantes y gobernados respecto de las Siete Leyes Constitucionales.[147]

Dentro de la comisión existieron dos posturas: una minoritaria que pugna por un sistema federal, compuesta por José Espinoza de los Monteros, Octavio Muñoz Ledo, y Mariano Otero; y otro grupo mayoritario que pretendió la continuidad del régimen centralista, integrado por Antonio Díaz Guzmán, Joaquín Ladrón de Guevara, Pedro Ramírez, y José Fernando Ramírez.

El proyecto de la minoría, atribuido principalmente a don Mariano Otero, pretendía el establecimiento de un régimen federal y tenía un carácter predominantemente individualista, estableciendo en su artículo 4, que la Constitución reconocía los derechos del hombre como la base y el objeto de las instituciones sociales. Todas las leyes deben respetar y asegurar estos derechos y la protección que se les concede es igual para todos los individuos.

Asimismo, en este proyecto se prevé un catálogo de derechos fundamentales, destacando los derechos de libertad personal, propiedad, seguridad e igualdad (artículo 5). Se establecía que dichas garantías resultaban inviolables y que cualquier atentado cometido contra ellas hacer responsable a la autoridad que lo ordena y al que lo ejecuta, debiendo ser castigado como un crimen privado cometido con abuso de la fuerza, y pudiéndose exigir esta responsabilidad en cualquier tiempo (artículos 6).

Podemos afirmar, que el sistema de control constitucional establecido en el proyecto de la minoría resultaba de carácter mixto, debido a que se contempló el ejercicio de dicho control a un órgano jurisdiccional (Suprema Corte de Justicia), así como a un órgano de carácter político (Congreso Federal).

---

[147] Este Congreso se instauró gracias a las *Bases orgánicas de Tacubaya*, proclamadas por Antonio López de Santa Anna el 28 de septiembre de 1841. Mediante las cuales, se declaraba la cesación de todos los poderes existentes en virtud de la Constitución de 1836, con excepción del judicial. Cfr., GONZÁLEZ PEDRERO, Enrique, *País de un solo hombre: el México de Santa Anna*, México, Fondo de Cultura Económica, 1993, pp. 494 y 495.

De este modo, la Suprema Corte de Justicia conocía de las reclamaciones de los particulares en contra de los actos emanados de los poderes legislativo y ejecutivo de alguno de los Estados que resultasen violatorios de las garantías individuales. (Fracción I, artículo 81).

Adicionalmente del anterior control constitucional por vía jurisdiccional, encontramos en las fracciones II, III y IV del mencionado artículo 81, otro sistema de control de naturaleza política, mediante el cual se le encomendaba a las legislaturas de los estados, dentro del mes siguiente en la publicación de una ley por el Congreso general, "el presidente, de acuerdo con su consejo, o por dieciocho diputados o seis senadores, o tres legislaturas" podían solicitar la inconstitucionalidad de la ley ante la Suprema Corte, la cual mandaría a revisión de las legislaturas de los estados, debiendo éstas decidir por mayoría, dentro de los tres meses siguientes si es o no constitucional.

Desde otro punto de vista, el proyecto de Constitución elaborado por el grupo mayoritario insistió por la conservación de un régimen centralista, así como por el establecimiento de un sistema de control constitucional por órgano político, facultando al Senado para "declarar la nulidad de los actos del Poder ejecutivo, cuando sean contrarios a la Constitución General, particular de los departamentos o a las leyes generales (artículo 171).

No obstante, y en virtud de la presión que ejerció el Congreso Extraordinario Constituyente, los grupos minoritarios y mayoritarios, llevaron a cabo un tercer proyecto. Los acontecimientos "históricos y políticos del momento favorecieron por primera y quizá única vez en nuestra historia, un posible acuerdo entre las dos tendencias enemigas",[148] que se cristalizó en un proyecto único transaccional, que contempló un régimen centralista, siendo leído en la sesión del congreso el 3 de noviembre de 1842.

Este proyecto, contenía en el título tercero denominado "Derechos naturales del hombre", un catálogo de derechos fundamentales. Del mismo modo se estableció un sistema para su protección de naturaleza política, encomendando a la Cámara de Diputados la facultad de declarar la nulidad de los actos de la Suprema Corte de Justicia, así como de sus respectivas Salas, en el supuesto caso de invasión de atribuciones de los otros poderes o de invasión a la órbita competencia de los tribunales departamentales o bien, de otras autoridades.

---

148 NORIEGA CANTÚ, Alfonso, *Lecciones de amparo*, 8ª ed., México, Editorial Porrúa, 2004, p. 96. Citado por FERRER MAC-GREGOR, Eduardo, *La acción constitucional de amparo en México y España. Estudio de Derecho comparado, op. cit.*, pp. 77 y 78.

F. Bases orgánicas de 1843

Fue mediante los decretos del 19 y 23 de diciembre de 1842, que el Congreso Extraordinario Constituyente se disolvió, sustituyéndose por la Junta Nacional Legislativa.[149] Esta junta elaboró el documento constitucional denominado "Bases de organización política de la República mexicana", conocida comúnmente como Bases orgánicas, expedidas el 12 de junio de 1843 por don Antonio López de Santa Anna, en calidad de Presidente provisional de la República mexicana.

Esta Norma Fundamental, tuvo vigencia hasta el decreto del 22 de agosto de 1846, expedido por el general José Mariano Salas, mediante el cual se restauró la Constitución federalista de 1824.[150]

Las Bases orgánicas previeron la continuación de un régimen centralista. Y a pesar de contemplar un catálogo extenso de garantías individuales, careció de algún instrumento de control constitucional que las tutelara.

G. Acta de Reformas de 1847

Por medio del decreto expedido por el general José Mariano Salas y ordenado por Antonio López de Santa Anna, el 22 de agosto de 1846 se restauró la vigencia de la Constitución Federal de 1824, en tanto que se constituyera un Congreso Constituyente. Este Congreso quedó establecido, iniciando sus funciones el 6 de diciembre de 1846.

El Congreso Constituyente encomendó a una Comisión de Constitución la labor de gestar un Proyecto de Constitución, la cual quedó integrada por Manuel Crescencio Rejón, Octavio Muñoz Ledo, José Espinoza de los Monteros, Mariano Otero, Zubieta y Cardoso.

Dentro de la Comisión se dividieron las opiniones: Zubieta, Cardoso y Manuel Crescencio Rejón, con la abstención de Espinoza de los Monteros, dieron un dictamen que propuso la restauración de la Constitución de 1824, sin reforma alguna dejando que el Congreso estableciera posteriormente las modificaciones pertinentes. La razón de este dictamen de 5 de abril de 1847

---

149 Denominada también como la *Junta de Notables*. Cfr., BURGOA, Ignacio, *El juicio de amparo, op. cit.*, p. 121.

150 ARELLANO GARCÍA, Carlos, *El juicio de amparo, op. cit.*, p. 116.

está sustentada en la posibilidad de guerra con los Estados Unidos de América y con el objeto de que no quedara desprotegida la República.[151]

Por otro lado, Mariano Otero no estuvo de acuerdo con la iniciativa de la mayoría en el sentido de que se restaurara la Constitución de 1824 sin reforma alguna, por lo que formuló su célebre voto particular en el que abogó que se hiciesen las reformas que propuso a la Constitución de 1824. Este voto se ha considerado como un documento importante en la historia constitucional de nuestro país; y en vista de qué las tropas estadounidenses se encontraban muy cerca de la Ciudad de México, el Congreso aprobó el 21 de abril de 1847, de plano el referido voto, pasando a formar parte del texto general denominado "Acta de Reformas", emitido el 18 de mayo de 1847.

El Acta de Reformas, contempló la necesidad de la instauración de medios de control constitucional a través de una ley que regularía la tutela de los derechos fundamentales (Artículo 5). Lamentablemente la ley reglamentaria nunca se expidió. Adicionalmente, en los artículos 22 al 25 de la referida acta,[152] se materializó el voto particular del gran jurista jalisciense. Éstos numerales resultan trascendentales como antecedentes del proceso de amparo. Principalmente el artículo 25 que moldeo la fórmula lapidaria de la relativi-

---

151 *Ibidem*, pp. 118 y 119.

152 "Artículo 22. Toda ley de los Estados que ataquen la Constitución o las leyes generales, será declarada nula por el Congreso; pero esta declaración sólo podrá ser iniciada en la Cámara de Senadores.
Artículo 23. Si dentro de un mes de publicada una ley del Congreso General fuere reclamada, como anticonstitucional, o por el Presidente de acuerdo con su Ministro, o por diez diputados, o seis senadores o tres legislaturas, la Suprema Corte, ante la que se hará el reclamo, someterá la ley al examen de las legislaturas, las que dentro de tres meses, y precisamente en un mismo día, darán su voto.
Las declaraciones se remitirán a la Suprema Corte, y está publicará el resultado, quedando resuelto lo que diga la mayoría de las legislaturas.
Artículo 24. En el caso de los artículos anteriores, el Congreso General y las legislaturas a su vez se contraerán a decidir únicamente si la ley de cuya invalidez se trate es o no anticonstitucional; y en toda declaración afirmativa se insertarán la ley anulada y el texto de la Constitución o ley general a que se oponga.
Artículo 25. Los tribunales de la Federación ampararán a cualquier habitante de la República en el ejercicio y conservación de los derechos que le conceden esta Constitución y las leyes constitucionales, contra todo ataque de los poderes Legislativo, Ejecutivo ya de la Federación ya de los Estados, limitándose dichos tribunales a impartir su protección en el caso particular sobre que verse el proceso, sin hacer ninguna declaración general respecto de la ley o del acto que lo motivare."

dad de la sentencia de amparo, conocida por la doctrina como la *"Fórmula Otero"*, y que constituye uno de los principios que rigen el juicio de amparo.

H. La primera sentencia de amparo

Conforme con lo dispuesto por el artículo 5 del Acta de Reformas, se debió expedir una ley que regulara los medios para hacer efectiva la tutela de los derechos fundamentales. Cabe aclarar que, esta ley reglamentaria jamás se expidió. Por lo tanto, pudiera pensarse que los contornos establecidos del juicio de amparo en el Acta de Reformas de 1847 resultaban *letra muerta.*

Pese a que nunca se expidió la ley reglamentaria respectiva, el 13 de agosto de 1848 se dictó la primera sentencia de amparo, del puño de don Pedro Zámano suplente del Juzgado de Distrito de San Luis Potosí, en ausencia del juez titular, con base en el artículo 25 del Acta de Reformas. Debido a la importancia que representa como antecedente del juicio de amparo,[153] nos permitimos transcribirla:

> "San Luis Potosí, agosto 13 de 1849. Visto el antecedente, dictamen y teniendo presente que el artículo 25 de la Acta de Reformas, impone al juzgado de mi cargo la obligación de amparar a cualquier ciudadano contra los ataques violentos, ya sea de los supremos poderes de la Nación, ya de los Estados; que la circunstancia de no haberse reglamentado el modo y términos en que tal protección debe dispensarse, no es ni puede ser obstáculo para cumplir con ese sagrado deber, porque a nadie puede ocultarse el modo de sustanciar un expediente y que, de no dar cumplimiento al citado artículo, resultaría una contravención del objeto y fin que los legisladores se propusieron, no menos que una muy notable infracción, que inconsusamente *(sic)* haría responsable al que la cometiera; que una ley desde el momento que se publica debe ser obligatoria; no expresándose en ella lo contrario, como dice muy bien el asesor, y que por lo mismo no se ha podido ni puede dejar de cumplir con la referida disposición constitucional, a pesar de las razones que expresa el señor gobernador del Estado en la comunicación que dirigió a este juzgado el 4 del corriente por conducto de su secretaria, por no ser suficientes para no observar lo que manda la ley con objeto de proteger las garantías individuales, y siendo como es cierto que el mismo señor gobernador expidió contra D. Manuel Verástegui la orden de destierro que motivó el ocurso que ha dado lugar a la formación de los antecedentes actuaciones, contraviniendo lo dispuesto por el supremo Gobierno de la Unión a consecuencia de la ley de 24 de abril del corriente año, y cometiendo un verdadero ataque a las ga-

153 Sobre la importancia y trascendencia de la primera sentencia de amparo se recomienda: FERRER MAC-GREGOR, Eduardo y GONZÁLEZ OROPEZA, Manuel, *El juicio de amparo. A 160 años de la primera sentencia,* II tomos, México, Instituto de Investigaciones Jurídicas, 2011.

> rantías individuales que deben respetarse siempre por cualquier autoridad, por estar afianzadas en la Constitución y ser esto conforme al buen orden y comunal provecho de la sociedad; por tales fundamentos y demás que se contienen en el precitado dictamen a que me refiero, se declara que este juzgado dispensa a D. Manuel Verástegui la protección que solicita, en conformidad de lo dispuesto en el repetido artículo 25 del Acta de Reformas para que no pueda ser desterrado del Estado, sin que proceda la formación del juicio y pronunciamiento del fallo por la autoridad judicial a que exclusivamente corresponde por la Constitución; debiendo quedar entre tanto en el pleno uso de los derechos y libertad que la misma Carta Fundamenta le concede como ciudadano mexicano. Comuníquese esta disposición al interesado para su inteligencia, dándole copia testimoniada de ella si la pidiere.
>
> "Hágase igual comunicación por medio de la correspondiente nota al supremo gobierno del Estado, para el debido acatamiento de este fallo y sus efectos, manifestándole a la vez que el juzgado en manera alguna espera se le obligue a usar de los recursos que la ley ha puesto en sus manos para hacer respetar y cumplir sus disposiciones, estando como se halla dispuesto a conservar la dignidad de este tribunal, y hacer que sus fallos sean debidamente respetados, y dése cuenta con todo al supremo gobierno de la Unión para los efectos a que hubiere lugar. El Sr. Pedro Zámano, primer suplente del juzgado de Distrito en el actual ejercicio por ausencia del propietario, así lo decretó, mandó y firmó por ante mí, de que doy fe. Pedro Zámano. Manuel Arriola".[154]

De la anterior sentencia, Eduardo Ferrer Mac-Gregor advierte los siguientes elementos que caracterizan al juicio de amparo: 1) Quejoso o agraviado: Manuel Verástegui; 2) Acto reclamado: la orden de destierro violatoria de garantías individuales; 3) Fundamento del amparo: el artículo 25 del Acta de Reformas; 4) Autoridad responsable: el Gobernador del Estado; 5) Otorgamiento del amparo: declarar la protección solicitada teniendo como efecto el no destierro sin previo juicio de autoridad competente. 6) Informe justificado: el alegato del gobernador del Estado, en el sentido de que no había sido reglamentado el modo y términos que dispone el artículo 25 del Acta de Reformas. 7) Notificación de la sentencia: al quejoso, expidiéndole copia testimoniadas si la pidiere, y al supremo gobierno del Estado para el debido cumplimiento del fallo; 8) Apercibimiento por incumplimiento: del uso de los recursos que la ley señala para hacer cumplir lo ordenado.[155]

---

[154] Esta sentencia puede consultarse en las obras: ARELLANO GARCÍA, Carlos, *El juicio de amparo, op. cit.*, p. 121; NORIEGA CANTÚ, Alfonso, *Lecciones de amparo, op. cit.*, pp. 102-103; FERRER MAC-GREGOR, Eduardo, *La acción constitucional de amparo en México y España. Estudio de Derecho comparado, op. cit.*, pp. 83-84.

[155] FERRER MAC-GREGOR, Eduardo, *La acción constitucional de amparo en México y España. Estudio de Derecho comparado, op. cit.*, p. 84.

I. La Constitución Política de la República Mexicana de 1857

Los años que continuaron al Acta de Reformas de 1847 fueron desafortunados para el país y desembocaron en la última dictadura de Santa Anna, el cual se sirvió de las "Bases para la administración de la República hasta la promulgación de la Constitución", publicada el 23 de abril de 1853, para gobernar a base de decretos y a su entero arbitrio. Contra este régimen se enderezó la Revolución de Ayutla, encabezada por Juan Álvarez, que lanzó la convocatoria para un Congreso Constituyente.[156]

De esta manera el 14 de febrero de 1856 iniciaba sus labores el Congreso Extraordinario Constituyente. Terminando sus funciones mediante la expedición de la Constitución Federal del 5 de febrero de 1857. En el interior de este Congreso se formó una comisión de Constitución, destacando de entre sus miembros al diputado Ponciano Arriaga, quien la presidía.

El constituyente en 1857 aprobó, en relación directa con el juicio de amparo, los siguientes artículos, después de una serie de discusiones parlamentarias, que involucraron a Arriaga, Mata, Moreno, y Ocampo, quedando el texto final de la siguiente manera:

> "Artículo 101. Los tribunales de la Federación resolverán toda controversia que se suscite:
>
> I. Por leyes o actos de cualquier autoridad que violen las garantías individuales;
>
> II. Por leyes o actos de la autoridad federal que vulneren o restrinjan la soberanía de los estados;
>
> III. Por leyes o actos de las autoridades de estos que invadan la esfera de la autoridad federal"
>
> "Artículo 102. Todos los juicios de que habla el artículo anterior se seguirán a petición de la parte agraviada, por medio de procedimientos y formas del orden jurídico que determinará una ley. La sentencia será siempre tal que sólo se ocupe de individuos particulares, limitándose a protegerlos y ampararlos en el caso especial sobre que verse el proceso, sin hacer ninguna declaración general respecto de la ley o acto la motivare." [157]

---

156 FIX-ZAMUDIO, Héctor, y VALENCIA CARMONA, Salvador, *Derecho constitucional mexicano y comparado, op. cit.*, p. 89.

157 El texto íntegro de estos artículos puede consultarse en: FERRER MAC-GREGOR, Eduardo, *La acción constitucional de amparo en México y España. Estudio de Derecho comparado, op. cit.*, p. 87; ARELLANO GARCÍA, Carlos, *El juicio de amparo, op. cit.*, p. 127.

La trascendencia que reviste a la Constitución Federal de 1857 para los antecedentes del proceso de amparo resulta evidente, puesto que en este ordenamiento es donde se estableció de manera definitiva y hasta nuestros días los principios que lo rigen.

J. Constitución Política de los Estados Unidos Mexicanos de 1997158

La sujeción del pueblo mexicano a la dictadura de don Porfirio Díaz, concluyó con el movimiento revolucionario en 1910. Así, el primer jefe del ejército Venustiano Carranza, convocó a la celebración de un nuevo Congreso Constituyente. Una vez que este fue instalado el 1 de diciembre de 1916, Carranza presentó a la Asamblea Constituyente un proyecto de reformas a la Constitución de 1857 con la finalidad de que sirviera de base para la elaboración de un nuevo texto constitucional.

De tal suerte que, el 5 de febrero de 1917, en la ciudad de Querétaro, se aprueba y promulga la vigente Constitución Federal, denominada oficialmente como "Constitución Política de los Estados Unidos Mexicanos". Esta norma fundamental contiene 136 artículos divididos en nueve títulos.

El artículo 103 de la Constitución de 1917, imitó con exactitud el precepto 101 de la anterior Constitución de 1857. Incluyendo las someras adiciones, de la reforma judicial del 31 de diciembre de 1994 y la reforma en materia de amparo del 6 de junio del 2011, ambas publicadas en el *Diario Oficial de la Federación*, el diverso 103 establecía la procedencia de la acción de amparo en los siguientes términos:

> "Artículo 103. Los Tribunales de la Federación resolverán toda controversia que se suscite
>
> I. Por normas generales, actos u omisiones de la autoridad que violen los derechos humanos reconocidos y las garantías otorgadas para su protección por esta Constitución, así como por los tratados internacionales de los que el Estado Mexicano sea parte;
>
> II. Por normas generales o actos de la autoridad federal que vulneren o restrinjan la soberanía de los Estados o la autonomía de la Ciudad de México, y
>
> III. Por normas generales o actos de las autoridades de las entidades federativas que invadan la esfera de competencia de la autoridad federal."

---

[158] La obra obligatoria de consulta: CARPIZO, Jorge, *La Constitución de 1917. Longevidad casi centenaria*, 16ª ed., México, Editorial Porrúa, 2013.

De igual modo, lo referente al sencillo artículo 102 de la Constitución de 1857, quedó asentado de manera más extensa en el artículo 107 de la Constitución de 1917.

Los precitados artículos 103 y 107 de la Constitución, así como los 271 artículos de la Ley de Amparo, reglamentaria de dichos preceptos constitucionales,[159] constituyen el marco constitucional y legal del "proceso constitucional de mayor arraigo, cariño y prestigio del pueblo de México: el proceso constitucional de amparo."[160]

II. ESTRUCTURACIÓN PROCESAL DEL AMPARO

Con la finalidad de conceptualizar al proceso constitucional de amparo como una auténtica garantía constitucional, se hace necesario iniciar precisando que el concepto de garantía no es equiparable a un derecho.[161] La garantía, en un sentido conservador,[162] es el medio para garantizar algo, hacerla eficaz o devolverlo a su estado original, en el caso que se haya violado. En cambio, en su sentido contemporáneo, una garantía constitucional,[163] tiene por objeto no sólo garantizar, sino reparar las violaciones que se hayan producido a los principios, valores o disposiciones fundamentales.[164]

---

159 Ley publicada en la segunda sección del *Diario Oficial de la Federación*, el martes 2 de abril de 2013.

160 FERRER MAC-GREGOR, Eduardo, *La acción constitucional de amparo en México y España. Estudio de Derecho comparado, op. cit.*, p. 90.

161 Una concepción actual que separa los Derechos de sus garantías puede verse en FERRAJOLI, Luigi, *Derechos y garantías. La ley del más débil.* Prólogo de Perfecto Andrés Ibáñez, 8ª ed., Madrid, Editorial Trotta, 2016.

162 Cfr., entre otros, CASTRO Y CASTRO, Juventino V., *Garantías y amparo*, 14ª ed., México, Editorial Porrúa, 2006; CASTILLO DEL VALLE, Alberto del, *Derechos humanos, garantías y amparo*, 5ª ed., México, Ediciones Jurídicas Alma S.A. de C.V., 2016.

163 Encontramos un excelente estudio histórico y dogmático sobre el concepto contemporáneo de garantía constitucional realizado por FIX-ZAMUDIO, Héctor y FERRER MAC-GREGOR, Eduardo, "Las garantías constitucionales en México: 200 años", en García Ramírez, Sergio (coord.), *El Derecho en México: dos siglos (1810-2010)*, t. I: Derecho constitucional, Valadés, Diego (coord.), México, Editorial Porrúa, UNAM, 2010, pp. 237-313.

164 CARBONELL, Miguel, *Los Derechos Fundamentales en México*, 3ª ed., México, Editorial Porrúa, UNAM, CNDH, 2009, p. 6.

Teniendo en consideración los diversos estudios realizados a la luz del derecho procesal constitucional de la autoría de ilustre Héctor Fix-Zamudio, las garantías constitucionales constituyen un concepto genérico de salvaguarda de la norma suprema, que comprenden tanto a los aspectos patológicos como fisiológicos de la defensa de la ley fundamental, a manera de dos especies, 1) La protección constitucional, y 2) Las denominadas garantías constitucionales. Éstas últimas entendidas como "los remedios jurídicos de naturaleza procesal destinados a reintegrar la eficacia de los preceptos constitucionales violados, por lo que tienen un carácter restitutorio o reparador."[165]

Ahora bien, Fix-Zamudio afirma con sobrada certeza que "de todas las garantías de la Constitución mexicana, únicamente el amparo debe considerarse como la garantía por antonomasia, en virtud de qué constituye el sistema de control normal y permanente de la Constitución." Concluyendo, qué "sólo el proceso de amparo representa un sistema de constante aplicación y resultados efectivos, por lo que con toda justicia y sin exageración puede calificarse como la máxima garantía constitucional del Derecho mexicano."[166]

1. Concepto y naturaleza jurídica del amparo

De la doctrina especializada en la materia, se desprenden múltiples definiciones del juicio de amparo,[167] sobresaliendo las planteadas por los maestros Ignacio Burgoa Orihuela y Héctor Fix-Zamudio, mencionados en estricto orden alfabético.

Para Ignacio Burgoa, profesor emérito de la Facultad de Derecho de la UNAM, "el amparo es un juicio o un proceso que se inicia por la acción que ejercita cualquier gobernado ante los órganos jurisdiccionales federales contra todo acto de autoridad (*lato sensu*) qué le causan un agravio en su esfera jurídica y que considera contrario a la Constitución, teniendo por objeto inva-

---

165 FERRER MAC-GREGOR, Eduardo, *Derecho procesal constitucional. Origen científico (1928-1956), op. cit.*, p. 12.

166 FIX-ZAMUDIO, Héctor, *El juicio de amparo, op. cit.*, p. 210.

167 Mención especial merecen las definiciones encontradas en: COAÑA BE, Luis D., *El juicio de amparo*, México, Tirant lo Blanch, 2019, p. 39; CHÁVEZ CASTILLO, Raúl, *Nuevo juicio de amparo, op. cit.*, p. 33; BECERRIL DE LA LLATA, Juan M. y HUERTA SERRANO, Héctor, voz "Amparo" en Caballero González, Edgar S. (coord.), *Diccionario práctico de derecho constitucional*, México, Centro de Estudios Jurídicos Carbonell A.C., 2020, pp. 165-170, en 245 pp.

lidar dicho acto o despojarlo de su eficacia por inconstitucionalidad o ilegalidad en el caso concreto que lo origine."[168]

Desde otra óptica, Héctor Fix-Zamudio, expresidente de la Corte Interamericana de Derechos Humanos, considera que "el amparo es un proceso, puesto que constituye un procedimiento armónico, autónomo y ordenado a la composición de los conflictos entre las autoridades y las personas individuales y colectivas, por violación, desconocimiento o incertidumbre de las normas fundamentales, y que se caracteriza por conformar un remedio procesal de invalidación." [169]

Con fundamento en ambas definiciones, establecemos de forma provisoria y con suma sencillez que *el juicio de amparo es la garantía constitucional (entendida esta como un proceso constitucional) de carácter jurisdiccional, que se inicia por la acción que ejercita cualquier persona física o jurídica, ante los Tribunales de la Federación, en contra de actos u omisiones de autoridad con independencia de su naturaleza formal, cuando estime que han vulnerado sus derechos fundamentales, teniendo por objeto la invalidación del acto u omisión, así como la restitución en el pleno goce del derecho violado.*

Por otra parte, la tarea de precisar la naturaleza jurídica del amparo ha sido uno de los problemas más difíciles de la doctrina especializada. En este sentido, han sido numerosas las opiniones que han expuesto los tratadistas de la materia, sin que exista un criterio definido que permita determinar, con toda exactitud, su concepto.

Son varias las teorías que se han elaborado para explicar la naturaleza del amparo, las que podemos esquematizar de la siguiente manera:

1) En primer lugar, distintos autores clásicos equiparan al amparo con los interdictos posesorios, debido a su tramitación sumaria y su finalidad restitutoria. Entre los autores clásicos que defendieron esta teoría destacan José María Lozano, Ignacio L. Vallarta y Fernando Vega.[170]

---

[168] BURGOA, Ignacio, *El juicio de amparo, op. cit.*, p. 173.

[169] FIX-ZAMUDIO, Héctor, *El juicio de amparo, op. cit.*, p. 121.

[170] De esta manera José María Lozano, estimó que el amparo podría asimilarse a los interdictos de despojo. Cfr., *Tratado de los Derechos del hombre,* México, Ediciones en Mesa Directiva/ Senado de la República LX Legislatura, 2007, pp. 257 y ss.; en tanto que Fernando Vega hace referencia a la semejanza de los efectos del amparo con los interdictos restitutorios, *La nueva Ley de Amparo,* México, 1883, p. 209. Citado por FIX-ZAMUDIO, Héctor, *Ensayos sobre el Derecho de amparo, op. cit.*, pp. 81.

2) Otros autores han estimado que a pesar de que adopte las formas jurídicas de un proceso jurisdiccional, en realidad el juicio de amparo constituye una institución política[171] establecida por la Constitución General con el exclusivo objeto de garantizar el respeto de los derechos fundamentales de los habitantes del país y el equilibrio entre las esferas de los órdenes jurídicos, federales y estatales. Dentro de esta corriente pueden ubicarse a Silvestre Moreno Cora, Rodolfo Reyes y Ricardo Couto.

Además, surge como un corolario de la configuración política del amparo, la tendencia de considerarlo como un *cuasi proceso.* Esta categoría fue sustentada por el procesalista michoacano Arturo Valenzuela, al estimar al amparo como una institución *netamente política,* que por desarrollarse bajo las formas tutelares de un proceso se transforma en función jurisdiccional.[172]

3) Un amplio sector de la doctrina, ha caracterizado al juicio de amparo como "un *medio de control constitucional* de los actos de autoridad, que violen las garantías individuales."[173] Esta tendencia, considera que el amparo, en su sentido puro o natural, no constituye juicio ni recurso, porque no hay estricta contención sino impugnación del quejoso contra los actos de autoridad responsable, y cuando la ley habla de demanda, en realidad se refiere a una petición para obtener el apoyo de los tribunales federales que le asegure el libre uso de los derechos constitucionales, volviendo las cosas al estado que tenían antes de consumarse la violación.

No obstante, también reconoce que el amparo sigue los cauces de un proceso, específicamente en vía indirecta, pero en contraste, la institución parece inclinarse hacia los recursos, cuando se interpone contra sentencias definitivas.

4) Por otro lado se ha llegado a la inferencia de que el amparo tiene un doble carácter: *de proceso y de recurso,* en relación con su doble función de control de la constitucionalidad y de la legalidad, toda vez que cuando la materia del juicio está constituida por el examen directo de un precepto constitucional,

---

171 Véase, MORENO CORA, Silvestre, *El Tratado del Juicio de Amparo conforme a las sentencias de los Tribunales Federales.* Estudio introductorio del ministro Genaro David Góngora Pimentel, México, Suprema Corte de Justicia de la Nación, 2008, pp. 49 y ss.

172 Cfr., Valenzuela Arturo, *La forma procesal del amparo,* Morelia, s.e., 1960, pp. 26 y ss. Citado por FIX-ZAMUDIO, Héctor, *Ensayos sobre el Derecho de amparo, op. cit.,* p. 95.

173 Cfr., BRISEÑO SIERRA, Humberto, *El arbitraje en el derecho privado. Situación internacional,* México, Editorial Imprenta Universitaria, Instituto de Derecho Comparado, 1963, pp. 289-290; *Id., Derecho Procesal Fiscal. El régimen federal mexicano,* México, Editorial Antigua Librería Robredo, 1954, pp. 666 y ss.

existe un verdadero proceso judicial por completo e independiente del procedimiento que motiva el acto reclamado, en el que figuran como partes, el titular de un derecho subjetivo público y los órganos del Estado que deben respetarlo.

Sin embargo, cuando a través del juicio se persigue la correcta aplicación de disposiciones legales ordinarias, se configura un recurso, que, aunque tenga carácter extraordinario, no puede estimarse como independiente y autónomo del proceso en el cual se dictó la resolución que se impugna. Hoy en día, es la postura más socorrida, aunque el principal exponente y pionero de la naturaleza mixta del proceso constitucional de amparo fue don Emilio Rabasa.[174]

5) Finalmente, y este es el criterio que nos parece correcto, se ha llegado a la conclusión de caracterizar al amparo como un *proceso* en el sentido estricto del vocablo,[175] y en todos sus aspectos, incluyendo aquellos que se relacionan con la impugnación de las resoluciones judiciales.

Lo anterior, ya que, el amparo judicial o amparo legalidad, se trata de un proceso autónomo de impugnación y no de un recurso,[176] en virtud de la plena autonomía respecto del proceso ordinario en el que se ha dictado la resolución reclamada, ya que no persigue un nuevo examen del fallo impugnado, si no la tutela de los preceptos constitucionales que se estimen infringidos. Además, los sujetos de la relación procesal son diversos, ya que el amparo figura como contraparte del quejoso las autoridades que dictaron, ejecutan o pretenden ejecutar los actos que se combaten, y el órgano que debe decidir esta controversia es el Poder Judicial Federal.

---

174 Véase, RABASA, Emilio, *El artículo 14. El juicio constitucional*, 2ªed., México, editorial Porrúa, 1955.

175 Un punto interesante es marcar la diferencia entre proceso y juicio. En términos generales, la expresión juicio tiene dos grandes significados en el derecho procesal. En sentido amplio, se le utiliza como sinónimo de proceso y, más específicamente, como sinónimo de procedimiento o secuencia ordenada de actos a través de los cuales se desenvuelve todo un proceso. En general, en el derecho procesal hispánico, juicio es sinónimo de proceso. Sin embargo, en un sentido más restringido también se emplea la palabra juicio para designar sólo una etapa del proceso y aún solo acto: la sentencia. Véase, ALCALÁ ZAMORA Y CASTILLO, Niceto, *Cuestiones de terminología procesal*, México, UNAM, 1972, pp. 118 y ss.

176 DE PINA, RAFAEL y CASTILLO LARRAÑAGA, José, *Instituciones de Derecho procesal civil*, 7ª ed., México, Editorial Porrúa, 2007, p. 309.

Entre los tratadistas partidarios de esta concepción pueden citarse a Ignacio Burgoa, Romeo León Orantes, Roberto Esteban Ruiz, Ignacio Medina, Carlos Franco Sodi y Jorge Trueba Barrera.

2. La acción constitucional de amparo

Para poder determinar, aunque sea de manera superficial, la naturaleza jurídica de la acción de amparo y sus elementos,[177] resulta necesario el estudio de la naturaleza propia de la acción procesal en general.

A. El concepto de acción procesal. Breves antecedentes

Al respecto, Piero Calamandrei, señaló que las teorías de la acción y sus definiciones en cada una de las diferentes doctrinas son como el cuento de las mil y una noches, muchas y todas maravillosas.[178] Asimismo, el factor histórico, es el que ha creado las diferentes tendencias de la acción procesal, influyendo en el desarrollo, de acuerdo con las condiciones de esa época.

1) La acción como derecho subjetivo material

En los grupos primitivos, cuando no existía por encima de los individuos una autoridad superior capaz de decidir e imponer su decisión, los conflictos se resolvían por la vía del acuerdo voluntario o el choque violento entre los interesados.[179] Posteriormente, las creencias religiosas motivaron la imposición de una violencia sometida a ciertos ritos y ceremonias en los duelos ordalías;

---

177 En nuestra opinión, no son muchos los tratadistas que se han preocupado de realizar un estudio pormenorizado de la acción de amparo. A excepción, del destacado estudio de Derecho comparado sobre la acción constitucional de amparo en México y España, realizado por el Juez Interamericano Eduardo Ferrer Mc-Gregor, véase FERRER MAC-GREGOR, Eduardo, *La acción constitucional de amparo en México y España. Estudio de Derecho comparado, op.cit.*

178 CALAMANDREI, Piero, *Instituciones de Derecho procesal civil,* vol. I, trad. de Santiago Sentis Melendo, Buenos Aires, Ediciones Jurídicas Europa-América, 1973, p.221

179 GÓMEZ LARA, Cipriano, *Teoría general del proceso,* 10ª ed., México, Oxford, 2004, p. 144; KELLEY HERNÁNDEZ, Santiago A., *Teoría del Derecho Procesal,* 11ª ed., México, Editorial Porrúa, 1998, p. 79; POLANCO BRAGA, Elías, *Tratado Sistemático de la Teoría del Proceso.* Prólogo Raúl Contreras Bustamante, México, Editorial Porrúa, 2019, pp. 94.

estos actos ordálicos, cuya vigilancia correspondía a los sacerdotes, demostraban la decisión de los dioses favorable a quien mejor los realizaba.[180]

Es por esta razón que, el Estado asume la protección de los derechos,[181] prohibiéndose la autotutela[182] o autoayuda[183] desprendiéndose dos consecuencias trascendentales: la función jurisdiccional y el derecho de acción.

En el Derecho romano desaparece la autotutela paulatinamente, aunque sobrevive en ciertos casos.[184] De tal modo, la protección de los intereses privados fue reconocida por los romanos creándose un sistema de acciones, en el cual, a cada acción le correspondía un derecho.

En Roma el procedimiento paso por tres períodos fundamentales: el primero de ellos conocido con el nombre de "Período de las acciones"; el segundo periodo se conoce con el nombre de "Período formulario"; y el tercero con el nombre de "Período extraordinario", el cual concluye con la caída del imperio.

---

180 GARCÍA GARRIDO, Manuel Jesús, *Derecho privado romano: acciones, casos, instituciones*, 6ªed., Madrid, Dykinson, 1995 página 195, *cit.*, FERRER MAC-GREGOR, Eduardo, *La acción constitucional de amparo en México y España. Estudio de Derecho comparado, op. cit.*, p.140.

181 Como se desprende del artículo 17 constitucional, al establecer que: "Ninguna persona podrá hacerse justicia por sí misma, ni ejercer violencia para reclamar su derecho".

182 No obstante, la prohibición de la autotutela no resulta del todo absoluta, existiendo algunos casos de excepción. Entre otros, en la normativa mexicana se prevé la legítima defensa, el estado de necesidad, la persecución del enjambre de abejas, el corte de raíces que penetren en una heredad, la caza de animales ajenos que se causen daño en el fundo propio, la retención de equipaje, derecho sancionador de los padres, aborto terapéutico y por causa de violación, echazón en el derecho de navegación, etc., sobre el tema véase: ALCALÁ-ZAMORA Y CASTILLO, Niceto, *Proceso, autocomposición y autodefensa (Contribución al estudio de los fines del proceso)*, 3ª ed., 2ª reimp., México, Instituto de Investigaciones Jurídicas, 2018, pp. 37-70; GÓMEZ LARA, Cipriano, *Teoría general del proceso, op. cit.*, p. 9 y ss.

183 Con relación al concepto de este primitivo medio de solución de los conflictos, no existe consenso por parte de la doctrina. Niceto Alcalá-Zamora y Castillo, utiliza el término autodefensa, en la 1ª ed. de su obra *Proceso, autocomposición y autodefensa* (1947), reconociendo más adelante en la 2ª ed., México, UNAM, Instituto de Investigaciones Jurídicas (1970), p. 50, que el nombre autotutela resulta más expresivo; critica también, el vocablo autoayuda, utilizado por parte de la doctrina alemana.

184 Por ejemplo, la legítima defensa, fue reconocida en situaciones de agresión actual o presente injustificada; y como ataque, en caso de fundada sospecha de huida del autor o deudor (digesto 42,8,19 y 16). Cfr., IGLESIAS, Juan, *Derecho romano: historia e instituciones*, 11ª ed., Barcelona, Ariel, 1993, p.172.

En el periodo de las acciones de la ley (*Legis actiones*), el procedimiento era formal y solemne, dentro de él se tenían que realizar ciertos actos, gestos, movimientos y expresiones. Si alguno de ellos no era usado o dicho correctamente, podría significar perder el juicio.[185] Se le conoce con el nombre del periodo de las acciones de la ley porque la ley determinaba cinco acciones que eran las únicas conocidas dentro de este periodo, la primera de ellas se conoció con el nombre de *acción por sacramento,* la segunda como *judicis postulatio,* la tercera *la condictio,* la cuarta con la *manus injectio,* la quinta se conoció con el nombre de *pignoris captio.*

Las tres primeras eran verdaderas acciones que culminaban con una sentencia, las dos últimas serán formas de ejecución de sentencia ya obtenida.[186]

El segundo periodo conocido con el nombre de procedimientos *per formulas,* se caracteriza por diferenciar dos etapas dentro de él, la primera *jus* y el segundo *judicium.*

El *jus* era la comparecencia ante el pretor, a efecto de que el demandante acompañado del demandado hiciera el planteamiento de los conceptos que reclamaba, el demandado hacia la exposición de sus hechos y los argumentos de su defensa, después de hacer un razonamiento, el pretor si considera procedentes los conceptos que reclamaba, dictaba una fórmula, esta fórmula era para que se pudiera acudir ante el juez o un jurado popular para que conociera realmente del negocio, ahí emplazaba propiamente en la instancia del juicio, conocida con el nombre de *judicium.*

La fórmula estaba compuesta de cuatro partes que eran la demostración, la pretensión del demandado, la facultad de sentenciar y la facultad de adjudicar.

Finalmente, la tercera etapa denominada como *extraordinaria cognitio,* tomó su nombre en la circunstancia de que, en el periodo formulario, extraordinariamente conocía de las acciones y procedimientos el pretor, y en el periodo extraordinario todos los procedimientos se llevaban delante de él, desapareciendo la fórmula, y llevada a cabo desde su inicio hasta su conclusión ante el

---

185 Cfr., DORANTES TAMAYO, Luis, "Teorías acerca de la naturaleza de la acción procesal", en *Revista de la Facultad de Derecho de México,* número 117, tomo XXX, México, UNAM, septiembre-diciembre de 1980, p. 780, en 779-826 pp.

186 Cfr., PADILLA SAHAGÚN, Gumesindo, *Derecho romano,* 4ªed., México, Mcgraw-Hill/ Interamericana Editores S. A. De C. V., 2008, pp. 121-145.

pretor. En este periodo se definía la acción como: *el derecho de reclamar ante la autoridad judicial lo que nos es debido.*[187]

Teniendo como base la concepción de la acción en la tercera etapa del procedimiento romano a que nos hemos referido, la denominada escuela clásica germana elaboró una corriente doctrinal de gran caudal partiendo de una teoría civilista de la acción.

Esta teoría no logra dividir el derecho subjetivo material, de la acción misma. La acción es considerada el derecho mismo, que reaccionaba en contra de una violación; es un poder que se inspira en sí mismo y es producto de la infracción de una de las obligaciones.

El principal exponente de esta tendencia doctrinal fue Savigny, al considerar que el vocablo acción tenía dos distintas connotaciones: como un derecho nacido con la violación de otro derecho conferido a la parte lesionada, y como el ejercicio mismo del derecho. Conforme este autor, toda acción implica necesariamente dos condiciones: un derecho y la violación de este derecho. De tal suerte que, si el derecho no existiese, la violación será imposible; y si no hubiese violación, el derecho no podría revestir la forma especial de acción. [188]

2) La acción como derecho autónomo

La mayoría de la doctrina especializada coincide en que la célebre polémica entre Windscheid y Muther, produjo el desarrollo del Derecho procesal como disciplina autónoma,[189] al confrontar la primitiva *actio* romana con la *klage* germánica.[190]

La tesis de Windscheid se publicó en 1856, contenida en su ensayo denominado, "la *actio* del Derecho civil desde el punto de vista actual"; considerado el inicio de las nuevas doctrinas procesales sobre la acción. Al año siguiente,

---

187 *Idem.*

188 SAVIGNY, Friedrich K., *Sistemas del Derecho romano actual,* t. IV, trad. por Jacinto Mesía y Manuel Poley, 2ª ed., Madrid, Centro Editorial de Góngora, 1924, p. 10.

189 No obstante que el nacimiento propiamente de la Ciencia procesal como disciplina autónoma se debe, en opinión de autorizados autores, a la obra de Oskcar von Bulöw, *Teoría de las excepciones procesales y de los presupuestos procesales,* trad. de Miguel Ángel Rosas Lichtschein, Buenos Aires, Ediciones Jurídicas Europa-América, 1964, publicada en Giesen, 1868, por Emil Roth.

190 Ambos trabajos y la réplica de Windschied a Muther en1857, aparecen publicados en la obra: *Polemica Intorno all' actio,* Italia, Editorial Sansoni/Firenze, 1954.

Teodoro Muther escribió su breve investigación con el título de *la teoría de la acción romana y el derecho moderno de obrar.*

El primer autor citado, entendió a la acción como el poder de realizar en juicio una pretensión en contra del demandado; atribuyó a ella el carácter de derecho autónomo del derecho subjetivo material. El segundo, pregonó que la acción es un derecho público subjetivo por medio del cual, se obtiene la tutela jurídica, se dirige contra el Estado para una sentencia favorable, además, sobre el demandado para el cumplimiento de la prestación insatisfecha.[191]

3) Tendencias contemporáneas

Cómo una relación de las diversas teorías que se han expuesto sobre la acción, sólo señalaremos, que superadas todas las doctrinas privatistas y las publicistas, pueden dividirse en dos grandes ramas, a saber:[192]

a. La acción como derecho concreto, sea dirigido al Estado o bien enderezado contra el adversario, o ambos
b. La acción como derecho, facultad o posibilidad, de carácter abstracto, dirigida siempre hacia el frente al Estado.

El primer grupo de teorías comprende varias modalidades, como la de la *pretensión de tutela jurídica,* cimentada por Adolf Wach,[193] quien la configura como un derecho subjetivo público, diferente del material, que se dirige hacia el Estado, a través del órgano jurisdiccional, y de naturaleza concreta, toda vez que su eficacia afecta sólo al contrincante, y por tanto se endereza a la obtención de una resolución favorable.

Otra variante de esta teoría la sostiene Giuseppe Chiovenda, prescribiendo a la acción como *derecho potestativo,* es decir, como "el poder jurídico de dar vida a la condición para la actuación de la voluntad de la ley", derecho que se

---

191 KELLEY HERNÁNDEZ, Santiago A., *Teoría del Derecho Procesal, op. cit.,* pp. 77-93; POLANCO BRAGA, Elías, *Tratado Sistemático de la Teoría del Proceso, op. cit.,* pp. 94-97.

192 La clasificación de las teorías de la acción en dos grupos, como derecho abstracto, y como derecho concreto, la realizan, de manera específica o implícita, entre otros: COUTURE, Eduardo J., *Fundamentos del derecho procesal civil,* reimp. de la 3ª ed., Buenos Aires, Depalma, 1990, pp. 64-66; FIX-ZAMUDIO, Héctor, *El juicio de amparo, op. cit.,* p. 98;

193 Véase WACH, Adolf, *La pretensión de declaración: una aportación a la teoría de la pretensión de protección del Derecho,* trad. de Juan M. Semon, Buenos Aires, Ediciones Jurídicas Europa-América, 1962, pp. 39 y 59.

tiene contra el adversario, frente al Estado, y consistente en el poder de producir frente a dicho adversario el efecto jurídico de la actuación de la ley.[194]

En cambio, la tendencia que considera a la acción como derecho abstracto, estima que se trata de un derecho, facultad, poder o posibilidad encaminada siempre hacia el Estado y sólo para con el Estado, y "que tiene como contenido sustancial el interés abstracto a la intervención del Estado para la eliminación de los obstáculos, que la incertidumbre puede oponer a la realización de los intereses protegidos".[195]

La teoría abstracta encuentra fuerte propagación entre los procesalistas italianos, destacando las ideas de Rocco.[196] Para este autor, el particular tiene dos intereses diferentes: el interés primario (derecho subjetivo material), y un interés secundario (acción) independiente del anterior y de carácter abstracto, a la intervención del Estado para la tutela del derecho.[197]

De la misma manera, Fix-Zamudio, acepta la teoría de la acción como "derecho o poder abstracto de obrar, no como simple posibilidad, sino como una contrapartida del deber del Estado de prestar la actividad jurisdiccional, y, por tanto, derecho subjetivo público paralelo al genérico de petición (artículo 8 de la Constitución Federal), contenido del artículo 17 de la Ley fundamental."[198]

Esta breve enumeración de teorías no es baladí, sino que tiene suma importancia, específicamente en el caso del amparo, ya que según consideremos a la acción constitucional como derecho concreto o abstracto, abordaremos los problemas fundamentales de los presupuestos procesales, y finalmente, la autonomía o dependencia de la propia acción.

B. Naturaleza y elementos de la acción de amparo

---

194 CHIOVENDA, Giuseppe, *Instituciones de Derecho procesal civil*, t. I, trad. de Emilio Gómez Orbaneja, Madrid, Revista de Derecho privado, 1948, p.25 y ss.; íd., *Principios de Derecho procesal civil*, t. I, 3ª ed., trad. del italiano de José Casais y Santaló, Madrid, Reus, 1922, pp. 60 y ss.

195 ALCALÁ ZAMORA Y CASTILLO, Niceto, "Enseñanzas y sugerencias de algunos procesalistas sudamericanos acerca de la acción", en su obra, *Estudios de teoría general e historia del proceso (1945-1972)*, t. I, México, Instituto de Investigaciones Jurídicas, UNAM, 1974, pp. 317-373.

196 Véase ROCCO, Alfredo, *La sentencia civil*, trad. de Mariano Ovejero, Madrid, La España Moderna, 1944, pp. 128 y ss.

197 Cfr. ROCCO, Ugo, *Tratado de Derecho civil*, vol. I, trad. de Santiago Sentís Melendo y Mariano Ayerra Redín, Buenos Aires, Themis-Depalma, 1976, pp. 50-64.

198 FIX-ZAMUDIO, Héctor, *El juicio de amparo*, *op.cit.*, pp. 101 y 102.

Una vez revelada la evolución histórica y las corrientes actuales que conforman la base teórica del concepto de acción procesal, podemos establecer el carácter específico de la acción de amparo, así como sus elementos.

El precisar los elementos constitutivos de la acción de amparo, dependerá de la teoría que se adopte. Así, autores como Ignacio Burgoa, Carlos Arellano García, entre otros;[199] afiliados a la conceptuación de la acción como derecho concreto de obrar, estiman que son elementos de la acción de amparo, los siguientes: sujeto activo (quejoso), sujeto pasivo (autoridad responsable); las causas: remota (la situación jurídica concreta del agraviado en relación con sus Derechos constitucionales) y próxima o *pretendí* (acto reclamado) y objeto (la solicitud tendiente obtener la protección de la justicia Federal).[200]

Sin embargo, comulgamos con las ideas de Fix-Zamudio, al señalar que "los que sostienen el carácter concreto de la acción, dirigida a obtener una sentencia favorable, confunden la acción propiamente dicha, con la pretensión, y más particularmente, con la pretensión fundada."[201]

De igual forma, señala que "la acción como derecho abstracto se concreta en virtud de su ejercicio a través de la pretensión, o sea por la manifestación del justiciable, tanto actor como demandado, de merecer la protección de su interés, subordinado al propio, el interés ajeno"; en consecuencia, "mientras el ejercicio de la acción tiende a lograr los proveimientos jurisdiccionales necesarios para obtener el pronunciamiento de fondo, o sea una sentencia justa, la pretensión se dirige a obtener una sentencia favorable."[202]

De acuerdo con lo anterior, podemos concluir, que no es correcto afirmar que para la procedencia de la acción de amparo, se requiera una violación de derechos fundamentales, sino que dicho requisito es necesarios para obtener una sentencia favorable, es decir, "para que la pretensión del actor se conside-

---

199 Cfr., ARELLANO GARCÍA, Carlos, *El juicio de amparo, op. cit.*, pp. 409-417; CHÁVEZ CASTILLO, Raúl, *Nuevo juicio de amparo, op. cit.*, p. 35 y 36; CASTILLO DEL VALLE, Alberto del, *Compendio de juicio de amparo,* 6ª ed., México, Ediciones Jurídicas Alma S.A. de C.V., 2018, pp. 97-101.

200 BURGOA, Ignacio, *El juicio de amparo, op. cit.*, p. 299; FERRER MAC-GREGOR, Eduardo, *La acción constitucional de amparo en México y España…, op. cit.*, pp. 228-261; ARELLANO GARCÍA, Carlos, *El juicio de amparo, op. cit.*, p. 411; CHÁVEZ CASTILLO, Raúl, *Nuevo juicio de amparo, op. cit.*, p.35; CASTILLO DEL VALLE, Alberto del, *Compendio de juicio de amparo, op. cit.*, pp. 98 y 99.

201 FIX-ZAMUDIO, Héctor, *El juicio de amparo, op.cit.*, p. 101

202 *Idem.*

re fundada"; y por tanto, "el único presupuesto de la acción de amparo es la existencia de un litigio constitucional[203] y sus únicos elementos son la capacidad de accionar, la instancia y pretensión".

La instancia, señala el procesalista español Niceto Alcalá Zamora y Castillo representa, "la energía dinámica que permite recabar los proveimientos reputados como necesarios por las partes para la marcha del proceso, desde providencias de trámite hasta la sentencia final". Mientras que, la pretensión es, a su vez, "la carga o el peso que aquella arrastra hacia el pronunciamiento de fondo". La instancia es el elemento estrictamente procesal; la pretensión transporta al proceso la visión que del litigio se ha formado el actor.[204]

3. Diversos sectores del amparo

Cuando nos referimos al juicio de amparo no debemos pasar por alto que a lo largo de su evolución ha adquirido una estructura jurídica sumamente compleja, es decir, que "bajo su aparente unidad comprende una federación de instrumentos procesales" y, cada uno de ellos posee una función tutelar específica, que a su vez determina una serie de aspectos peculiares que no pueden comprenderse sino por conducto de su análisis autónomo.[205]

A este respecto, el maestro Fix-Zamudio, divide en cinco sectores al juicio constitucional de amparo. Estos sectores son: A) Como garantía de los derechos de libertad (Amparo *habeas corpus*); B) Como juicio de legitimidad constitucional de las leyes (Amparo contra leyes); C) Como casación (Amparo casación); D) Como contencioso administrativo y; E) Como proceso social-agrario.

A. Amparo *habeas corpus*

En primer lugar, el amparo mexicano realiza funciones similares al *habeas corpus* de origen anglosajón, que tomó de la legislación y la jurisprudencia de

---

203 Expresión que advierte el Maestro Héctor Fix-Zamudio, no debe confundirse con controversia, porque esta significa discusión, manifestación contraria de opiniones; para que exista litigio, en cambio basta una actitud contraria, una posición o postura opuesta. Véase, FIX-ZAMUDIO, Héctor, *El juicio de amparo, op. cit.*, p. 102.

204 Cfr., ALCALÁ ZAMORA Y CASTILLO, Niceto, "Enseñanzas y sugerencias de algunos procesalistas sudamericanos acerca de la acción", *op. cit.*, pp. 353 y ss.

205 FIX-ZAMUDIO, Héctor, *Ensayos sobre el Derecho de amparo, op. cit.*, p. 30.

los Estados Unidos de América, y por ello es que el ordenamiento mexicano se diferencia en ese aspecto de los restantes países Latinoamericanos que consagran esta institución independientemente del amparo.[206]

Este sector, fue el primero en madurar, debido a que la institución nació en un periodo de inquietud política y revolucionaria que afectan la libertad, la integridad y la propiedad de los habitantes del país. Es por esto por lo que, sirvió de "escudo protector de la libertad, salvando a muchas personas del paredón, del servicio forzado de las armas, de las confiscaciones y de las penas infames, superando con su gran amplitud tutelar al tradicional *habeas corpus.*"[207]

Esta sección del amparo, denominada también por la doctrina como "amparo libertad", lo podemos distinguir actualmente como el amparo indirecto en materia penal, cuando se trate de actos que importen peligro de privación de la vida, ataques a la libertad personal fuera de procedimiento, incomunicación, deportación o expulsión, proscripción o destierro, extradición, desaparición forzada de personas o alguno de los prohibidos por el artículo 22 de la Constitución Política de los Estados Unidos Mexicanos,[208] así como la incorporación forzosa al Ejército, Armada y Fuerza Aérea nacionales.

Algunas de las características de este amparo es que puede interponerse por cualquier persona, inclusive un menor de edad en nombre del afectado, pues se presume que se encuentra en una imposibilidad para hacerlo. La demanda puede formularse por comparecencia, es decir, de forma oral, pero debe ser ratificada por escrito dentro de los tres días siguientes. El juez que conoce de la causa está provisto de amplias facultades de investigación y dirección del proceso, con la atribución de dictar las medidas necesarias para lograr la comparecencia del presunto agraviado, a su vez, este juez tiene la obligación de dictar medidas cautelares para la suspensión del acto reclamado,

---

206 Cfr., FIX-ZAMUDIO, Héctor, *La protección jurídica y procesal de los derechos humanos ante las jurisdicciones nacionales*, Madrid, UNAM, Cívitas, 1982, pp. 121-126; BREWER-CARÍAS, Allan R., *El proceso de amparo en el derecho constitucional comparado en América Latina*, México, Editorial Porrúa, Instituto Mexicano de Derecho Procesal Constitucional, 2016, pp. 35- 42.

207 Como lo hizo ver en su obra el ilustre VALLARTA, Ignacio L., *El juicio de amparo y el writ of habeas corpus*, *op. cit.*

208 "Artículo 22. Quedan prohibidas las penas de muerte, de mutilación, de infamia, la marca, los azotes, los palos, el tormento de cualquier especie, la multa excesiva, la confiscación de bienes y cualesquiera otras penas inusitadas y trascendentales. Toda pena deberá ser proporcional al delito que sancione y al bien jurídico afectado."

lo que debe decretarse de oficio -con excepción de la privación de la libertad que debe solicitarse expresamente-. Una vez lograda la comparecencia deberá de ratificarse la demanda en tres días por el quejoso o por su representante legal y se sigue el cauce normal.[209]

B. Amparo contra leyes

El amparo contra leyes, el cual se inspiró, según se expresó con anterioridad, en la revisión judicial de la constitucionalidad de las leyes, consagrada en la legislación de los Estados Unidos, es, en opinión de Fix-Zamudio, el sector

---

209 Artículo 15. Cuando se trate de actos que importen peligro de privación de la vida, ataques a la libertad personal fuera de procedimiento, incomunicación, deportación o expulsión, proscripción o destierro, extradición, desaparición forzada de personas o alguno de los prohibidos por el artículo 22 de la Constitución Política de los Estados Unidos Mexicanos, así como la incorporación forzosa al Ejército, Armada o Fuerza Aérea nacionales, y el agraviado se encuentre imposibilitado para promover el amparo, *podrá hacerlo cualquiera otra persona en su nombre, aunque sea menor de edad.*

En estos casos, el órgano jurisdiccional de amparo decretará la suspensión de los actos reclamados, y dictará todas las medidas necesarias para lograr la comparecencia del agraviado.

Una vez lograda la comparecencia, *se requerirá al agraviado para que dentro del término de tres días ratifique la demanda de amparo.* Si éste la ratifica por sí o por medio de su representante se tramitará el juicio; de lo contrario se tendrá por no presentada la demanda y quedarán sin efecto las providencias dictadas.

Si a pesar de las medidas tomadas por el órgano jurisdiccional de amparo no se logra la comparecencia del agraviado, resolverá la suspensión definitiva, ordenará suspender el procedimiento en lo principal y se harán los hechos del conocimiento del Ministerio Público de la Federación. En caso de que éste sea autoridad responsable, se hará del conocimiento al Fiscal General de la República. Cuando haya solicitud expresa de la Comisión Nacional de los Derechos Humanos, se remitirá copia certificada de lo actuado en estos casos.

Transcurrido un año sin que nadie se apersone en el juicio, se tendrá por no interpuesta la demanda.

Cuando, por las circunstancias del caso o lo manifieste la persona que presenta la demanda en lugar del quejoso, se trate de una posible comisión del delito de desaparición forzada de personas, el juez tendrá un término no mayor de veinticuatro horas para darle trámite al amparo, dictar la suspensión de los actos reclamados, y requerir a las autoridades correspondientes toda la información que pueda resultar conducente para la localización y liberación de la probable víctima. Bajo este supuesto, ninguna autoridad podrá determinar que transcurra un plazo determinado para que comparezca el agraviado, ni podrán las autoridades negarse a practicar las diligencias que de ellas se soliciten o sean ordenadas bajo el argumento de que existen plazos legales para considerar la desaparición de una persona. (Énfasis agregado).

más estrictamente constitucional, debido a que tiende a proteger el principio de la supremacía de la Constitución[210] contra los actos legislativos que infringen los preceptos fundamentales, pero únicamente determina la inaplicación de la ley impugnada en el caso concreto en el cual se otorgó la protección, ya que de acuerdo con la llamada Fórmula Otero "las sentencias que se pronuncien en los juicios de amparo sólo se ocuparán de los individuos particulares o de las personas morales, privadas oficiales que lo hubiesen solicitado, limitándose ampararlos y protegerlos si procediere, en el caso especial sobre el que verse la demanda, sin hacer una declaración general respecto de la ley o acto que la motivare."

C. Amparo casación

El amparo directo o de única instancia, tiene una estrecha vinculación con el recurso de casación, de ahí su denominación, ya que tiene como finalidad un examen de legalidad de las sentencias definitivas, laudos y resoluciones que pongan fin al juicio, dictadas por tribunales judiciales, administrativos, agrarios o del trabajo. Este sector, se tramita por regla general en una única instancia ante los Tribunales Colegiados de Circuito (artículo 107 constitucional, fracciones V y VI, y 170 de la Ley de Amparo), salvo los casos excepción en los que las Salas de la Suprema Corte de Justicia de la Nación ejerza su facultad de atracción en términos de lo dispuesto por los artículos 107, fracción V, último párrafo de la Constitución Política de los Estados Unidos Mexicanos; 80 Bis de la Ley de Amparo y 21, fracción II, de la Ley Orgánica del Poder Judicial de la Federación.

En el amparo legalidad, de acuerdo con las reglas tradicionales de la casación, las violaciones alegadas se dividen en violaciones cometidas durante la secuela del procedimiento siempre que afecten las defensas del quejoso, trascendiendo al resultado del fallo (violaciones *in procendo*), y violaciones de fondo efectuadas en la sentencia (violaciones *in iudicatio*).[211]

D. Amparo contencioso administrativo

Dentro de este, se impugnan actos y resoluciones de las autoridades de la administración pública federal y local. Este sector, está prácticamente en des-

---

210 CARPIZO, Jorge, *Estudios Constitucionales, op. cit.*, pp. 51 y ss.

211 FIX-ZAMUDIO, Héctor, *Ensayos sobre el Derecho de amparo, op. cit.*, pp. 381 y 382.

uso por la creación de tribunales administrativos. Se tramitan en un proceso de doble instancia, la primera ante los jueces federales de distrito y la segunda ante los Tribunales Colegiados de Circuito.

E. Amparo social agrario

El quinto y último sector del juicio de amparo mexicano, surgió con motivo de las reformas a la Ley de Amparo que entraron en vigor el 5 de febrero de 1963, y tuvieron por objeto establecer un sistema especial de protección procesal en beneficio de los campesinos sujetos del régimen de la reforma agraria , con lo cual se permitió equilibrar la situación de desigualdad procesal presentada por los ejidatarios y campesinos frente a los propietarios y ganaderos, respecto de las autoridades administrativas federales encargadas del desarrollo de la propia reforma agraria, ya que se consideró que dicho sector, carecía de los medios necesarios para defenderse jurídicamente.

4. Las partes en el juicio de amparo

Citando al maestro Raúl Chávez Castillo, parte en el juicio de amparo "es toda aquella que interviene en el procedimiento constitucional, en razón de su interés de qué se declare la constitucionalidad o la inconstitucionalidad de la norma general, acto de autoridad o de particulares que ejercen funciones públicas, reclamados en el amparo, o bien que interviene como reguladora de los casos autorizados por la ley, como sucede con el Ministerio Público de la Federación."[212]

Con base en esta definición, podemos establecer que las partes que intervienen en el amparo tienen diversos intereses, ya que, por un lado, el quejoso pretende que se declare la inconstitucionalidad del acto de autoridad que reclama; el interés de la autoridad responsable y del tercero interesado es la subsistencia del acto que se reclama en el amparo, es decir, que se declare su constitucionalidad; en tanto que el interés del Ministerio Público Federal es que se tramite y resuelva el juicio de amparo conforme a lo que señala la Constitución y la ley reglamentaria del mismo, y que se dicte una sentencia justa, esto es, que si el quejoso tiene la razón porque el acto reclamado es inconstitucional, el representante social estará a favor de que se le otorgue el

---

[212] Vid., CHÁVEZ CASTILLO, Raúl, *Nuevo juicio de amparo, op. cit.*, p. 39.

amparo y si no le asiste la razón, se le niegue la protección federal y si el juicio es improcedente puede formular pedimento para que se sobresea el juicio.

Conforme al artículo 5° de la Ley de Amparo, se consideran partes: 1) Al quejoso; 2) La autoridad responsable; 3) El tercero Interesado y; 4) el Ministerio Público Federal.

A. Quejoso

El sujeto activo en el juicio de amparo recibe el nombre de "quejoso" o "agraviado"[213], y lo será la persona o personas, naturales o jurídicas, quienes por sí mismos o por medio de su representante legal o apoderado, defensor o asesor jurídico si se trata de materia penal, o incluso por conducto de cualquier otra persona en determinados supuestos, ejercita la acción de amparo para reclamar que una determinada norma, acto u omisión de autoridad le causa agravio en su esfera jurídica.

En el artículo 5°, fracción I, de la Ley de Amparo, se define al quejoso como "quien aduce ser titular de un derecho subjetivo o de un interés legítimo individual o colectivo". A este respecto, existen diversos tipos de quejosos, a saber:

a. Tratándose de actos o resoluciones que provengan de órganos jurisdiccionales (tribunales judiciales, administrativos, agrarios o del trabajo), el quejoso deberá ser titular de un derecho subjetivo, pudiendo ser una persona física o jurídica -nacional o extranjera-, que se vea afectado de manera personal y directa, es decir, no puede ser cualquier persona, ya que el amparo sólo está reservado para que el que sea el titular del derecho fundamental vulnerado;

b. El menor de edad, personas con discapacidad o mayor de edad en estado de interdicción, podrá pedir amparo sin intervención de su legítimo representante cuando éste se halle ausente, se ignore quién sea, éste impedido jurídicamente o se negare a promoverlo. El órgano jurisdiccional, sin perjuicio de dictar las providencias que sean necesarias, le nombrará un representante especial para que intervenga durante el jui-

[213] Sin embargo, Rubén Sánchez Gil señala es una imprecisión conceptual, en tanto que el agraviado igualmente no adquirirá el carácter de quejoso hasta la promoción de la demanda. SÁNCHEZ GIL, Rubén, "Las partes en el juicio de amparo", en Cossío Díaz, José Ramón, *et. al.*, *La nueva Ley de Amparo,* México, Editorial Porrúa, 2016, p. 95.

cio. Si el menor de edad tuviere 14 años, podrá realizar la designación de su representante en el escrito de la demanda de amparo;

c. Entes que puedan promover acciones colectivas, cuando el acto reclamado vulnere derechos o intereses comunes de dos o más personas, aun cuando esta afectación derive de actos distintos, si esto les causa un perjuicio análogo y provienen de la misma autoridad;

d. El artículo 7 de la Ley de Amparo, permite que excepcionalmente las personas morales públicas puedan promover el juicio constitucional cuando: i) El acto reclamado afecte directamente en su patrimonio y; ii) que dicha afectación se actualice en relaciones jurídicas en las que estén en un plano de igualdad con los particulares;[214]

e. Persona física o jurídica -nacional o extranjera-, cuando se reclamen actos no jurisdiccionales en que solamente deba acreditar algún interés legítimo, justificando así, carecer de la titularidad del derecho subjetivo vulnerado por el acto reclamado;

f. El ofendido o víctima del delito, en los casos previstos por la Ley de Amparo.

B. Autoridad responsable

La autoridad responsable es el sujeto pasivo de la relación procesal, teniendo tal carácter, con independencia de su naturaleza formal, la que dicta, ordena, ejecuta o trata de ejecutar el acto que crea, modifica o extingue situaciones jurídicas en forma unilateral y obligatoria; u omita el acto que de realizarse crearía, modificaría o extinguiría dichas situaciones jurídicas. La autoridad responsable en el amparo puede tener un doble carácter: como autoridad emisora del acto que se reclama, en cuyo caso estamos en presencia de lo que se conoce como autoridad ordenadora, y por otra parte tenemos a la o las autoridades que materializan el mandato de la ordenadora, a las cuales se les denomina autoridades ejecutoras.

---

214 Véase "PERSONA MORAL OFICIAL. CUANDO ES PARTE DE UN PROCEDIMIENTO JURISDICCIONAL TIENE LEGITIMACIÓN PARA PROMOVER EL JUICIO DE AMPARO, SIEMPRE Y CUANDO DE LA RELACIÓN SUBYACENTE NO SE ADVIERTA QUE ACUDE A DEFENDER UN ACTO EMITIDO DENTRO DE LAS FUNCIONES PÚBLICAS QUE TIENE ENCOMENDADAS"." Tesis 1a./J. 16/2018, Décima Época, Primera Sala, *Semanario Judicial de la Federación y su Gaceta*, Tomo II, junio de 2018, p. 875, jurisprudencia, común. Registro digital: 2017263.

Dentro del concepto de autoridad responsable resulta importante conocer, también, el concepto de *autoridad sustituta,* quien es aquella que toma el lugar de una autoridad por un cambio de denominación o configuración administrativa y, por tanto, será la que debe ser llamada al juicio de amparo. Es decir, tendremos autoridad sustituta si por reformas constitucionales o legales, una autoridad es sustituida por otra o cambia de denominación.

Asimismo, debe destacarse que los particulares podrán tener la calidad de autoridad responsable es ciertos casos. Específicamente cuando realicen actos equivalentes a los de autoridad, que afecten derechos fundamentales, y cuyas funciones estén determinadas por una norma general.[215]

El primer requisito implica un criterio de equivalencia. El particular debe emitir un acto que modifique unilateralmente situaciones jurídicas de forma imperativa, en una relación de supra a subordinación. Por otro lado, la predeterminación de sus funciones en una norma general implica que sea un cuerpo normativo el que le otorgue al particular ciertas funciones y, por lo tanto, le concede al particular una especial posición en el ordenamiento revestido de una autoridad predeterminada.

C. Tercero interesado

El tercero interesado, en términos generales es aquél que tiene interés en la subsistencia del acto reclamado o un interés opuesto al del quejoso[216] y, debe resaltarse que es la única parte en el juicio de amparo cuya existencia es contingente, es decir, no siempre tendremos un tercero interesado.[217]

---

[215] Véase "PARTICULARES EN EL JUICIO DE AMPARO. CASOS EN QUE PUEDEN SER LLAMADOS COMO AUTORIDADES RESPONSABLES (INTERPRETACIÓN DEL ARTÍCULO 5°., FRACCIÓN II, SEGUNDO PÁRRAFO, DE LA LEY DE AMPARO)." Tesis: I.1o.A.13 K (10a.), Décima Época, Tribunales Colegiados de Circuito, *Gaceta del Semanario Judicial de la Federación,* Tomo II, Libro 4, marzo de 2014, p. 1887, aislada. Registro digital: 2005986.

[216] Véase "TERCERO PERJUDICADO EN EL JUICIO DE AMPARO. LE REVISTE ESE CARÁCTER A QUIEN TENGA INTERÉS DIRECTO EN LA SUBSISTENCIA DEL ACTO RECLAMADO". Tesis: III.2o.P.279 P (9a.), Décima Época, Tribunales Colegiados de Circuito, *Semanario Judicial de la Federación y su Gaceta,* Tomo 5, Libro IV, enero de 2012, p. 4711. Registro digital: 160340.

[217] Por ejemplo, en el caso del amparo contra normas generales o el amparo respecto al derecho de petición.

Ahora bien, de conformidad con la fracción III, del artículo 5° de la Ley de Amparo, se le otorga el carácter de tercero interesado:

a. A la persona que haya gestionado el acto reclamado o tenga interés jurídico en que subsista;

b. La contraparte del quejoso cuando el acto reclamado emane de un juicio o controversia del orden judicial, administrativo, agrario o del trabajo; o tratándose de persona extraña al procedimiento, la que tenga interés contrario al del quejoso;

c. La víctima del delito u ofendido, o quien tenga derecho a la reparación del daño o a reclamar la responsabilidad civil, cuando el acto reclamado emane de un juicio del orden penal y afecte de manera directa esa reparación o responsabilidad;

d. El indiciado o procesado cuando el acto reclamado sea el no ejercicio o el desistimiento de la acción penal por el Ministerio Público;

e. El Ministerio Público que haya intervenido en el procedimiento penal del cual derive el acto reclamado, siempre y cuando no tenga el carácter de autoridad responsable.

D. Ministerio Público Federal

De acuerdo con lo que prevé el artículo 107, fracción XV constitucional, el Fiscal General de la República o el Agente del Ministerio Público de la Federación que al efecto se designaré, será parte en todos los juicios de amparo en que el acto provenga de un procedimiento en materia penal y aquellos que se determinen por la Ley de Amparo, la cual señala que será en la totalidad de los juicios.

5. Los principios rectores del juicio de amparo

Iniciaremos precisando que el término principio (del latín *principium*), significa base, origen, razón fundamental sobre la cual se procede discurriendo en cualquier materia. Entonces, puede inferirse que los principios son postulados fundamentales de carácter orientador y, referidos al ámbito jurídico, se ha dicho que éstos "no son otra cosa que reglas o normas empíricas, sustraídas de la experiencia porque así ha convenido para fijar los límites de una institución jurídica, por razones didácticas o de comodidad".[218]

De este modo, Ignacio Burgoa afirma que el juicio de amparo "se funda y vive en una serie de principios esenciales que constituyen no sólo su característica distintiva de los demás sistemas de preservación constitucional, sino sus excelsitudes y ventajas respecto de éstos".[219]

Por tanto, de conformidad con lo antes expuesto, podemos concluir que los principios del juicio de amparo son los postulados fundamentales que no sólo regulan al juicio constitucional, sino que le sirven de base o sustento.

Los principios que rigen el proceso constitucional de amparo se clasifican en: A) Principios que rigen acción; B) Principios que rigen el procedimiento y; C) Principios que rigen la sentencia.

A. Principios que rigen la acción

1) Principio de instancia de parte agraviada

Este principio puede ser entendido en dos dimensiones. Por un lado, señala que el juicio de amparo debe ser ejercitado por una persona física o jurídica legitimada para ello, es decir, el tribunal de amparo no puede accionarlo de oficio, debe ser a petición de parte. Por otra parte, supone que quien lo solicite debe ser la persona a la que cause agravio la norma, acto u omisión, o su representante legal. Las excepciones a este principio se actualizan cuando el acto reclamado sea alguno de los previstos en el artículo 22 de la Constitución y 15 de la Ley de Amparo, bajo este supuesto cualquier persona podrá solicitar el amparo a nombre del agraviado.

2) Principio de existencia del agravio personal y directo en actos que provengan de autoridades jurisdiccionales

El artículo 107, fracción I, segundo párrafo de la Constitución General, señala que "tratándose de actos o resoluciones provenientes de tribunales judiciales, administrativos o del trabajo, el quejoso deberá aducir ser titular de un derecho subjetivo que se afecte de manera personal y directa." Entendien-

---

[218] GÓNGORA PIMENTEL, Genaro, *Introducción al estudio del juicio de amparo,* 13ª ed., México, Editorial Porrúa, 2020, p. 461.

[219] BURGOA, Ignacio, *Diccionario de derecho constitucional, garantías y amparo, op. cit.*, p. 41.

do por derecho subjetivo, la facultad que una norma de derecho objetivo le otorga a un individuo con motivo del incumplimiento de una obligación por parte de otro(s).[220]

Principio que hasta la reforma constitucional del seis de abril de dos mil once regía no solamente para los actos o resoluciones de tribunales jurisdiccionales, sino para todos los actos de autoridad señalados como inconstitucionales.[221] Los cuales debían acreditar las siguientes características: i) Ser personal, lo que significa que la persona que ejerza la acción de amparo debe ser el titular del derecho vulnerado; ii) Ser directo, lo cual implica que la violación del derecho constitucionalmente reconocido debe afectar únicamente a su titular y; iii) ser objetivo, es decir, que por medio de un análisis que realice la autoridad de amparo, encuentre que efectivamente se ha violado en perjuicio del promovente del juicio esos derechos de los que titular.

3) Principio de existencia de un interés legítimo contra actos no jurisdiccionales

Principio aplicable únicamente en los casos que el amparo se promueva en contra de actos de naturaleza administrativa, legislativa o de particulares que realicen actos equivalentes a los de autoridad, e implica la posibilidad que tienen las personas de ejercitar la acción de amparo, cuando se estime que el acto de autoridad vulnera su esfera jurídica, a pesar de no tener la titularidad del derecho subjetivo correspondiente. Lo cual implica, que basta con acreditar un interés legítimo.

El concepto de interés legítimo fue introducido a nuestro orden jurídico con la reforma constitucional del seis de junio de dos mil once. A partir de una modificación a la fracción I del artículo 107, se estableció que el juicio de amparo podría instarse por "quien aduce ser titular de un derecho *o de un interés legítimo individual o colectivo,* siempre que alegue que el acto reclamado viola los derechos reconocidos por esta Constitución y con ello se afecte su esfera jurídica, ya sea de manera directa o en virtud de su especial situación frente al orden jurídico."

En el amparo en revisión 366/2012, la Primera Sala de la Suprema Corte de Justicia de la Nación produjo una primera definición mínima del interés

---

220 CRUZ PARCERO, Juan Antonio, *El lenguaje de los derechos. Ensayo para una teoría estructural de los derechos,* Madrid, Editorial Trotta, p. 30.

221 Por tanto, el amparo puede promoverse para solicitar la protección de derechos fundamentales individuales y de intereses colectivos, de modo que no es indispensable que existe un agravio personal.

legítimo, al que se caracterizó como "*aquel interés personal —individual o colectivo—, cualificado, actual, real y jurídicamente relevante, que pueda traducirse, si llegara a concederse el amparo, en un beneficio jurídico en favor del quejoso.*" Además, se precisó que "*dicho interés deberá estar garantizado por un derecho objetivo, sin que dé lugar a un derecho subjetivo; debe haber una afectación a la esfera jurídica del quejoso en sentido amplio, que puede ser de índole económica, profesional, de salud pública, o de cualquier otra índole.*"[222]

Posteriormente en la contradicción de tesis 111/2013, el Pleno del Alto Tribunal precisó los alcances del interés legítimo.[223] En primer lugar, se señaló que el interés legítimo se ubica en un plano intermedio entre el *interés jurídico* y el *interés simple*, pues "*no se exige acreditar la afectación a un derecho subjetivo [como en el caso del interés jurídico], pero tampoco implica que cualquier persona pueda promover la acción [como sería con el interés simple].*" Más bien, el interés legítimo "*requiere de una afectación a la esfera jurídica entendida en un sentido amplio, ya sea porque dicha intromisión es directa, o porque el agravio deriva de una situación particular que la persona tiene en el orden jurídico*".

En segundo lugar, se señaló que el interés legítimo requiere de un "*vínculo entre una persona y una pretensión, de tal forma que la anulación del acto que se reclama produce un beneficio o efecto positivo en su esfera jurídica, ya sea actual o futuro pero cierto*". En este sentido, el requisito de que el beneficio o efecto positivo sea "cierto" implica que sea "real y actual, no hipotético".

Bajo estas premisas, el Pleno determinó que la existencia de un interés legítimo requiere "*la existencia de una afectación en cierta esfera jurídica –no exclusivamente en una cuestión patrimonial– apreciada bajo un parámetro de razonabilidad, y no sólo como una simple posibilidad*". Así, la eventual sentencia protectora debe implicar "*la obtención de un beneficio determinado, el cual no puede ser lejanamente derivado, sino resultado inmediato de la resolución que en su caso llegue a dictarse*".

En este punto, se aclaró que dicho parámetro de razonabilidad "*no se refiere a los estándares argumentativos empleados por esta Suprema Corte para analizar la validez de normas jurídicas, sino al hecho de que la afectación a la esfera jurídica del quejoso en sentido amplio debe ser posible, esto es, debe ser razonable la existencia de tal*

---

222 Primera Sala de la Suprema Corte de Justicia de la Nación, Amparo en Revisión 366/2012, fallado el cinco de septiembre de dos mil doce por unanimidad de votos, párrafo 49.

223 Contradicción de Tesis 111/2013. Resuelta por el Tribunal Pleno de la Suprema Corte de Justicia de la Nación, en sesión de cinco de junio de dos mil catorce por mayoría de ocho votos.

afectación. Por tanto, dicho término se refiere a la lógica que debe guardar el vínculo entre la persona y la afectación aducida".

Asimismo, se determinó que el interés legítimo está sujeto a prueba; es decir, no es suficiente con que la parte quejosa manifieste tener dicho interés, sino que debe acreditarlo. Sin embargo, para ello no se requiere forzosamente de una prueba directa, pues puede inferirse. De igual manera, se afirmó que el interés legítimo tiene una aplicación particularmente útil para la protección de los intereses colectivos, por lo que ha resultado adecuado para justificar la legitimación a entidades de base asociativa, tales como asociaciones civiles u organizaciones no gubernamentales.

Por todo lo anterior, el Pleno sintetizó las notas características del interés legítimo de la siguiente manera:

i. Implica la existencia de un vínculo entre ciertos derechos fundamentales y una persona que comparece en el proceso.

ii. El vínculo no requiere de una facultad otorgada expresamente por el orden jurídico; más bien, la persona con interés se encuentra en aptitud de expresar un agravio diferenciado al resto de los integrantes de la sociedad, al tratarse de un interés cualificado, actual, real y jurídicamente relevante.

iii. Consiste en una categoría diferenciada y más amplia que el interés jurídico, pero tampoco se trata de un interés genérico de la sociedad como ocurre con el interés simple. Es decir, implica el acceso a los tribunales competentes ante posibles lesiones jurídicas a intereses jurídicamente relevantes y, por ende, protegidos. En otras palabras, debe existir un vínculo con una norma jurídica, pero basta que la misma establezca un derecho objetivo, por lo que no se exige acreditar la afectación a un derecho subjetivo, pero tampoco implica que cualquier persona pueda promover la acción.

iv. La concesión del amparo se traduciría en un beneficio jurídico en favor de la parte quejosa; es decir, un efecto positivo en su esfera jurídica ya sea actual o futuro, pero cierto, mismo que no puede ser lejanamente derivado, sino resultado inmediato de la resolución que en su caso llegue a dictarse.

v. Debe existir una afectación a la esfera jurídica de la parte quejosa en un sentido amplio, apreciada bajo un parámetro de razonabilidad y no sólo como una simple posibilidad, esto es, una lógica que debe guardar el vínculo entre la persona y la afectación aducida.

vi. La parte quejosa tiene un interés propio distinto del de cualquier otro gobernado, consistente en que los poderes públicos actúen de conformidad con el ordenamiento jurídico, cuando con motivo de tales fines se incide en el ámbito de dicho interés propio.

vii. La situación jurídica identificable surge por una relación específica con el objeto de la pretensión que se aduce, ya sea por una circunstancia personal o por una regulación sectorial.

viii. Si bien en una situación jurídica concreta pueden concurrir el interés colectivo o difuso y el interés legítimo, lo cierto es que tal asociación no es absoluta e indefectible. Esto implica que un aspecto es el concepto de interés atendiendo al número de personas que se ven afectadas (interés individual o colectivo/difuso) y otro muy distinto el concepto de interés atendiendo al nivel de afectación o intensidad de relación con la esfera jurídica de que se trate (interés simple, legítimo o jurídico). Así, el interés legítimo no es sinónimo ni puede equipararse al interés colectivo/difuso.

ix. Debido a su configuración normativa, la categorización de todas las posibles situaciones y supuestos del interés legítimo deberá ser producto de la labor cotidiana de las autoridades jurisdiccionales de amparo al aplicar dicha figura jurídica.

x. Finalmente, el interés debe responder a la naturaleza del proceso del cual forma parte, es decir, el interés legítimo requiere ser armónico con la dinámica y alcances del juicio de amparo, consistentes en la protección de los derechos fundamentales de las personas.[224]

Es importante enfatizar que todas estas características se definieron en un plano de abstracción y su aplicación particular, se dijo, debía hacerse poniendo especial atención en los hechos del caso concreto.

---

[224] De este asunto derivó la jurisprudencia P./J. 50/2014 (10a.), de rubro: "INTERÉS LEGÍTIMO. CONTENIDO Y ALCANCE PARA EFECTOS DE LA PROCEDENCIA DEL JUICIO DE AMPARO (INTERPRETACIÓN DEL ARTÍCULO 107, FRACCIÓN I, DE LA CONSTITUCIÓN POLÍTICA DE LOS ESTADOS UNIDOS MEXICANOS)". Datos de localización: Tribunal Pleno. Décima época. Registro: 2007921.

4) Principio de definitividad del acto reclamado

De manera específica, este principio implica la obligación de agotar previamente a la interposición de la acción constitucional, los recursos ordinarios tendientes a revocar o modificar el acto reclamado.

Principio que encuentra su fundamento el artículo 107 fracción III, incisos a) párrafo tercero y b) de la Constitución General, al establecer que "la procedencia del juicio deberá agotarse previamente los recursos ordinarios que se establezcan en la ley de la materia, por virtud de los cuales aquellas sentencias definitivas, laudos y resoluciones puedan ser modificados o revocados, salvo el caso en que la ley permita la renuncia de los recursos", así como, "contra actos en juicio cuya ejecución sea de imposible reparación, fuera de juicio o después de concluido, una vez agotados los recursos que en su caso procedan."

Sin embargo, para qué exista la obligación del quejoso de agotar previamente los recursos ordinarios legalmente existentes, tendientes a impugnar el acto que le cause perjuicio, debe existir entre el recurso y acto una relación directa de idoneidad, es decir, que el medio ordinario de defensa esté previsto por la ley de la materia del acto, en forma expresa para combatir a este y no que por simple analogía se considere ha dicho recurso como procedente para tal efecto.

Del mismo modo, encontramos la prohibición para el quejoso de hacer valer vía conceptos de violación, violaciones procesales que no se hayan impugnado en un primer amparo, sea que haya actuado como quejoso o como tercero interesado.

Mientras que, para el tercero interesado, esta obligación de interponer el amparo adhesivo, cuando se trate del primer amparo interpuesto en contra de un acto materia de amparo directo, en que no obstante que la Constitución General señala el verbo "podrá" presentar amparo en forma adhesiva al que promueva cualquiera de las partes que intervinieron en el juicio del que emana el acto reclamado, no debe interpretarse en el sentido de que es optativo, puedes la apariencia de qué se trata de carácter potestativo, cuando en realidad resulta un imperativo su interposición, y se tiene en cuenta que de darse el supuesto de que se tenga que interponer un segundo amparo, como se señala en el párrafo anterior, no podrán alegar violaciones procesales que no se hicieron valer en un primer momento.[225]

---

225 CHÁVEZ CASTILLO, Raúl, *Nuevo juicio de amparo, op. cit.*, pp. 63 y 64.

En cuanto a las violaciones procesales se exige para su procedencia del amparo adhesivo que se hayan agotado los medios ordinarios de defensa, salvo que se trate de menores, incapaces, ejidatarios, trabajadores, núcleos de población ejidal o comunal o de quienes por sus condiciones de pobreza y marginación se encuentren en clara desventaja social para emprender un juicio y en materia penal.

Las excepciones a este principio las prevé de manera expresa el artículo 61 fracción XVIII de la Ley de Amparo.[226] Además, de las excepciones establecidas en la Constitución Federal y la Ley de Amparo, la Suprema Corte de Justicia ha emitido múltiples interpretaciones de este principio.[227]

---

226 "Artículo 61. El juicio de amparo es improcedente; fracción XVIII. Contra las resoluciones de tribunales judiciales, administrativos o del trabajo, respecto de las cuales conceda la ley ordinaria algún recurso o medio de defensa, dentro del procedimiento, por virtud del cual puedan ser modificadas, revocadas o nulificadas. Se exceptúa de lo anterior:
a) Cuando sean actos que importen peligro de privación de la vida, ataques a la libertad personal fuera de procedimiento, incomunicación, deportación o expulsión, proscripción o destierro, extradición, desaparición forzada de personas o alguno de los prohibidos por el articulo 22 de la Constitución Política de los Estados Unidos Mexicanos, así como la incorporación forzosa al Ejército, Armada o Fuerza Aérea nacionales;
b) Cuando el acto reclamado consista en órdenes de aprehensión o reaprehensión, autos que establezcan providencias precautorias o impongan medidas cautelares restrictivas de la libertad, resolución que niegue la libertad bajo caución o que establezca los requisitos para su disfrute, resolución que decida sobre el incidente de desvanecimiento de datos, orden de arresto o cualquier otro que afecte la libertad personal del quejoso, con que no se trate de sentencia definitiva en el proceso penal;
c) Cuando se trate de persona extraña al procedimiento.
d) Cuando se trate del auto de vinculación a proceso.
Cuando la procedencia del recurso o medio de defensa se sujete a interpretación adicional o su fundamento legal sea insuficiente para determinarla, el quejoso quedará en libertad de interponer dicho recurso o acudir al juicio de amparo."

227 *V.gr.*, "DEFINITIVIDAD EN EL AMPARO. COMO EXCEPCIÓN A ESTE PRINCIPIO, ES INNECESARIO AGOTAR LOS MEDIOS DE DEFENSA ORDINARIOS CUANDO SE ADUZCAN VIOLACIONES DIRECTAS A LOS DERECHOS HUMANOS CONTENIDOS EN LA CONSTITUCIÓN FEDERAL O EN LOS TRATADOS INTERNACIONALES EN QUE EL ESTADO MEXICANO SEA PARTE." Tesis XXX.1o.3 K Décima época, Tribunales Colegiados, *Semanario Judicial de la Federación y su Gaceta,* Tomo III, Libro XVIII, marzo de 2013, p. 1984. Registro digital: 2003011.

B. Principios que rigen el procedimiento

1) Principio de prosecución judicial

Este principio encuentra su fundamento en el primer párrafo del artículo 107 constitucional y en el artículo 2º de la Ley reglamentaria, al establecer que la tramitación del juicio de amparo se sujetará a los procedimientos que determine la Ley de Amparo. Asimismo, establece que a falta de disposición expresa se aplicará en forma supletoria el Código Federal de Procedimientos Civiles (hoy Código Nacional de Procedimientos Civiles y Familiares), y, en su defecto, los principios generales del derecho.

C. Principios que rigen a la sentencia

1) Principio de estricto derecho

Este principio, significa que las sentencias que resuelvan el litigio constitucional planteado en el juicio de amparo, "se limitarán al estudio de los conceptos de violación expuestos en la demanda respectiva, sin tener en consideración los hechos o argumentos que no se relacionen con dichos conceptos". Este fundamento del juicio de amparo impera por regla general en los procesos en materia civil, administrativa, fiscal y laboral cuando se promueva por el patrón.

La excepción a este principio se traduce en la figura de la *suplencia de la queja deficiente,*[228] acto que se traduce en la posibilidad que tiene el juzgador de complementar los argumentos planteados por el quejoso, tendientes a acreditar la inconstitucionalidad, ilegalidad o inconvencionalidad del acto reclamado. El artículo 79 de la Ley de Amparo señala los casos en los que procede la suplencia de la queja, que son:

a. En cualquier materia, cuando el acto reclamado se funde en normas generales que han sido consideradas inconstitucionales por

[228] No obstante, varios autores refieren que se trata *contrario sensu,* de un principio constitucional y, por tanto, la excepción consiste en el estricto derecho. No lo consideramos así, puesto que la suplencia de la queja deficiente, no se define como la regla general, sino que se encuentra limitada a determinados supuestos (artículo 79 de la Ley reglamentaria). Cfr., CHAVÉZ CASTILLO, Raúl, *Nuevo juicio de amparo, op. cit.,* p. 73 y ss.

la jurisprudencia de la Suprema Corte de Justicia de la Nación y de los Plenos de Circuito. La jurisprudencia de los Plenos de Circuito solo obligará a suplir la deficiencia de los conceptos de violación o agravios a los juzgados y tribunales del circuito correspondientes;

b. En favor de los menores o incapaces, o en aquellos casos en que se afecte el orden y desarrollo de la familia;

c. En materia penal: en favor del inculpado o sentenciado; y en favor del ofendido o víctima en los casos sin que tenga el carácter de quejoso o adherente.

d. En materia agraria: en los casos a qué se refiere la fracción III del artículo 17 de la Ley de Amparo;[229] y en favor de los ejidatarios y comuneros en particular, cuando el acto reclamado afecte sus bienes o derechos agrarios.[230] En estos casos deberán suplir la deficiencia de la queja y la de exposiciones, comparecencias y alegatos, así como en los recursos que los mismo se interpongan con motivo de dichos juicios.

e. En materia laboral, en favor del trabajador, con independencia de que la relación entre empleador y empleado esté regulada por el derecho laboral o por el derecho administrativo.[231]

---

229 "Cuando el amparo se promueva contra actos que tengan o puedan tener por efecto privar total o parcialmente, en forma temporal o definitiva, de la propiedad, posesión o disfrute de sus derechos agrarios a los núcleos de población ejidal o comunal, en que será de siete años, contados a partir de que, de manera indubitable, la autoridad responsable notifique el acto a los grupos agrarios mencionados".

230 Véase "SUPLENCIA DE LA QUEJA DEFICIENTE EN MATERIA AGRARIA. NO SÓLO PROCEDE A FAVOR DE EJIDATARIOS Y COMUNEROS EN PARTICULAR, SINO TAMBIÉN DE QUIENES BUSCAN EL RECONOCIMIENTO DE SUS DERECHOS AGRARIOS". Tesis 2a./J. 102/2015, Décima época, Segunda Sala, *Semanario Judicial de la Federación y su Gaceta,* Tomo I, Libro XXI, agosto de 2015, p. 1151, jurisprudencia, común. Registro digital: 2009789.

231 Véase "SUPLENCIA DE LA QUEJA DEFICIENTE EN EL JUICIO DE AMPARO LABORAL. LA CIRCUNSTANCIA DE QUE SÓLO OPERE EN BENEFICIO DEL TRABAJADOR, NO VULNERA EL DERECHO HUMANO DE IGUALDAD Y NO DISCRIMINACIÓN." Tesis 2a. CXXVIII/2013, Décima época, Segunda Sala, *Semanario Judicial de la Federación y su Gaceta,* Tomo III, Libro II, enero de 2014, p. 1595, jurisprudencia, constitucional, laboral. Registro digital: 2005259.

f. En otras materias, cuando se advierta que ha habido en contra del quejoso o del particular recurrente una violación evidente de la ley que lo haya dejado sin defensa por afectar los derechos previstos en el artículo primero de la Ley de Amparo. En este caso la suplencia sólo operará en lo que refiere a la controversia en el amparo, sin poder afectar situaciones procesales resueltas en el procedimiento en el que se dictó la resolución reclamada.

g. En cualquier materia, incluyendo la civil, mercantil y fiscal, por ejemplo, en favor de quienes por sus condiciones de pobreza marginación se encuentran en clara desventaja social para su defensa en el juicio.[232]

Cabe aclarar que no debe confundirse la suplencia de la deficiencia de la queja con la figura de la "suplencia del error".[233] La suplencia del error, contenida en el artículo 76 de la Ley de Amparo, consiste en que el órgano jurisdiccional que conozca del amparo, tendrá la obligación de suplir la inexactitud que advierta en la cita de los preceptos constitucionales, convencionales o legales que se estimen violados, y podrá examinar en su conjunto los conceptos de violación y los agravios, así como los demás razonamientos de las partes, a fin de resolver la cuestión efectivamente planteada, sin cambiar los hechos expuestos en la demanda. La suplencia del error no altera la *litis* reclamada, ya que la corrección no incluye en la resolución del juzgador a resolver el fondo de la controversia.[234]

---

232 Véase "SUPLENCIA DE LA QUEJA DEFICIENTE EN EL AMPARO. OPERA EN FAVOR DE JUBILADOS Y PENSIONADOS, CONFORME AL MARCO DE DERECHOS HUMANOS PREVISTO EN EL ARTÍCULO 1o. DE LA CONSTITUCIÓN FEDERAL Y AL ARTÍCULO 79, FRACCIÓN VII, DE LA LEY DE LA MATERIA, VIGENTE A PARTIR DEL 3 DE ABRIL DE 2013." Tesis: I.3°. A. J/1, Décima época, Tribunal Colegiado de Circuito, *Semanario Judicial de la Federación y su Gaceta,* Tomo III, Libro XV, febrero de 2015, p. 2394, jurisprudencia, común, administrativa. Registro digital: 2008449.

233 Véase "SUPLENCIA DEL ERROR. OPERA EN TODOS LOS CASOS, SITUACIONES Y SUJETOS, EN ATENCIÓN A LO DISPUESTO POR EL ARTÍCULO 79 DE LA LEY DE AMPARO". Tesis: XI.2°.34 K, Novena época, Tribunal Colegiado de Circuito, *Semanario Judicial de la Federación y su Gaceta,* Tomo XVIII, agosto de 2003, p. 1847, aislada, común. Registro digital: 183385.

234 "Artículo 76. El órgano jurisdiccional, deberá corregir los errores u omisiones que advierta en la cita de los preceptos constitucionales y legales que se estimen violados, y podrá examinar en su conjunto los conceptos de violación y los agravios, así como

2) Principio de mayor beneficio para el quejoso

Es un principio rector del juicio de amparo de relativamente "reciente" creación jurisprudencial. Tiene como fundamento el artículo 17 constitucional, y puede formularse, en términos generales, diciendo que en el proceso de amparo debe interpretarse y aplicarse la ley del modo que otorgue el mayor beneficio jurídico al quejoso.[235]

El principio de mayor beneficio es una manifestación del principio *pro persona* que busca dar a los derechos fundamentales el máximo espectro de tutela, bajo la idea de que es necesario garantizar a los ciudadanos el acceso real, completo y efectivo a la administración de justicia. Su justificación yace en el fin de la acción del proceso constitucional: tutelar los derechos fundamentales.

Principio que es reconocido por el artículo 189, párrafo primero de la Ley de Amparo, referente a la manera que deben estudiarse los conceptos de violación en el amparo directo, en relación con el cual se acuñó este concepto. Sin embargo, consideramos que el mismo principio también debe regir en la vía indirecta, como ya se ha hecho en distintas ocasiones.[236]

---

los demás razonamientos de las partes, a fin de resolver la cuestión efectivamente planteada, sin cambiar los hechos expuestos en la demanda."

235 Véase "CONCEPTOS DE VIOLACIÓN EN AMPARO DIRECTO. EL ESTUDIO DE LOS QUE DETERMINEN SU CONCESIÓN DEBE ATENDER AL PRINCIPIO DE MAYOR BENEFICIO, PUDIÉNDOSE OMITIR EL DE AQUELLOS QUE AUNQUE RESULTEN FUNDADOS, NO MEJOREN LO YA ALCANZADO POR EL QUEJOSO, INCLUSIVE LOS QUE SE REFIEREN A CONSTITUCIONALIDAD DE LEYES." Tesis P./J.3/2005, Novena época, Pleno, *Semanario Judicial de la Federación y su Gaceta,* Tomo XXI, febrero de 2005, p. 5, jurisprudencia, común. Registro digital: 179367; "PRINCIPIO DE MAYOR BENEFICIO EN MATERIA PENAL. EL ESTUDIO DE LOS CONCEPTOS DE VIOLACIÓN QUE PLANTEAN LA INCONSTITUCIONALIDAD DEL ARTÍCULO QUE CONTIENE EL DELITO POR EL QUE SE CONDENÓ AL QUEJOSO ES PREFERENTE A LOS QUE IMPUGNAN CUESTIONES DE LEGALIDAD." Tesis 1a./J. 24/2012, Décima época, Primera Sala, *Semanario Judicial de la Federación y su Gaceta,* Tomo I, Libro XV, diciembre de 2012, p. 356, jurisprudencia, común. Registro digital: 159896.

236 Véase "AMPARO CONTRA LEYES. TÉCNICA PARA EL EXAMEN EN EL JUICIO DE AMPARO INDIRECTO DE VIOLACIONES CONSTITUCIONALES FORMALES Y MATERIALES". Tesis I.15o.A.25 K, Novena época, Tribunal Colegiado de Circuito, *Semanario Judicial de la Federación y su Gaceta,* Tomo XXVI, septiembre de 2007, p. 2482, aislada, común. Registro digital: 171543; "CONCEPTOS DE VIOLACIÓN EN AMPARO INDIRECTO. NO BASTA LA MERA AFIRMACIÓN DE QUE UNO DE ELLOS

Finalmente precisamos que el principio de mayor beneficio puede tener múltiples aplicaciones, que van desde una interpretación *pro actione* de los requisitos para acceder a este proceso constitucional, hasta la manera en que deben considerarse los conceptos de violación presentados por el quejoso. No obstante, siempre existe la carga argumentativa del tribunal respecto a los motivos por los cuales estimo que su determinación aporta los mayores beneficios al agraviado.

3) Principio de relatividad de los efectos de la sentencia de amparo

El principio más importante y característico de las sentencias del proceso constitucional de amparo, es el que concierne a la relatividad de los efectos de la sentencia que en él se pronuncian,[237] instituido por la fracción II del artículo 107 constitucional.[238] Este principio constitucional, se contempla desde su consagración en el artículo 25 del Acta de Reformas del 18 de mayo de 1847.[239]

El precitado artículo, federalizó el proceso de amparo, previó la instauración del control constitucional por órgano jurisdiccional y, además limitó los efectos de las sentencias al caso particular. En este sentido "prohibió implícitamente que éstas tuvieran efectos *erga omnes*". Incluso contempló que cuando se hiciera una declaración de inconstitucionalidad de la ley secundaria, dentro de la vía de amparo, ésta tenía sólo eficacia en relación con el caso concreto, conservando su fuerza frente a todos aquellos que no la hayan im-

---

RESULTA FUNDADO PARA OMITIR EL ESTUDIO DE LOS RESTANTES, SINO QUE DEBE ANALIZARSE SI ESTE ES EL QUE OTORGA MAYORES BENEFICIOS JURÍDICOS AL QUEJOSO (APLICACIÓN DE LA JURISPRUDENCIA P.J.3/2005). Tesis XVIII.1o.4 K, Novena época, Tribunal Colegiado de Circuito, *Semanario Judicial de la Federación y su Gaceta,* Tomo XXX, diciembre de 2009, p. 1500, aislada, común. Registro digital: 165855.

237 BURGOA, Ignacio, *El juicio de amparo, op. cit.*, p. 276

238 "Artículo 107. Las controversias de que habla el artículo 103 de esta Constitución, con excepción de aquellas en materia electoral, se sujetarán a los procedimientos que determine la ley reglamentaria, de acuerdo con las bases siguientes: II. Las sentencias que se pronuncien en los juicios de amparo sólo se ocuparán de los quejosos que lo hubieren solicitado, limitándose a ampararlos y protegerlos, si procediere, en el caso especial sobre el que verse la demanda..."

239 El artículo 25 del acta de reformas de 1847 quedó redactado en idénticos términos al artículo 19 del proyecto que formuló como voto particular Mariano Otero en abril de 1847. Véase CASTRO Y CASTRO, Juventino V., *Garantías y amparo, op. cit.*, p. 230; y CHAVÉZ CASTILLO, Raúl, *Nuevo juicio de amparo, op. cit.*, p. 59.

pugnado, pues tal pronunciamiento no implicaba la derogación o abrogación de esa ley.[240]

La relatividad de las sentencias se conservó en la Constitución mexicana del 5 de febrero de 1857, que señalaba en su artículo 102: "...la sentencia será siempre tal, que sólo se ocupe de individuos particulares, limitándose a protegerlos y ampararlos en el caso especial sobre el que verse el proceso, sin hacer ninguna declaración general respecto de la ley o acto que la motivare". De igual forma, se mantuvo en el artículo 107, fracción II, de la Constitución de 1917, en sus correspondientes reformas de amparo[241] y en los diversos ordenamientos legales que han existido en la materia.[242]

De manera muy sencilla, el contenido del principio se traduce en que la sentencia que dicte los tribunales de la Federación que anule una norma general o acto violatorio de derechos fundamentales es relativa si sólo lo anula en el caso concreto controvertido, esto es, si solamente protege a quien obtuvo una sentencia a su favor, por lo que en nada beneficia a las personas ajenas a la queja. [243]

---

240 Las sentencias de amparo no declaran, en sus puntos resolutivos, la inconstitucionalidad de las leyes, porque ello se podría entender como una expulsión de éstas del ordenamiento a partir de una sola sentencia, produciéndose graves conflictos políticos; aunque dichos pronunciamientos implícitamente se hacían limitándose a la esfera jurídica del quejoso, puesto que el artículo 107 no impedía que la ley fuera reputada como anticonstitucional. Cfr., FIGUEROA MEJÍA, Giovanni A., "Efectos de las sentencias de amparo: modificación parcial del principio de relatividad a través de la declaratoria general de inconstitucionalidad", en Ferrer Mac-Gregor, Eduardo y Herrera García, Alfonso, *El juicio de amparo en el centenario de la Constitución mexicana de 1917*, México, Instituto de Investigaciones Jurídicas UNAM, t. II., 2017, pp. 393-407, en 549 pp.

241 Se preservó la relatividad de las sentencias en las reformas de las fechas siguientes: 30 de diciembre de 1950, 19 de febrero de 1951, 2 de noviembre de 1962, 25 de octubre de 1967, 20 de marzo y 8 de octubre de 1974, 17 de febrero de 1975, 6 de agosto de 1979, así como 7 de abril de 1986, 10 de agosto de 1987, 3 de septiembre y 25 de octubre de 1993, 31 de diciembre de 1994, 11 de junio de 1999 y 6 de junio de 2011.

242 Ley Orgánica de Amparo del 30 de noviembre de 1861 y del 20 de enero de 1869; Ley de Amparo del 14 de diciembre de 1882; Código de Procedimientos Federales del 6 de octubre de 1897; Código Federal de Procedimientos Civiles del 26 de diciembre de 1908, leyes de Amparo del 18 de octubre de 1919 y 10 de enero de 1936, con sus múltiples reformas, así como en la vigente Ley de Amparo del 2 de abril de 2013.

243 CHAVÉZ CASTILLO, Raúl, *Nuevo juicio de amparo*, *op. cit.*, p. 59.

Por tanto, el principio de relatividad de los efectos de la sentencia de amparo o "*Fórmula Otero*" significa que "en la sentencia de amparo no afecta más que aquellos que fueron parte en el juicio de amparo, única y exclusivamente por lo que atañe a su relación con el acto reclamado y sólo con él."[244]

6. Procedimientos

El proceso constitucional de amparo se divide en dos diversos procedimientos que[245], de acuerdo con la ley de la materia y la jurisprudencia, han recibido los nombres de amparo indirecto o de doble instancia y amparo directo o de única instancia.

A. Amparo indirecto

1) Procedencia

El amparo por vía indirecta está previsto en el artículo 107, fracciones III, inciso b) y c), IV y VII, de la Constitución Política de los Estados Unidos Mexicanos y su reglamentario el numeral 107, de la Ley de Amparo, el cual procede:

Contra normas generales que por su sola entrada en vigor o con motivo del primer acto de su aplicación causen perjuicio al quejoso.

Contra actos u omisiones que provengan de autoridades distintas de los tribunales judiciales, administrativos o del trabajo.

Contra actos, omisiones o resoluciones provenientes de un procedimiento administrativo seguido en forma de juicio, siempre que se trate de: la resolución definitiva por violaciones cometidas en la misma resolución o durante el procedimiento si por virtud de estas últimas hubiere quedado sin defensa el quejoso, trascendiendo al resultado del fallo; y actos en el procedimiento que sean de imposible reparación, entendiéndose por ellos los que afecten materialmente derechos sustantivos tutelados en la Constitución Política de los Estados Unidos Mexicanos y en los tratados internacionales de los que el Estado Mexicano sea parte.

---

244 *Idem.*

245 Artículo 2o. El juicio de amparo se tramitará en vía directa o indirecta. Se substanciará y resolverá de acuerdo con las formas y procedimientos que establece esta Ley...

Contra actos de tribunales judiciales, administrativos, agrarios o del trabajo realizados fuera de juicio o después de concluido. Si se trata de actos de ejecución de sentencia sólo podrá promoverse el amparo contra la última resolución dictada en el procedimiento respectivo, entendida como aquélla que aprueba o reconoce el cumplimiento total de lo sentenciado o declara la imposibilidad material o jurídica para darle cumplimiento, o las que ordenan el archivo definitivo del expediente, pudiendo reclamarse en la misma demanda las violaciones cometidas durante ese procedimiento que hubieren dejado sin defensa al quejoso y trascendido al resultado de la resolución. Cabe destacar que, en los procedimientos de remate la última resolución es aquélla que en forma definitiva ordena el otorgamiento de la escritura de adjudicación y la entrega de los bienes rematados, en cuyo caso se harán valer las violaciones cometidas durante ese procedimiento.

a. Contra actos en juicio cuyos efectos sean de imposible reparación, entendiéndose por ellos los que afecten materialmente derechos sustantivos tutelados en la Constitución Política de los Estados Unidos Mexicanos y en los tratados internacionales de los que el Estado Mexicano sea parte.[246]
b. Contra actos dentro o fuera de juicio que afecten a personas extrañas.
c. Contra las omisiones del Ministerio Público en la investigación de los delitos, así como las resoluciones de reserva, no ejercicio, desistimiento de la acción penal, o por suspensión de procedimiento cuando no esté satisfecha la reparación del daño.
d. Contra actos de autoridad que determinen inhibir o declinar la competencia o el conocimiento de un asunto.[247]

246 Véase "AMPARO INDIRECTO. SUPUESTO EN QUE EL REQUISITO DE AGOTAR EL RECURSO DE APELACIÓN PREVENTIVA, PREVIO A LA PROMOCIÓN DE AQUÉL, SÍ PUEDE SER CONSIDERADO CONTRARIO AL DERECHO HUMANO DE ACCESO A UN RECURSO JUDICIAL EFECTIVO." Tesis I.8o.C.16 K (10a.), Décima Época, Tribunales Colegiados de Circuito, Gaceta *del Semanario Judicial de la Federación,* Tomo IV, Libro 23, octubre de 2015, p. 3820, aislada, común, constitucional. Registro digital: 2010245.

247 Véase "AMPARO INDIRECTO. EL SUPUESTOS DE PROCEDENCIA DEL JUICIO PREVISTO EN EL ARTÍCULO 107, FRACCIÓN VIII, DE LA LEY DE AMPARO NO ES APLICABLE RESPECTO DE LOS ACTOS DE AUTORIDAD ADMINISTRATIVA QUE TERMINE EN IMPROCEDENTE EXCUSARSE DE CONOCER UN ASUNTO". Tesis PC.VI. A.J/1 A (10a.), Décima Época, Plenos de Circuito, Gaceta *del Semanario*

e. Contra normas generales, actos u omisiones de la Comisión Federal de Competencia Económica y del Instituto Federal de Telecomunicaciones. Tratándose de resoluciones dictadas por dichos órganos emanadas de un procedimiento seguido en forma de juicio sólo podrá impugnarse la que ponga fin al mismo por violaciones cometidas en la resolución o durante el procedimiento; las normas generales aplicadas durante el procedimiento sólo podrán reclamarse en el amparo promovido contra la resolución referida.

La denominación de amparo de doble instancia se debe a que la sentencia que se dicte en primera instancia de amparo es invariablemente impugnable a través del recurso de revisión, de conformidad con los artículos 107, fracción VIII y 81, fracción I, inciso e) de la Ley de Amparo, lo que significa que podrá existir una segunda instancia en que se resolverá en definitiva el juicio de amparo.

2) Trámite del amparo indirecto. Demanda.

La tramitación del juicio de amparo indirecto inicia con la presentación de la demanda, la cual por regla general debe presentarse por escrito, según lo dispuesto en el artículo 108 de la ley reglamentaria, sin embargo, esta a su vez, prevé la posibilidad de promoverla por medios electrónicos, aunque esto solamente en los casos en que la propia ley lo autorice.

El diverso 109 de la Ley de Amparo señala que otra forma de promover el juicio constitucional es por comparecencia ante el Juez de Distrito cuando lo reclamado es un acto que importe peligro de privación de la vida, ataques a la libertad personal fuera de procedimiento judicial, deportación o destierro, o alguno de los prohibidos por el artículo 22 de la Constitución Federal.

Por último, el artículo 110 de la ley en comento, si bien prevé la posibilidad de presentar la demanda por vía telegráfica, realmente debido a los avances tecnológicos esta forma de presentación se encuentra prácticamente en desuso.

La presentación de la demanda (en su forma escrita) debe realizarse ante el Juez de Distrito o ante el Tribunal Colegiado de Apelación que ejerza jurisdicción en el Circuito correspondiente. El escrito podrá presentarse fuera del horario de labores ante la oficialía de correspondencia común respectiva

---

Judicial de la Federación, Tomo II, Libro 24, noviembre de 2015, p. 1469, jurisprudencia, común, administrativa. Registro digital: 2010365.

(en aquellos sitios en que ésta exista) o en el domicilio del secretario de la Secretaría autorizada, en el supuesto en que, con motivo de la guardia, se hayan habilitado días y horas inhábiles.

En los lugares donde no resida Juez de Distrito y especialmente cuando se reclame alguno de los actos descritos en el artículo 15 de la Ley de Amparo, el juez de primera instancia dentro de cuya jurisdicción radique la autoridad que ejecute o trate de ejecutar el acto reclamado, deberá recibir la demanda de amparo y acordar del plano sobre la suspensión conforme a lo dispuesto en el artículo 159 de la propia ley. Asimismo, cuando el amparo se promueva contra actos de un juez de primera instancia y no haya otro en el lugar, o cuando se impugnen actos de otras autoridades y aquel no puede ser habido, la demanda de amparo podrá presentarse ante cualquiera de los órganos judiciales que ejercen jurisdicción en el mismo lugar, siempre que en él resida la autoridad ejecutora o, en su defecto, ante el órgano jurisdiccional más próximo.

Debe recalcarse que, la presentación de la demanda de amparo en los términos apuntados es la que interrumpe el plazo de presentación, pues su promoción ante una autoridad distinta no tiene efecto alguno (error en la presentación). Aunque, como excepción a esta regla, la Suprema Corte de Justicia de la Nación ha establecido el supuesto en el que el amparo (siendo indirecto) es planteado erróneamente como directo, esto es, que en la elaboración de la demanda el quejoso haya colmado los requisitos establecidos en el artículo 175 de la Ley de Amparo y, por ello, presentado en forma escrita ante la autoridad responsable dentro del plazo legal (error en la vía), excepción que está sujeta a que se aplique por una sola ocasión, por lo que no tiene aplicación con el acto reclamado se haya dictado en cumplimiento a una ejecutoria de amparo.[248]

De conformidad con el artículo 108 de la Ley de Amparo, los datos que debe contener la demanda de amparo indirecto, por regla general, son los siguientes:

---

[248] Véase la jurisprudencia 1a./J. 13/2014 (10a.), sustentada por la Primera Sala de la Suprema Corte de Justicia de la Nación, *Gaceta del Semanario Judicial de la Federación*, Décima Época, del Libro 9, t. I, agosto de 2014, p. 275, cuyo rubro dice: "DEMANDA DE AMPARO INDIRECTO PRESENTADA COMO DIRECTO. CASO EN EL QUE PARA DETERMINAR LA OPORTUNIDAD EN LA PROMOCIÓN DEL TUICIO DEBE CONSIDERARSE LA FECHA EN LA QUE LLEGÓ PARA SU CONOCIMIENTO AL JUEZ DE DISTRITO."

i. El nombre y domicilio del quejoso y del que promueve en su nombre, quien deberá acreditar su representación;

ii. El nombre y domicilio del tercero interesado, y si no los conoce, manifestarlo así bajo protesta de decir verdad;

iii. La autoridad o autoridades responsables. En caso de que se impugnen normas generales, el quejoso deberá señalar a los titulares de los órganos de Estado a los que la ley encomiende su promulgación. En el caso de las autoridades que hubieren intervenido en el refrendo del decreto promulgatorio de la ley o en su publicación, el quejoso deberá señalarlas con el carácter de autoridades responsables, únicamente cuando impugne sus actos por vicios propios;

iv. La norma general, acto u omisión que de cada autoridad se reclame;

v. Bajo protesta de decir verdad, los hechos o abstenciones que constituyan los antecedentes del acto reclamado o que sirvan de fundamento a los conceptos de violación;

vi. Los preceptos que, conforme al artículo 1o de la Ley, contengan los derechos humanos y las garantías cuya violación se reclame;

vii. Si el amparo se promueve con fundamento en la fracción II del artículo 1o de la Ley, deberá precisarse la facultad reservada a los estados que haya sido invadida por la autoridad federal; si el amparo se promueve con apoyo en la fracción III de dicho artículo, se señalará el precepto de la Constitución General de la República que contenga la facultad de la autoridad federal que haya sido vulnerada o restringida y;

viii. Los conceptos de violación.

No obstante, los requisitos enunciados se ven reducidos cuando la demanda se fórmula por escrito contra alguno de los actos descritos en el artículo 15 de la Ley de Amparo pues, en tal supuesto, para que el juez de trámite a la demanda basta con indicar:

i. El acto reclamado;

ii. La autoridad que lo hubiere ordenado, si fuere posible;

iii. La autoridad que ejecute o trate de ejecutar el acto; y

iv. En su caso, el lugar en que se encuentre el quejoso.

Por regla general, no es necesario que se acompañe ningún documento la demanda de amparo por medio impreso por cuanto la funden o justifiquen, sin embargo, si deben acompañarse los siguientes:

i. Los que justifiquen la personería de aquel que promueva por cuenta y a nombre de otro la demanda, debiendo acompañar copia del documento que justifique su personalidad para cada una de las demás partes.[249]

ii. Cuando el amparo lo promueve un tercero extraño al juicio o procedimiento de origen del amparo los que justifiquen su interés jurídico contra actos jurisdiccionales, solamente si se solicita la suspensión del acto reclamado, pues será para el efecto de qué se le conceda la medida cautelar.

iii. Las copias de la demanda a que alude el numeral 110, de la Ley de Amparo, es decir, sendas copias para cada una de las demás partes que intervienen en el juicio de amparo, y dos copias más si se solicita la suspensión del acto reclamado.

Un último punto sobre la elaboración de la demanda de amparo es que resulta indispensable que el documento contenga la firma de quien la suscribe, si es que es presentado en forma impresa, no importando que aparezca en cualquier parte de ella o, incluso, en los anexos, pues sólo así se puede establecer quien es el responsable de ella y como consecuencia lógica, quien solicita el amparo. Si el quejoso no sabe firmar, otra persona la podrá hacer en su ruego y en su nombre debiéndose imprimir la huella digital del promovente. En consecuencia, si no se encuentra firmada se desechará de plano sin siquiera requerir al promovente para su aclaración. Con excepción del caso en que se presente por vía electrónica, pues en esa hipótesis el promovente deberá contar con firma electrónica en los términos que fije el Acuerdo General Conjunto 1/2015 de la Suprema Corte de Justicia la Nación y del Consejo de la Judicatura Federal. No es necesario que cuente con firma en caso de que el amparo se promueva contra los actos señalados en el numeral 15, de la Ley de Amparo.

---

249 "PERSONALIDAD EN EL JUICIO DE AMPARO INDIRECTO. QUIEN LO PROMUEVE EN REPRESENTACIÓN DEL QUEJOSO DEBE EXHIBIR, ANEXO A LA DEMANDA, COPIAS DEL DOCUMENTO CON EL QUE LA ACREDITE PARA QUE SE CORRA TRASLADO A LAS PARTES." Tesis 2a./J. 124/2016, Décima Época, Segunda Sala, *Gaceta del Semanario Judicial de la Federación*, Tomo II, Libro 36, noviembre de 2016, p. 1449, jurisprudencia, común. Registro digital: 2012992.

Cuando la autoridad de amparo recibe la demanda, deberá dentro de un plazo de veinticuatro horas (contado desde que la demanda fue presentada, o en su caso turnada), dictar su auto inicial en cualquiera de los sentidos que se indican a continuación:

i. Desechamiento. Esto, cuando el órgano jurisdiccional de amparo advierta del análisis del escrito de demanda la existencia de una causa manifiesta indudable de improcedencia, de las previstas en el artículo 61 de la Ley de Amparo.

ii. Prevención. En este caso, el órgano jurisdiccional mandará requerir al promovente que aclare la demanda, señalando con precisión en el auto relativo las deficiencias, irregularidades u omisiones que deban corregirse, cuando: *i)* Hubiere alguna irregularidad en el escrito de demanda; *ii)* Se hubiere omitido alguno de los requisitos que establece el artículo 108 de la Ley; *iii)* No se hubiere acompañado, en su caso, el documento que acredite la personalidad o este resulte insuficiente; *iv)* No se hubiere expresado con precisión el acto reclamado; y *v)* No se hubieren exhibido las copias necesarias de la demanda. Para tal efecto, el juez ordenará notificación personal al interesado y le considera un plazo de cinco días para subsanar las deficiencias, irregularidades o omisiones de la demanda, en el entendido de que, en caso de no hacerlo la tendrá por no presentada.

iii. Admisión. De no existir prevención, o cumplida ésta, el órgano jurisdiccional admitirá la demanda; señalará día y hora para la audiencia constitucional, que se celebrará dentro de los treinta días siguientes;[250] pedirá informe con justificación a las autoridades responsables (que deberá ser generalmente dentro del plazo de quince días -artículo 117, de la Ley de Amparo- y excepcionalmente de tres días, cuando se reclame la aplicación por parte de la autoridad responsable de normas generales consideradas inconstitucionales por la jurisprudencia decretada por la Suprema Corte de Justicia la Nación o por los plenos regionales -artículo 118 de la citada Ley-), apercibiéndolas de las consecuencias que implica su falta; ordenará correr traslado al tercero interesado; le otorgará

---

[250] Cuando a criterio del órgano jurisdiccional de amparo exista causa fundada y suficiente, docencia constitucional podrá celebrarse en un plazo mayor al mencionado, pero no podrá exceder de otros treinta días.

al Ministerio Público la intervención que le corresponde, y, en su caso, ordenará tramitar el incidente de suspensión.

iv. Impedimento. Si el juzgador de amparo al que corresponda el conocimiento de la demanda estime encontrarse en alguna causa de impedimento, deberá excusarse en el primer auto por actualizarse cualquiera de los supuestos contemplados en el artículo 51, de la Ley de Amparo.[251]

v. Incompetencia. Cuando el órgano jurisdiccional al que corresponde el turno de la demanda estima carecer de competencia para conocer del mismo, ordenará se remita la demanda a la autoridad que se estime pertinente.

3) Emplazamiento a las partes

Tal como ha quedado explicado, en el auto admisorio, el juez de amparo requerirá a la autoridad responsable la rendición de su informe justificado, ordenará el emplazamiento del tercero interesado y dará vista al Ministerio Público con la demanda.

---

[251] Artículo 51. Los ministros de la Suprema Corte de Justicia de la Nación, los magistrados de circuito, los jueces de distrito, así como las autoridades que conozcan de los juicios de amparo, deberán excusarse cuando ocurra cualquiera de las siguientes causas de impedimento:
I. Si son cónyuges o parientes de alguna de las partes, de sus abogados o representantes, en línea recta por consanguinidad o afinidad sin limitación de grado; en la colateral por consanguinidad dentro del cuarto grado, o en la colateral por afinidad dentro del segundo,
II. Si tienen interés personal en el asunto que haya motivado el acto reclamado o lo tienen su cónyuge o parientes en los grados expresados en la fracción anterior;
III. Si han sido abogados o apoderados de alguna de las partes en el asunto que haya motivado el acto reclamado o en el juicio de amparo;
IV. Si hubieren tenido el carácter de autoridades responsables en el juicio de amparo, o hubieren emitido en otra instancia o jurisdicción el acto reclamado o la resolución impugnada, excepto cuando se trate del presidente del órgano jurisdiccional de amparo en las resoluciones materia del recurso de reclamación;
V. Si hubieren aconsejado como asesores la resolución reclamada;
VI. Si figuran como partes en algún juicio de amparo semejante al de su conocimiento;
VII. Si tuvieren amistad estrecha o enemistad manifiesta con alguna de las partes, sus abogados o representantes; y
VIII. Si se encuentran en una situación diversa a las especificadas que implicaran elementos objetivos de los que pudiera derivarse el riesgo de pérdida de imparcialidad.

La autoridad responsable, debe ser notificada y requerida mediante oficio, sin embargo, cuando se trate de un particular señalado como autoridad responsable se le requerirá su informe justificado a través de notificación personal. En el primer caso, la notificación surtirá efectos en el momento mismo de la notificación, por lo que el plazo de quince días para que rinda su informe justificado transcurre de inmediato, en tanto que la notificación del particular señalado como autoridad responsable, surte efectos al día siguiente; de ahí que el plazo para rendir su informe, en realidad transcurre a partir del tercer día de la notificación.

El emplazamiento del tercero interesado se hará mediante notificación personal, salvo que se trate de una autoridad, en cuyo caso será notificada mediante oficio. Si reside fuera de la jurisdicción del órgano que conoce del amparo se le notificará por medio de exhorto o despacho que podrán ser enviados y recibidos haciendo uso de la firma electrónica o, en caso de residir en zona conurbada, podrá hacerse por conducto del actuario.

El Ministerio Público de la Federación ser emplazado mediante oficio.

En todos los casos se correrá traslado a las partes con copia de la demanda de amparo.

4) Informe con justificación

Como hemos señalado líneas arriba, la autoridad responsable deberá rendir su informe con justificación. En él, la autoridad afirmará o negará la existencia de los actos u omisiones que se le atribuyen. En el caso en que los niegue la carga probatoria para acreditar la existencia del acto pasa a cargo del quejoso. Caso contrario, si los afirma, deberá señalar los hechos que constituyen sus antecedentes y adjuntar las constancias necesarias para apoyar su contenido.

La autoridad responsable deberá rendir su informe por escrito o en medios magnéticos dentro del plazo de quince días, con el cual se dará vista a las partes. El órgano jurisdiccional, atendiendo a las circunstancias del caso, podrá ampliar el plazo por otros diez días.

Entre la fecha de notificación al quejoso del informe justificado y la de celebración de la audiencia constitucional, deberá mediar un plazo de por lo menos ocho días; de lo contrario, se acordará diferir o suspender la audiencia, según proceda, a solicitud del quejoso o del tercero interesado.

En los casos en que el quejoso impugne la aplicación por parte de la autoridad responsable de normas generales consideradas inconstitucionales por la jurisprudencia decretada por la Suprema Corte de Justicia la Nación o por los plenos regionales, la presentación del informe con justificación se reducirá a tres días improrrogables, y la celebración de la audiencia que se señalará dentro de diez días contados desde el siguiente al del a admisión de la demanda.

Los informes rendidos fuera de los plazos establecidos podrán ser tomados en cuenta si el quejoso estuvo en posibilidad de conocerlos. Si no se rindió informe justificado, se presumirá cierto el acto reclamado, salvo prueba en contrario, quedando a cargo del quejoso acreditar su inconstitucionalidad cuando dicho acto no sea en sí mismo violatorio de los derechos humanos y garantías a que se refiere el artículo 1o de la Ley de Amparo.

5) Ampliación de la demanda de amparo indirecto

La procedencia de la ampliación de la demanda de amparo indirecto se encuentra condicionada, conforme al artículo 111 de la Ley de Amparo, en los siguientes términos:

i. A que se haga valer contra los actos novedosos vinculados con los reclamados inicialmente.

ii. A que se presente dentro de los plazos legales establecidos en el artículo 17 de la ley reglamentaria.

iii. A que no se haya celebrado audiencia constitucional.

Con la ampliación de la demanda de amparo se dará vista a las responsables, así como al tercero interesado y, en su caso, se emplazará a las diversas autoridades que en la ampliación se señalen. Para tales efectos deberá diferirse la audiencia constitucional. Adicionalmente, el citado artículo 111 otorga al quejoso la prerrogativa de optar por promover una nueva demanda, en caso de no ampliarla.

6) Medios de prueba en el amparo indirecto

El artículo 75 de la Ley de Amparo dispone que las sentencias que se dicten en los juicios de amparo el acto reclamado se apreciará tal y como aparezca probado ante la autoridad responsable. En consecuencia, no se admitirán ni se tomarán en consideración las pruebas que no se hubiesen rendido ante dicha autoridad. No obstante, el citado artículo distingue que, en el amparo indirecto, en contraste con el directo, el quejoso podrá ofrecer pruebas cuando no hubiere tenido oportunidad de hacerlo ante la autoridad responsable.

Esta distinción atiende a las diferencias que existen entre los distintos procedimientos de control de la regularidad constitucional que se ejercen a través del juicio de amparo, pues mientras que en el amparo directo procede contra sentencias definitivas, laudos o resoluciones que ponen fin al juicio, en los que se supone la existencia de un juicio o de un procedimiento seguido en forma de juicio en el que el quejoso fue oído y tuvo oportunidad de defenderse al haber sido parte en aquél, en la vía indirecta puede reclamarse una serie de actos de autoridad que no necesariamente tienen su origen en un proceso en el que el quejoso pudiera haber comparecido para ejercer su derecho a probar, como uno de los elementos integrantes del derecho de audiencia.

En el juicio de amparo indirecto, serán admisibles toda clase de pruebas, excepto la confesional por posiciones. Las razones que el legislador federal tuvo para limitar la admisión de la prueba confesional por posiciones, entendida como la confesión expresa o confesión judicial provocada, ha señalado la Segunda Sala de la Suprema Corte de Justicia de la Nación, consisten en la observancia de los principios de igualdad procesal entre las partes en el ofrecimiento de pruebas, idoneidad del instrumento probatorio y excepcionalidad en la procedencia del juicio de amparo. De esta manera, si la autoridad responsable fuese la absolvente, la prueba de posiciones no podría practicarse, ya que un hecho sobre el cual versara la confesión, es susceptible de ser realizado por diferentes órganos del Estado sin ser, por ende, exclusivamente propio del confesante y, en segundo término, debe atenderse a la imposibilidad de que cualquier autoridad recuerde con precisión y exactitud todas y cada una de las circunstancias en que se haya efectuado el acto reclamado, dada la multitud de casos y actos que conoce y emite en el ámbito de sus atribuciones constitucionales y legales, conclusión que debe hacerse extensiva en favor de los gobernados, quejoso o tercero interesado, con apoyo en el principio de igualdad de oportunidades.[252]

Asimismo, se señaló que, lo que pretende dilucidarse con el ofrecimiento de la absolución de posiciones, consta generalmente en documentos públicos, los cuales, de conformidad con la ley, tienen eficacia plena. En este senti-

---

[252] "PRUEBA CONFESIONAL POR POSICIONES. LA PROHIBICIÓN DE SU ADMISIÓN EN EL JUICIO DE AMPARO, EN TÉRMINOS DEL ARTÍCULO 119, PÁRRAFO PRIMERO, DE LA LEY RELATIVA, RESULTA ACORDE CON EL TEXTO CONSTITUCIONAL." Tesis 2a. XXXVII/2015, Décima Época, Segunda Sala, *Gaceta del Semanario Judicial de la Federación*, Tomo II, Libro 18, mayo de 2015, p. 1709, aislada, constitucional. Registro digital: 2009208.

do la prohibición de admitir la confesional por posiciones en el juicio de amparo, encuentra justificación constitucional y legal en la medida en que con ello se evita que las partes estén en aptitud de interrogarse entre sí, afectando con ello la igualdad entre las partes, excepcionalidad y equidad procesal, en la tramitación del juicio de amparo, cuyo material probatorio se constriñe a aquellas pruebas que obran ante la autoridad señalada como responsable, considerando que no se tomarán en cuenta aquellos elementos de convicción que no hubiesen sido rendidos previamente ante dicha autoridad, sino cuando excepcionalmente no hubiesen tenido oportunidad de hacerlo.

Las pruebas deberán ofrecerse y rendirse en la audiencia constitucional, salvo que la ley disponga otra cosa. La documental podrá presentarse con anterioridad, sin perjuicio de que él órgano jurisdiccional haga relación de ella en la audiencia y la tenga como recibida en ese acto, aunque no exista gestión expresa del interesado.

Las pruebas testimonial, pericial, inspección judicial o cualquier otra que amerite desahogo posterior, deberán ofrecerse a más tardar, cinco días hábiles antes de la audiencia constitucional, sin contar el del ofrecimiento ni el señalado para la propia audiencia, plazo que no podrá ampliarse con motivo del diferimiento de la audiencia constitucional, salvo que se trate de probar o desvirtuar hechos que no hayan podido ser conocidos por las partes con la oportunidad legal suficiente para ofrecerlas en el plazo referido, por causas no imputables a su descuido o negligencia dentro del procedimiento. En estos casos, el plazo para el ofrecimiento de tales pruebas será el señalado para la audiencia constitucional, tomando como indicador de la nueva fecha fijada para la audiencia.

Para el ofrecimiento de las pruebas testimonial, pericial o inspección judicial, se deberán exhibir original y copias para cada una de las partes de los interrogatorios al tenor de los cuales deberán ser examinados los testigos, proporcionando el nombre y en su caso el domicilio cuando no los pueda presentar; el cuestionario para los peritos o de los puntos sobre los que deba versar la inspección. No se admitirán más de tres testigos por cada hecho. Cuando falten total o parcialmente las copias en comento, se requerirá al oferente para que las presente dentro del plazo de tres días; si no las exhibiere, se tendrá por no ofrecida la prueba.

Al admitirse la prueba pericial, se hará la designación de un perito o de los que estime convenientes para la práctica de la diligencia, sin perjuicio de que cada parte pueda designar a uno para que se asocie al nombrado por el órgano jurisdiccional o rinda dictamen por separado, designación que deberá hacer dentro de los tres días siguientes a aquél en que surta sus efectos la notificación del auto admisorio de la prueba.

A fin de que las partes puedan rendir sus pruebas, los servidores públicos tienen la obligación de expedir con toda oportunidad, las copias o documentos que aquellos les hubieren solicitado. Si no lo hacen, la parte interesada una vez que acredite haber hecho la petición, solicitará al órgano jurisdiccional que requiera a los omisos y difiera la audiencia, lo que se acordará siempre que la solicitud se hubiere hecho cinco días hábiles antes del señalado para su celebración, sin contar el de la solicitud ni el señalado para la propia audiencia. El órgano jurisdiccional hará el requerimiento de que se le envíen directamente los documentos o copias dentro de un plazo que no exceda de diez días.

Si a pesar del requerimiento no se le envían oportunamente los documentos o copias, el órgano jurisdiccional, a petición de parte, podrá diferir la audiencia hasta en tanto se envíen; hará uso de los medios de apremio y agotados estos, si persiste el incumplimiento denunciará los hechos al Ministerio Público de la Federación. Si se trata de actuaciones concluidas, podrán pedirse originales a instancia de cualquiera de las partes, sin que sea necesario que este acredite haberlo solicitado previamente a la autoridad las tiene bajo su resguardo.[253]

7) La audiencia constitucional

La audiencia constitucional es el último acto procesal en el juicio de amparo indirecto, en el cual pueden ser oídas las partes, quienes pueden ofrecer y desahogar pruebas, así como formular alegatos, y, culmina con el dictado de la sentencia que corresponda. De modo tal que, no obstante de tratarse de un único acto procesal, consta de tres periodos distintos, que deben desarrollarse a través de un orden lógico.

---

[253] "ACTUACIONES CONCLUIDAS ORIGINALES OFRECIDAS COMO PRUEBA EN EL JUICIO DE AMPARO INDIRECTO. PARA QUE EL ÓRGANO JURISDICCIONAL LAS REQUIERA, ES SUFICIENTE CON QUE LO SOLICITE EL OFERENTE, SIN QUE SEA NECESARIO QUE ÉSTE ACREDITE HABERLAS SOLICITADO PREVIAMENTE A LA AUTORIDAD QUE LAS TIENE BAJO SU RESGUARDO (INTERPRETACIÓN DEL ARTÍCULO 121 DE LA LEY DE AMPARO)." Tesis P./J. 9/2018, Décima Época, Pleno, *Gaceta del Semanario Judicial de la Federación,* Tomo I, Libro 53, mayo de 2015, p. 5, jurisprudencia, común. Registro digital: 2016648.

Así, el artículo 124, de la Ley de Amparo establece la secuencia que debe seguirse para que tenga verificativo la audiencia constitucional, al prevenir que "[a]bierta la audiencia, se procederá a la relación de constancias, videograbaciones analizadas íntegramente y pruebas desahogadas, y se recibirán, por su orden, las que falten por desahogarse...". Una vez que se han desahogado todas las pruebas de las partes, respecto de las cuales falte su admisión y desahogo, se pasa al periodo de alegatos que se tendrán por formulados los que se hayan presentado por escrito, salvo que se reclamen actos de los señalados en el artículo 15 de la ley de la materia, pues en tal caso el quejoso podrá alegar verbalmente asentándose en el acta un extracto de los alegatos, siempre que lo solicite. Acto seguido, el órgano jurisdiccional de amparo, pasará a dictar la resolución que en derecho proceda.

En este aspecto, debe destacarse que cuando la ley dispone que la sentencia puede dictarse fuera de audiencia, esto de ningún modo significa que se trate de un acto independiente, al contrario, tomando en consideración que la audiencia constitucional es un solo acto procesal que comprende tres periodos (pruebas, alegatos y sentencia) y que culmina con el dictado de esta última, es factible afirmar que cuando la fracción I, inciso e), del artículo 26 de la Ley de Amparo se refiere a la sentencia dictada fuera de la audiencia constitucional, esto no debe entenderse en sentido literal, ya que, atendiendo a la naturaleza de la audiencia constitucional no es jurídicamente posible que la sentencia se dicte fuera de ella, sino que únicamente indica que la sentencia sea dictada en diversa fecha a la que se declaró abierta la audiencia constitucional y se celebraron las fases previas y, que, por disposición del citado precepto, deben notificarse personalmente.

La audiencia constitucional debe ser desarrollada en la fecha y hora señalada en el auto de admisión del amparo, sin embargo, la citada ley prevé diversos supuestos en los que el órgano jurisdiccional debe diferir la celebración de la audiencia en el juicio de amparo indirecto, a saber:

i. Cuando entre la rendición del informe justificado y la celebración de la audiencia no me dio un plazo de por lo menos ocho días (Artículo 117).

ii. En materia administrativa, cuando la autoridad responsable complete la fundamentación y motivación del acto reclamado al rendir su informe justificado, es decir, con el fin de que el quejoso esté en posibilidad de ampliar su demanda si así lo considera una vez que se le de vista con dicho informe (Artículo 117).

iii. Cuando la autoría responsable no haya expedido las copias o documentos que el oferente le había solicitado previamente (Artículo 121).

Adicionalmente debe señalarse que, la audiencia constitucional podrá ser diferida por cualquiera de las causas anteriormente establecidas, a condición de que no haya sido iniciada, en atención a que, diferir significa aplazar o cambiar de fecha la citada audiencia. Sin embargo, cuando la audiencia ya se ha iniciado, el órgano jurisdiccional podrá suspenderla para continuarla dentro de los diez días siguientes, cuando se presente un documento por una de las partes y otra de ellas lo objetare de falso. En la reanudación de la audiencia se presentarán las pruebas relativas a la autenticidad del documento. En este caso, si se trata de las pruebas testimonial, pericial o inspección judicial se estará a lo dispuesto por el artículo 119 de la propia ley, con excepción del plazo de ofrecimiento que sea de tres días contados a partir del siguiente al de la fecha de suspensión de la audiencia.

8) La sentencia de amparo indirecto. Concepto.

La "sentencia", como categoría procesal, se entiende referida dentro de la concepción de las actuaciones procesales en general y, de manera particular, como una especie de resolución judicial. Las actuaciones procesales son todos los actos que realiza un órgano jurisdiccional, comprendiendo un amplio espectro: comunicaciones procesales, resoluciones, audiencias, ejecución de actos, etc.[254] Por otro lado, las resoluciones judiciales son "los pronunciamientos de los jueces y tribunales a través de los cuales acuerdan determinaciones de trámite o deciden cuestiones planteadas por las partes, incluyendo la resolución del fondo del conflicto".[255]

En esta línea, la resolución judicial constituye toda decisión o providencia que adopta un órgano jurisdiccional en el curso de un procedimiento contencioso o voluntario, sea a instancia de parte o de oficio.[256] No obstante que toda ley adjetiva puede determinar libremente sus tipos de resoluciones, la doctrina procesal contemporánea considera, en esencia, que solo deben

---

254 FERRER MAC-GREGOR, Eduardo y SÁNCHEZ GIL, Rubén, *Efectos y contenidos de las sentencias en acción de inconstitucionalidad. Análisis teórico referido al caso "Ley de medios"*, México, UNAM, 2009, p. 9.

255 FIX-ZAMUDIO, Héctor, voz "Resoluciones judiciales", en AA. VV., *Diccionario jurídico mexicano*, México, UNAM, 2000, pp. 41 y 42.

256 GÓMEZ LARA, Cipriano, *Teoría general del proceso*, 10a. ed., México, Oxford, p. 325.

existir tres categorías de decisiones jurisdiccionales: i) Proveídos o acuerdos, que son aquellos que resuelven aspectos secundarios del procedimiento; ii) Autos, cuando resuelvan algún aspecto importante del proceso, salvo el fondo del mismo, y; iii) Sentencias, cuando se resuelva el fondo de la misma.[257]

Entenderemos por sentencia en un sentido amplio a la resolución que pronuncia el juez o tribunal para resolver el fondo del litigio, conflicto o controversia, lo que se traduce en la terminación normal del proceso.[258] Si dicha sentencia, además de poner fin al proceso, entra al estudio del fondo del asunto y resuelve la controversia mediante la aplicación de la ley general al caso concreto, decimos que se ha producido una sentencia en sentido material. Por el contrario, si la resolución que pone fin al proceso no entra al fondo del asunto ni dirime la controversia, sino que, por ejemplo, aplaza la solución del litigio para otra ocasión, o si contiene declaraciones de significado y trascendencia exclusivamente de carácter procesal, estaremos frente a una sentencia formal, pero no material.[259]

La sentencia en el juicio de amparo indirecto *es la resolución que pronuncia el Juez de Distrito o Tribunal Colegiado de Apelación, por la que resuelve si estima o desestima la pretensión de inconstitucionalidad alegada por el quejoso en contra del acto reclamado de la autoridad responsable.*

La Suprema Corte de Justicia de la Nación ha determinado que las sentencias de amparo son el elemento idóneo para legitimar la labor de los órganos del Poder Judicial de la Federación.[260]

A este respecto, la Primera Sala señaló que la propia Ley de Amparo establece, en su artículo 73, que las sentencias que se emitan solamente se ocuparán de los individuos particulares o de las personas morales, privadas u oficia-

---

257 *Cfr.*, entre otros, KELLEY HERNÁNDEZ, Santiago, *Teoría del derecho procesal*, 11a. ed., México, Editorial Porrúa, 2018, p. 155; POLANCO BRAGA, Elías, *Tratado sistemático de la teoría del proceso*, prólogo de Raúl Contreras Bustamante, México, Editorial Porrúa, 2019, p. 325.

258 FIX-ZAMUDIO, Héctor, voz "Sentencia", en AA. VV., *Diccionario jurídico mexicano*, op. cit., pp. 105 y 106.

259 *Idem.*

260 "SENTENCIAS DE AMPARO. SON EL ELEMENTO IDÓNEO PARA LEGITIMAR LA LABOR DE LOS ÓRGANOS DEL PODER JUDICIAL DE LA FEDERACIÓN." Tesis 1a. CDXI/2014, Décima Época, Primera Sala, *Gaceta del Semanario Judicial de la Federación*, Tomo I, Libro 12, noviembre de 2014, p. 731, aislada, constitucional, común. Registro digital: 2007991.

les que hubieren solicitado el amparo, es decir, las sentencias se encuentran dirigidas directa e inmediatamente a las partes que intervinieron en el juicio respectivo. Sin embargo, debido a la dinámica en la cual se encuentra inmerso el Poder Judicial de la Federación y la naturaleza del juicio de amparo, lo cierto es que las sentencias de amparo tienen efectos en la vida cotidiana de la sociedad en general.

Asegura que, la relación entre los tribunales de amparo y la sociedad, surgida por el impacto que en la misma tienen las sentencias que se emiten, es precisamente la que dota de legitimidad a los impartidores de justicia.

A consideración de la Primera Sala, las sentencias de amparo, como actos procesales que consignan la decisión de un órgano jurisdiccional, consisten en el mecanismo idóneo para generar la legitimidad social antes referida, así como propiciar una impartición de justicia abierta y transparente. Sin restar importancia a las sesiones públicas que son celebradas, lo cierto es que si las sentencias no se encuentran fundamentadas y motivadas de manera adecuada, y en las mismas no se expresan los argumentos necesarios para sostener una decisión, no importará el número y extensión de los argumentos que se hayan expuesto en la sesión correspondiente, pues dicho acto será violatorio de derechos fundamentales.

En tal sentido destacó que, es cierto que la sociedad en general requiere involucrarse en mayor medida en las labores que lleva a cabo el Poder Judicial de la Federación, pero de igual manera, los tribunales de amparo requieren generar las condiciones para que tal relación se lleve a cabo en un contexto de apertura y transparencia. Dichas condiciones no parten solamente de exponer argumentos y debatir en público, sino que su intención se encuentra dirigida a que a partir de las sentencias, como elemento procesal indispensable en la impartición de justicia, se genere la legitimidad antes indicada. Es un hecho que las decisiones que toman los órganos del Poder Judicial de la Federación afectan la vida diaria de las personas en general, y no solamente de las partes que acuden en cada uno de los casos. Mediante la resolución de los juicios de amparo, los tribunales interpretan la Constitución, de tal modo que sea un documento que cobre plena vigencia y operatividad en nuestros días.

Así, día con día, los tribunales de amparo interpretan la Constitución y dotan de contenido a los derechos fundamentales de las personas; las sentencias se adoptan para un caso en particular, pero los argumentos pueden ser aplicados a futuros asuntos. Por tanto, resulta claro que la dinámica social cotidiana se ve afectada por las decisiones que se adoptan en tales juicios. En gran medida, el sistema jurídico nacional se va moldeando a partir de los criterios que emiten los tribunales de amparo, propiciando así que dicho sistema no sea una realidad ajena a la sociedad, sino -tal y como lo es- una parte esencial de la vida diaria de las personas. Dicha encomienda, debido a su enorme trascendencia, requiere ser ejercida con la mayor responsabilidad. No sólo durante el proceso respectivo se deberán seguir las formalidades correspondientes, sino que, en última instancia, la sentencia deberá atender a las exigencias de justicia antes indicadas. Ello no significa que las sentencias de amparo deban ser compartidas por todas las personas que comparecen a juicio, pues éste responde casi siempre a una relación de intereses jurídicos antagónicos. Sin embargo, una debida argumentación tiene un impacto directo en el nivel de aceptación que las partes tienen en relación con la sentencia, no obstante, ésta haya sido contraria a la pretensión de alguna de ellas. En suma, la sentencia de amparo cumple un rol central en las labores que realizan los órganos del Poder Judicial de la Federación: las razones que en ella se plasmen tienen una relación directa con la legitimidad de los impartidores de justicia, y con los estándares de apertura y transparencia que son exigibles para las autoridades del Estado mexicano.

La importancia que la Primera Sala del Máximo Tribunal de México le otorga a la sentencia de amparo adquiere especial relevancia desde la dogmática del Derecho procesal constitucional, en donde la sentencia constitucional, si bien es un acto procesal, paralelamente es aquella decisión colegiada emitida por los tribunales constitucionales (como se sabe, el nombre del órgano que ejerce el control de constitucionalidad concentrado varía de un país a otro: cortes constitucionales, salas constitucionales, supremas cortes, cortes supremas, tribunales supremos, entre otros), al resolver procesos constitucionales, cuyo presupuesto sea interpretar valores y principios fundamentales, integrar creativamente el derecho y decidir cuestiones de trascendencia jurídica y política.[261]

Asimismo, ha sido criterio reiterado de la Suprema Corte de Justicia de la Nación, el sostener que, la audiencia constitucional se integra, entre otros actos, con la sentencia, con la cual culmina dicha audiencia. De tal modo que,

---

261 *Vid.*, FIGUEROA MEJÍA, Giovanni A., voz "Sentencia constitucional", en Ferrer Mac-Gregor, Eduardo *et al.* (coords.), *Diccionario de derecho procesal constitucional y convencional. 1001 voces. In Memoriam Dr. Héctor Fix-Zamudio, op. cit.*, pp. 1884-1886; CONTRERAS SEGURA, Jorge A., "La sentencia constitucional en América Latina", en Díaz Revorio, Francisco Javier y González Jiménez, Magdalena, *Interpretación y tutela de los derechos en Iberoamérica,* México, Universidad de Castilla-La Mancha – Centro de Estudios de Actualización en Derecho, 2023, pp. 89-113.

por regla general la sentencia debe dictarse el mismo día en que se celebre la audiencia constitucional, pero admite una excepción, en el sentido de que si el cúmulo de las labores y atenciones que demanda el tribunal de amparo impide el dictado de la sentencia el día de la audiencia, podrá válidamente emitirse con posterioridad.[262]

Ahora, el artículo 74 de la Ley de Amparo, dispone que la sentencia debe contener:

i. La fijación clara y precisa del acto reclamado;[263]

ii. El análisis sistemático de todos los conceptos de violación o en su caso de todos los agravios;

iii. La valoración de las pruebas admitidas y desahogadas en el juicio;

iv. Las consideraciones y fundamentos legales en que se apoye para conceder, negar o sobreseer;

v. Los efectos o medidas en que se traduce la concesión del amparo, y en caso de amparos directos, el pronunciamiento respecto de todas las violaciones procesales que se hicieron valer y aquellas que, cuando proceda, el órgano jurisdiccional advierta en suplencia de la queja, además de los términos precisos en que deba pronunciarse la nueva resolución; y

vi. Los puntos resolutivos en los que se exprese el acto, norma u omisión por el que se conceda, niegue o sobresea el amparo y, cuando sea el caso, los efectos de la concesión en congruencia con la parte considerativa.

Además, la sentencia del juicio de amparo indirecto se rige por los principios de congruencia y exhaustividad. Estos principios, ha señalado la Suprema Corte de Justicia, están referidos a que éstas no sólo sean congruentes consigo

262 "AUDIENCIA CONSTITUCIONAL. CULMINA CUANDO SE DICTA LA SENTENCIA Y NO EN EL MOMENTO EN QUE SE CELEBRÓ Y SE DEJÓ EL ASUNTO PARA EMITIR RESOLUCIÓN." Tesis 1a. VII/2000, Novena Época, Primera Sala, *Semanario Judicial de la Federación y su Gaceta,* Tomo XII, agosto del 2000, p. 187, aislada, común. Registro digital: 191451.

263 ACTOS RECLAMADOS. REGLAS PARA SU FIJACIÓN CLARA Y PRECISA EN LA SENTENCIA DE AMPARO." Tesis P. VI/2004, Novena Época, Pleno, *Semanario Judicial de la Federación y su Gaceta,* Tomo XIX, abril de 2004, p. 255, aislada, común. Registro digital: 181810.

mismas, sino también con la *litis* y con la demanda de amparo, apreciando las pruebas conducentes y resolviendo sin omitir nada, ni añadir cuestiones no hechas valer, ni expresar consideraciones contrarias entre sí o con los puntos resolutivos, lo que obliga al juzgador, a pronunciarse sobre todas y cada una de las pretensiones de los quejosos, analizando, en su caso, la constitucionalidad o inconstitucionalidad de los preceptos legales reclamados.[264]

9) La sentencia de amparo indirecto. Efectos.

La Suprema Corte de Justicia ha señalado que los efectos del amparo tienen estrecha vinculación con el acto reclamado, y según su naturaleza, ya sea de carácter positivo o negativo, se precisarán los alcances de la sentencia protectora, con el fin de restituir al agraviado en el goce de sus derechos fundamentales violados, por lo que los efectos del amparo son una consecuencia del pronunciamiento de inconstitucionalidad, y su determinación depende de la naturaleza del acto reclamado, o de la interpretación y alcance de la norma declarada inconstitucional, según se trate.[265]

En los artículos 77 y 78 de la Ley de Amparo se determinan que, en el último considerando de la sentencia que conceda el amparo, el juzgador deberá determinar con precisión los efectos de este, especificando las medidas que las autoridades o particulares deban adoptar para asegurar su estricto cumplimiento y la restitución del quejoso en el goce del derecho. Asimismo, se establece que, los efectos de la concesión del amparo serán:

i. Cuando el acto reclamado sea de carácter positivo se restituirá al quejoso en el pleno goce del derecho violado, restableciendo las cosas al estado que guardaban antes de la violación; y

264 "SENTENCIAS DE AMPARO, PRINCIPIOS DE CONGRUENCIA Y EXHAUSTIVIDAD EN LAS." Tesis 1a. X/2000, Novena Época, Primera Sala, *Semanario Judicial de la Federación y su Gaceta*, Tomo XII, agosto de 2000, p. 191, aislada, común. Registro digital: 191458.

265 "EFECTOS DEL FALLO PROTECTOR. SU INCORRECTA PRECISIÓN CONSTITUYE UNA INCONGRUENCIA QUE DEBE SER REPARADA POR EL TRIBUNAL REVISOR, AUNQUE SOBRE EL PARTICULAR NO SE HAYA EXPUESTO AGRAVIO ALGUNO." Tesis 1a./J. 4/2012, Décima Época, Primera Sala, *Semanario Judicial de la Federación y su Gaceta*, Tomo I, Libro V, febrero de 2012, p. 383, jurisprudencia, común. Registro digital: 160315.

ii. Cuando el acto reclamado sea de carácter negativo o implique una omisión, obligar a la autoridad responsable a respetar el derecho de que se trate y a cumplir lo que el mismo exija.

iii. Cuando el acto reclamado sea una norma general la sentencia deberá determinar si es constitucional, o si debe considerarse inconstitucional. Si se declara la inconstitucionalidad de la norma general impugnada, los efectos se extenderán a todas aquellas normas y actos cuya validez dependa de la propia norma invalidada. Dichos efectos se traducirán en la inaplicación únicamente respecto del quejoso. El órgano jurisdiccional de amparo podrá especificar qué medidas adicionales a la inaplicación deberán adoptarse para restablecer al quejoso en el pleno goce del derecho violado.

Con respecto a los efectos del juicio de amparo indirecto contra normas generales, la Segunda Sala del Alto Tribunal ha establecido que, los efectos del amparo contra una ley declarada inconstitucional consisten en desincorporarla de la esfera jurídica del quejoso para el caso concreto y para futuras posibles aplicaciones en su perjuicio, lo que opera cuando el legislador ha incumplido con las obligaciones negativas (de no hacer) derivadas de los derechos violados. En el supuesto contrario, cuando el legislador ha transgredido las obligaciones positivas (de hacer) derivadas de un determinado derecho fundamental, el Juez constitucional está autorizado, no sólo para desincorporar las normas declaradas inconstitucionales de la esfera jurídica del quejoso, sino para incorporar derechos en su beneficio a través de la sentencia de amparo, siempre que ello tienda a cumplir de manera completa con las exigencias derivadas de las garantías constitucionales que hayan sido violados en su perjuicio, lo cual es acorde al deber de reparación adecuada.[266]

Además, debe señalarse que en asuntos del orden penal en que se reclame una orden de aprehensión o autos que establezcan providencias precautorias o impongan medidas cautelares restrictivas de la libertad con motivo de delitos que la ley no considere como graves o respecto de los cuales no proceda la prisión preventiva oficiosa conforme la legislación procedimental aplicable, la

---

266 "AMPARO CONTRA LEYES. SUS EFECTOS ESTÁN RELACIONADOS CON LAS EXIGENCIAS DERIVADAS DE LAS GARANTÍAS INDIVIDUALES QUE HAYAN RESULTADO VIOLADAS." Tesis 2a. CXXXVII/2009, Décima Época, Segunda Sala, *Semanario Judicial de la Federación y su Gaceta,* Tomo XXXI, enero de 2010, p. 312, aislada, común. Registro digital: 165616.

sentencia que conceda el amparo surtirá efectos inmediatos, sin perjuicio de que pueda ser revocada mediante el recurso de revisión; salvo que se reclame el auto por el que se resuelva la situación jurídica del quejoso en el sentido de sujetarlo a proceso penal, en términos de la legislación procesal aplicable, y el amparo se conceda por vicios formales.

B. Amparo directo

1) Procedencia

Por su parte, de conformidad con el artículo 107, fracción III, inciso a) y fracción V, de la Constitución Política de los Estados Unidos Mexicanos, el amparo directo, procede en contra de sentencias definitivas, laudos o resoluciones que pongan fin al juicio, y, se tramitará por regla general en una única instancia ante los Tribunales Colegiados de Circuito, salvo en los casos en que las Salas de la Suprema Corte de Justicia de la Nación ejerza su facultad de atracción, en los casos siguientes:

i. En materia penal, contra resoluciones definitivas dictadas por tribunales judiciales, sean estos federales, del orden común o militares.

ii. En materia administrativa, cuando se reclamen por particulares sentencias definitivas y resoluciones que ponen fin al juicio dictadas por tribunales administrativos o judiciales, no reparables por algún recurso, juicio o medio ordinario de defensa legal.

iii. En materia civil, cuando se reclamen sentencias definitivas dictadas en juicios del orden federal o en juicios mercantiles, sea federal o local la autoridad que dicte el fallo, o en juicios del orden común.

iv. En los juicios civiles del orden federal las sentencias podrán ser reclamadas en amparo por cualquiera de las partes, incluso por la Federación, en defensa de sus intereses patrimoniales.

v. En materia laboral, cuando se reclamen resoluciones o sentencias definitivas que pongan fin al juicio dictadas por los tribunales laborales locales o federales o laudos del Tribunal Federal de Conciliación y Arbitraje de los Trabajadores al Servicio del Estado y sus homólogos en las entidades federativas.

A su vez, el artículo 170 de la Ley de Amparo, reglamenta la procedencia del juicio de amparo directo en los siguientes términos:

a. Contra sentencias definitivas, laudos y resoluciones que pongan fin al juicio, dictadas por tribunales judiciales, administrativos, agrarios o del trabajo, ya sea que la violación se cometa en ellos, o que, cometida durante el procedimiento, afecte las defensas del quejoso trascendiendo al resultado del fallo.

La citada fracción I, del artículo 170 de la Ley de Amparo, establece que se entenderá por sentencias definitivas o laudos, los que decidan el juicio en lo principal; por resoluciones que pongan fin al juicio, las que sin decidirlo en lo principal lo den por concluido.

Asimismo, en los artículos 172 y 173 de la ley reglamentaria se señalan los supuestos en los cuales en los juicios tramitados ante los tribunales administrativos, civiles, agrarios o del trabajo y penales, respectivamente, se consideran violadas las leyes del procedimiento, que afectan las defensas del quejoso y que trascienden al resultado del fallo.

Por otro lado, se determina que para la procedencia del juicio deberán agotarse previamente los recursos ordinarios que se establezcan en la ley de la materia, por virtud de los cuales aquellas sentencias definitivas o laudos y resoluciones puedan ser modificados o revocados, salvo el caso en que la ley permita la renuncia de los recursos (principio de definitividad).

De todo lo antes señalado, la Suprema Corte de Justicia de la Nación advirtió la existencia de criterios que atañen a tres cuestiones que constituyen presupuestos procesales en el juicio de amparo directo: i) Procedencia de la vía, en cuanto a que su tramitación procede contra sentencias definitivas, laudos y resoluciones que pongan fin al juicio, entendiendo por los primeros, las que decidan el juicio en lo principal, y, por las últimas, las que sin decidirlo en lo principal, lo den por concluido; ii) Competencia, en cuanto a que son competentes para conocer de él los Tribunales Colegiados de Circuito; y, iii) Procedencia en cuanto a que, por regla general, antes de acudir al juicio de amparo deben agotarse los recursos ordinarios establecidos en la ley aplicable (principio de definitividad).

Ahora bien, la claridad en la apreciación de los indicados presupuestos procesales permite afirmar que el orden lógico para examinar su satisfacción exige analizar, en primer lugar, la procedencia de la vía directa de tramitación del juicio de amparo; posteriormente, satisfecho ese presupuesto, debe estudiarse la competencia del Tribunal Colegiado de Circuito y, de surtirse ésta, estudiar la procedencia del juicio de amparo; en la inteligencia de que la insatisfacción de un presupuesto procesal previo en su orden, impide que se aborden los siguientes.

De tal modo que, el Alto Tribunal concluyó que el Tribunal Colegiado de Circuito es competente para conocer de las demandas de amparo promovidas en contra de sentencias que decidan el juicio de origen en lo principal, inclusive cuando no se hubiere agotado el medio ordinario de defensa previsto en la ley para combatirlas, pues promover el juicio de amparo en contra de una sentencia de esa naturaleza torna procedente la vía de tramitación directa por tratarse de una sentencia definitiva; y, al ser procedente su tramitación, se surte la competencia legal a favor del Tribunal Colegiado de Circuito el cual, en ejercicio de ésta, cuenta con la facultad necesaria para analizar la procedencia del juicio de amparo incluyendo, en su caso, la decisión sobre la satisfacción o no del principio de definitividad.[267]

Adicionalmente, al reclamarse la sentencia definitiva, laudo o resolución que ponga fin al juicio, deberán hacerse valer las violaciones a las leyes del procedimiento, siempre y cuando el quejoso las haya impugnado durante la tramitación del juicio, mediante el recurso o medio de defensa que, en su caso, señale la ley ordinaria respectiva y la violación procesal trascienda al resultado del fallo. Este requisito no será exigible en amparos contra actos que afecten derechos de menores o incapaces, al estado civil, o al orden o estabilidad de la familia, ejidatarios, comuneros, trabajadores, núcleos de población ejidal o comunal, o quienes por sus condiciones de pobreza o marginación se encuentren en clara desventaja social para emprender un juicio, ni en los de naturaleza penal promovidos por el inculpado.

También en el juicio de amparo directo contra la resolución definitiva se puede plantear la inconstitucionalidad de normas generales dentro de los conceptos de violación cuando dentro del juicio se hayan seguido y sean de reparación posible por no afectar derechos sustantivos ni constituyan violaciones procesales relevantes. En estos casos, el pronunciamiento sobre la

---

267 "TRIBUNALES COLEGIADOS DE CIRCUITO. SON COMPETENTES PARA CONOCER DE LAS DEMANDAS DE AMPARO PROMOVIDAS CONTRA SENTENCIAS QUE DECIDAN EL JUICIO DE ORIGEN EN LO PRINCIPAL, AUNQUE NO SE HAYA AGOTADO EL MEDIO ORDINARIO DE DEFENSA PREVISTO PARA IMPUGNARLAS (LEY DE AMPARO VIGENTE A PARTIR DEL 3 DE ABRIL DE 2013)." Tesis P./J. 6/2015, Décima Época, Pleno, *Gaceta del Semanario Judicial de la Federación*, Tomo I, Libro 17, abril de 2015, p. 95, jurisprudencia, común. Registro digital: 2008791.

inconstitucionalidad de la norma controvertida trae como consecuencia la insubsistencia de la sentencia, laudo o resolución que se funda en ella, para la posterior emisión de otra en la cual se inaplique el precepto declarado inconstitucional.

No debe perderse de vista que en la demanda de amparo principal y en su caso, en la adhesiva el quejoso deberá hacer valer todas las violaciones procesales que estime se cometieron; las que no se hagan valer se tendrán por consentidas. Asimismo, precisará la forma en que trascendieron en su perjuicio al resultado del fallo. El Tribunal Colegiado de Circuito, deberá decidir respecto de todas las violaciones procesales que se hicieron valer y aquellas que, en su caso, advierta en suplencia de la queja. Si las violaciones procesales no se invocaron en un primer amparo, ni el Tribunal Colegiado correspondiente las hizo valer de oficio en los casos en que proceda la suplencia de la queja, no podrán ser materia de concepto de violación ni de estudio oficioso en juicio de amparo posterior.

a. Contra sentencias definitivas y resoluciones que pongan fin al juicio dictadas por tribunales de lo contencioso administrativo cuando estas sean favorables al quejoso, para el único efecto de hacer valer conceptos de violación en contra de las normas generales aplicadas.

La Ley de Amparo señala que en este supuesto el juicio se tramitará únicamente si la autoridad interpone y se admite el recurso de revisión en materia contencioso administrativa previsto por el artículo 104 de la Constitución Política de los Estados Unidos Mexicanos[268] y el Tribunal Colegiado de Circuito resolverá primero lo relativo al recurso de revisión contencioso administrativa, y únicamente en el caso de que este sea considerado procedente y fundado, se avocará al estudio de las cuestiones de constitucionalidad planteadas en el juicio de amparo.

---

268 Artículo 104. Los Tribunales de la Federación conocerán: (...)
III. De los recursos de revisión que se interpongan contra las resoluciones definitivas de los tribunales de justicia administrativa a que se refiere la fracción XXIX-H del artículo 73 de esta Constitución, sólo en los casos que señalen las leyes. Las revisiones, de las cuales conocerán los Tribunales Colegiados de Circuito, se sujetarán a los trámites que la ley reglamentaria de los artículos 103 y 107 de esta Constitución fije para la revisión en amparo indirecto, y en contra de las resoluciones que en ellas dicten los Tribunales Colegiados de Circuito no procederá juicio o recurso alguno; (...)

2) Trámite del amparo directo ante la autoridad responsable

Al igual que en el juicio de amparo indirecto, el trámite del amparo directo inicia con la presentación de la demanda, la cual deberá presentarse por escrito ante la autoridad responsable, según disponen los artículos 175 y 176 de la Ley de Amparo. Su presentación puede ser de dos maneras: i) de manera física o impresa, o ii) de manera electrónica.

El citado artículo 175 de la ley reglamentaria señala que, la demanda de amparo directo deberá contener los siguientes requisitos:

i. El nombre y domicilio del quejoso y de quien promueve en su nombre.

ii. El nombre y domicilio del tercero interesado.

iii. La autoridad responsable.

iv. El acto reclamado, debiendo señalarse cuál es la resolución reclamada con la precisión de la fecha y expediente en que fue emitida, para que pueda ser objeto de análisis. Además, en este juicio de amparo no cabe señalar como acto reclamado las normas generales que fueron aplicadas, por lo que, en el caso de estimarse inconstitucional la norma general aplicada, tal aspecto únicamente será materia de los conceptos de violación, y su calificación se llevará a cabo en la parte considerativa de la ejecutoria de amparo. La aplicación de la norma impugnada puede ocurrir tanto en la sentencia reclamada, como en la de segunda instancia, o en las resoluciones que configuran las violaciones procesales con trascendencia al resultado del fallo que se haga valer.

v. La fecha en que se haya notificado el acto reclamado al quejoso o aquélla en que hubiese tenido conocimiento de este.

vi. Los preceptos que, conforme a la fracción I del artículo 1o de la Ley reglamentaria, contengan los derechos humanos cuya violación se reclame.

vii. Los conceptos de violación.

Debe reiterarse que la demanda de amparo deberá presentarse por conducto de la autoridad responsable, con copia para cada una de las partes, y, en su caso, con los documentos que justifiquen la personería de aquel que promueva por cuenta y a nombre de otro la demanda, en los casos que así se exija (artículo 7, 8, y 10, de la Ley de Amparo). La presentación de la demanda ante autoridad distinta de la responsable no interrumpe los plazos que para su promoción establece la Ley.

El artículo 178 de la ley reglamentaria establece que la autoridad responsable que emitió el acto reclamado deberá, dentro del plazo de cinco días contados a partir del siguiente al de presentación de la demanda:

i. Tener por presentada la demanda y, en su caso, prevenir al quejoso para exhibir las copias de las demandas faltantes. La autoridad responsable, de oficio, mandará sacar las copias en asuntos del orden penal, laboral tratándose de los trabajadores, cuando se puedan afectar intereses de menores o incapaces, así como los derechos agrarios de los núcleos de población comunal o ejidal o de los ejidatarios o comuneros, o de quienes por sus condiciones de pobreza o marginación se encuentren en clara desventaja social para emprender un juicio, o cuando la demanda sea presentada por vía electrónica.

ii. Certificar al pie de la demanda, la fecha de notificación al quejoso de la resolución reclamada, la de su presentación y los días inhábiles que mediaron entre ambas fechas. Si no consta en autos la fecha de notificación, la autoridad responsable dará cumplimiento a lo dispuesto en este artículo, sin perjuicio de que dentro de las veinticuatro horas siguientes a la en que obre en su poder la constancia de notificación respectiva proporcione la información correspondiente al órgano jurisdiccional competente;

iii. Correr traslado al tercero interesado, en el último domicilio que haya designado para oír notificaciones en los autos del juicio de origen o en el que señale el quejoso; y

iv. Rendir el informe con justificación acompañando la demanda de amparo, los autos del juicio de origen con sus anexos y la constancia de traslado a las partes. Deberá dejar copia certificada de las actuaciones que estime necesarias para la ejecución de la resolución reclamada o para proveer respecto de la suspensión. En el sistema procesal penal acusatorio, se acompañará un índice cronológico del desahogo de la audiencia en la que se haya dictado el acto reclamado, en el que se indique el orden de intervención de cada una de las partes.

v. Además, en artículo 190 de la citada ley establece que la autoridad responsable decidirá, en el plazo de veinticuatro horas a partir de la solicitud, sobre la suspensión del acto reclamado y los requisitos para su efectividad.

3) Emplazamiento a las partes

En el caso del juicio de amparo directo únicamente se emplazará al tercero interesado y al Ministerio Público, en vista de que el quejoso se vinculó a sí mismo al presentar la demanda, y la autoridad responsable también quedó vinculada ante dicha presentación, porque ésta se realiza ante ella.

Entonces, tal y como hemos señalado, a la autoridad responsable le corresponde llevar a cabo el emplazamiento o traslado al o los terceros interesados, lo cual se realiza mediante notificación personal, siguiendo las reglas previstas en la Ley de Amparo. La notificación del Ministerio Público se realiza por oficio, y se ordena por el Tribunal Colegiado del conocimiento, al admitirse la demanda, ya que se trata de representante adscrito a este órgano jurisdiccional.

4) Trámite del amparo directo ante el Tribunal Colegiado de Circuito

En el momento en que el Tribunal Colegiado de Circuito recibe la demanda de amparo y demás constancias a que alude el diverso 178 de la Ley de Amparo, remitidas por la autoridad responsable, su presidente deberá, en el plazo de tres días, dictar su auto inicial en los siguientes sentidos:

i. Desechamiento. Cuando del examen de la demanda y de las constancias remitidas por la autoridad responsable se advierta de forma manifiesta e indudable alguna de las causales de improcedencia prevista en el artículo 61 de la Ley de Amparo, o por falta de algún requisito insubsanable. Lo anterior, sin necesidad de constatación o alguna otra prueba, y sin perjuicio de lo que pudieran alegar el tercero interesado o alguna otra de las partes.

ii. Prevención. Cuando hubiere alguna irregularidad en el escrito de demanda por haber omitido en ella alguno de los requisitos a que se refiere el artículo 175 de la ley reglamentaria, para el efecto de que subsanen las omisiones en que hubiere incurrido, en un plazo máximo de cinco días, expresando en el auto relativo las irregularidades o deficiencias que deban realizarse, para que el promovente pueda subsanarlas en tiempo, ordenando su notificación personal. Efectuada la aclaración de corrección que se le exija, la autoridad de amparo deberá admitirla.

iii. Incompetencia. Cuando el Tribunal Colegiado respectivo estima carecer de competencia para conocer del mismo, por no tratarse de los actos enunciados en el artículo 170 de la ley reglamentaria, ordenará se remita la demanda a la autoridad que se estime pertinente.

iv. Admisión. Si el presidente del Tribunal Colegiado de Circuito no encuentra motivo de improcedencia o defecto en el escrito de demanda, o si este último fuera subsanado, la admitirá y mandará notificar a las partes el acuerdo relativo, para que en el plazo de quince días presenten sus alegatos o promuevan amparo adhesivo.

4) Amparo adhesivo

Por la estructuración procesal del juicio amparo directo (que se identifica en sentido estricto con el recurso de casación), en el que se pueden hacer valer violaciones que se cometan en la propia sentencia o resolución, o que cometida durante el procedimiento trascienda al resultado del fallo, se fue generando el problema de que la decisión de la constitucionalidad y ilegalidad de los actos reclamados se prolongara en diversos juicios de amparo interpuestos por las distintas partes del mismo proceso judicial, para atender diferentes violaciones en cada oportunidad. Situación que generó que en la reforma constitucional el 6 de junio de 2011, se buscara reforzar el principio de concentración para favorecer su resolución en un solo juicio y no a través de varios juicios de amparo, mediante la previsión de dos medidas: i) La carga de invocar a advertir en suplencia de la queja todas las violaciones procesales en un primer amparo, cuyo incumplimiento acarrea la preclusión para hacerlas valer posteriormente; y la previsión del amparo directo adhesivo.

De tal suerte que, de conformidad con los artículos 107, fracción III, inciso a), segundo párrafo, de la Constitución Federal y 182 de la Ley de Amparo, la parte que haya obtenido sentencia favorable y la que tenga interés jurídico en que subsista el acto reclamado, podrá presentar amparo en forma adhesiva al que promueva cualquiera de las partes que intervinieron en el juicio del que emana el acto reclamado, el cual se tramitará en el mismo expediente y se resolverán en una sola sentencia.

La presentación y trámite del amparo adhesivo se regirá, en lo conducente, por lo dispuesto para el amparo principal, y seguirá la misma suerte procesal de este. Sin embargo, la anterior no significa que, en términos del artículo 176, párrafo segundo, de la ley reglamentaria, la demanda relativa deba presentarse ante la autoridad responsable, ya que en el juicio de amparo directo ésta sólo tiene la calidad de auxiliar de la Justicia Federal, entre cuyas atribuciones explícitamente conferidas, no se encuentra la recepción de la demanda de amparo adhesivo, como deriva de los artículos 176, 177, 178 y 190 de la propia legislación, ni existe sanción para el supuesto en que no la remitiese al tribunal de amparo, según se advierte del artículo 260 de la Ley de Amparo; por tanto, la demanda de amparo adhesivo debe presentarse ante el Tribunal Colegiado de Circuito que conozca del principal, en el entendido de que su presentación ante autoridad distinta no interrumpe los plazos legales para su promoción, en el caso, el de quince días previsto en el diverso 181 del propio ordenamiento legal.[269]

Presentada la demanda de amparo adhesivo, se corre traslado a la parte contraria para que exprese lo que a su interés convenga. La ley no especifica cuál de las partes del juicio de amparo se entiende por parte contraria del quejoso adhesivo, pero por la naturaleza de ese amparo debe entenderse que se trata del quejoso principal; y como tampoco se precisa el plazo para el desahogo del traslado que se le corre, debe entenderse que se trata del de tres días que por regla general se establece en el artículo 297, fracción II, del Código Federal de Procedimientos Civiles, de aplicación supletoria a la Ley de Amparo.[270]

El artículo 182 de la ley reglamentaria establece los requisitos de procedencia de la acción de amparo adhesivo. En primer lugar, para determinar la legitimación del accionante del amparo adhesivo, se tienen dos elementos fundamentales: el primero consiste en la calidad de parte en el juicio de amparo –quien obtuvo sentencia favorable– y, el segundo, en que se tenga interés jurídico en que subsista el acto reclamado. Así, la legitimación está determinada por la concurrencia de esas dos condiciones necesarias y conjuntamente

---

269 "AMPARO DIRECTO ADHESIVO. LA DEMANDA RELATIVA DEBE PRESENTARSE ANTE EL TRIBUNAL COLEGIADO DE CIRCUITO QUE CONOCE DEL PRINCIPAL Y NO ANTE LA AUTORIDAD RESPONSABLE." Tesis P./J. 15/2017, Décima Época, Pleno, Gaceta del Semanario Judicial de la Federación, Tomo I, Libro 48, noviembre de 2017, p. 5, jurisprudencia, común. Registro digital: 2015470.

270 "DEMANDA DE AMPARO ADHESIVO. EL PLAZO PARA QUE EL QUEJOSO PRINCIPAL EXPRESE LO QUE A SU INTERÉS CONVENGA, EN RELACIÓN CON EL TRASLADO DE AQUÉLLA O CON SU AMPLIACIÓN, ES DE TRES DÍAS (APLICACIÓN SUPLETORIA DEL ARTÍCULO 297, FRACCIÓN II, DEL CÓDIGO FEDERAL DE PROCEDIMIENTOS CIVILES)." Tesis 2a./J. 38/2022, Undécima Época, Segunda Sala, Gaceta del Semanario Judicial de la Federación, Tomo VI, Libro 17, septiembre de 2022, p. 3445, jurisprudencia, común. Registro digital: 2025214.

suficientes, ya que se necesita revestir la calidad de parte y gozar de interés jurídico para promoverlo.[271]

En segundo lugar, el citado artículo 182, señala que el amparo adhesivo únicamente proceder en los casos siguientes:

i. Cuando el adherente trate de fortalecer las consideraciones vertidas en el fallo definitivo, a fin de no quedar indefenso; y

ii. Cuando existan violaciones al procedimiento que pudieran afectar las defensas del adherente, trascendiendo al resultado del fallo.

En relación con la fracción I, referente a fortalecer las consideraciones del fallo reclamado a fin de no quedar indefenso, los conceptos de violación que pueden hacerse valer son: i) Los encaminados a fortalecer las consideraciones de la sentencia definitiva, laudo o resolución que pone fin al juicio, que determinaron el resolutivo favorable a los intereses del adherente; y ii) Los dirigidos a impugnar las consideraciones que concluyan en un punto decisorio que le perjudica.

Respecto a la fracción II, se determina que deben hacerse valer todas las violaciones procesales que se hayan cometido siempre que pudieran trascender al resultado del fallo y respecto de ellas, el adherente hubiese agotado los medios ordinarios de defensa, a menos que se trate de menores, incapaces, ejidatarios, trabajadores, núcleos de población ejidal o comunal, o de quienes por sus condiciones de pobreza o marginación se encuentran en clara desventaja social para emprender un juicio, y en materia penal tratándose del imputado y del ofendido o víctima.

Lo anterior es coincidente con lo establecido por el Tribunal Pleno de la Suprema Corte de Justicia en cuanto a que a través del amparo adhesivo sólo es factible alegar dichas cuestiones, sin que se permita combatir otras consideraciones de la sentencia reclamada en las que se alegue una violación cometida por la responsable que ya perjudique al quejoso adherente al dictarse la resolución reclamada, pues el amparo adhesivo es una acción con una finalidad específica y claramente delimitada, en virtud de que se configura

---

271 "AMPARO ADHESIVO EN MATERIA PENAL. EL MINISTERIO PÚBLICO ADSCRITO AL TRIBUNAL DE APELACIÓN RESPONSABLE, NO TIENE LEGITIMACIÓN PARA PROMOVERLO EN SU CARÁCTER DE TERCERO INTERESADO." Tesis 1a./J. 12/2019, Décima Época, Primera Sala, Gaceta del Semanario Judicial de la Federación, Tomo I, Libro 65, abril de 2019, p. 652, jurisprudencia, común, penal. Registro digital: 2019699.

como una acción excepcional que se activa exclusivamente para permitir ejercer su defensa a quien resultó favorecido con la sentencia reclamada y con la intención de concentrar en la medida de lo posible las afectaciones procesales que se ocasionaron o se pudieron ocasionar, para evitar retrasos injustificados y dar celeridad al procedimiento.[272]

Además, debe destacarse que la Segunda Sala del Alto Tribunal ha establecido que si se toma en cuenta que el amparo adhesivo carece de autonomía y debe seguir la suerte procesal del amparo principal, entonces, las causales de improcedencia contenidas en el numeral 61 de la Ley de Amparo –salvo la de su fracción XXIII–, no le resultan aplicables, pues las causas de procedencia del amparo adhesivo, dada su propia naturaleza, están consignadas en los referidos numerales, las cuales interpretadas a *contrario sensu* llevan a concluir que cuando la demanda de amparo no se promueva en tiempo, en ella no se pretenda reclamar una sentencia que haya sido favorable o no se tenga el interés jurídico en la subsistencia de tal acto, es decir, porque el fallo le fue adverso al promovente (y lo que pretenda sea su modificación y/o revocación) y no existan violaciones al procedimiento que estén sujetas a una condición para que pudieran trascender al fallo, sino que ya están afectando sus defensas, aquél resulta improcedente en términos de la causal de inejercitabilidad establecida en el artículo 61, fracción XXIII, en relación con los artículos 181 y 182 de la Ley de Amparo, y procederá sobreseer en el juicio de conformidad con el numeral 63, fracción V, de la misma ley.[273]

Por último, la resolución del amparo adhesivo puede producirse en los siguientes sentidos:[274]

---

272 "AMPARO ADHESIVO. PROCEDE CONTRA VIOLACIONES PROCESALES QUE PUDIERAN AFECTAR LAS DEFENSAS DEL ADHERENTE, TRASCENDIENDO AL RESULTADO DEL FALLO, ASÍ COMO CONTRA LAS COMETIDAS EN EL DICTADO DE LA SENTENCIA QUE LE PUDIERAN PERJUDICAR, PERO NO LAS QUE YA LO PERJUDICAN AL DICTARSE LA SENTENCIA RECLAMADA." Tesis P./J. 9/2015, Décima Época, Pleno, *Gaceta del Semanario Judicial de la Federación*, Tomo I, Libro 18, mayo de 2015, p. 37, jurisprudencia, común. Registro digital: 2009173.

273 "AMPARO ADHESIVO. NO LE RESULTAN APLICABLES LAS CAUSALES DE IMPROCEDENCIA PREVISTAS EN EL ARTÍCULO 61 DE LA LEY DE AMPARO, SALVO LA CONTENIDA EN SU FRACCIÓN XXIII, EN RELACIÓN CON LOS NUMERALES 181 Y 182 DE LA MISMA LEY." Tesis 2a./J. 91/2019, Décima Época, Segunda Sala, *Gaceta del Semanario Judicial de la Federación*, Tomo III, Libro 69, agosto de 2019, p. 2386, jurisprudencia, común. Registro digital: 2020322.

274 "AMPARO ADHESIVO. EL TRIBUNAL COLEGIADO DE CIRCUITO DEBE ESTUDIAR TANTO LA PROCEDENCIA COMO LOS PRESUPUESTOS DE LA PRETENSIÓN, PARA

i. El sobreseimiento, si se incumple alguno de los requisitos de procedencia (plazo, legitimación), en términos del artículo 61, fracción XXIII, en relación con los artículos 181 y 182, ambos de la Ley de Amparo; o bien, si igualmente es improcedente el amparo principal cuya suerte sigue.

ii. Declararse sin materia. En los casos en que no prospere el amparo principal, sea por cuestiones procesales o por desestimarse los conceptos de violación formulados en la demanda de amparo y sea innecesario realizar un pronunciamiento específico respecto de lo planteado en el amparo adhesivo.

iii. Negativa de amparo. Si los conceptos de violación del adherente no prosperan; se hayan acogido o no los del amparo principal.

iv. Concesión del amparo. En caso de que el Tribunal Colegiado de Circuito estime fundados los conceptos de violación relativos, sea que se haya concedido o no el amparo al quejoso principal, en algún aspecto.

5) Medios de prueba en al amparo directo

Anteriormente señalamos que el artículo 75 de la Ley de Amparo establece que en las sentencias que se dicten en los juicios de amparo, el acto reclamado se apreciará tal y como aparezca probado ante la autoridad responsable, y que no se admitirán ni se tomarán en consideración las pruebas que no se hubiesen rendido ante aquélla.

Lo anterior, ha establecido la Primera Sala de la Suprema Corte de Justicia, no transgrede el derecho a la tutela judicial efectiva, pues dicha limitación deriva de la propia naturaleza extraordinaria del juicio de amparo directo, que conlleva que deban desestimarse aquellos razonamientos ajenos y/o novedosos a los que se expresaron en el juicio o procedimiento natural, pues es evidente que la autoridad responsable no puede incurrir en una violación a derechos humanos, respecto de razonamientos o pruebas que no tuvo oportunidad de conocer, esto es, los que no se le hicieron valer en el juicio original ni se ventilaron en los medios ordinarios de defensa. Considerar lo contrario,

---

DETERMINAR SI ES FACTIBLE SOBRESEER EN ÉL, DEJARLO SIN MATERIA, NEGARLO O CONCEDERLO." Tesis P./J. 11/2015, Décima Época, Pleno, *Gaceta del Semanario Judicial de la Federación,* Tomo I, Libro 18, mayo de 2015, p. 31, jurisprudencia, común. Registro digital: 2009170.

además de desnaturalizar el objeto del juicio de amparo como medio de revisión constitucional extraordinario, llevaría al extremo de considerar que se erige como una tercera instancia del acto reclamado, lo cual no se concibe, pues su naturaleza no está diseñada con esos fines.[275]

También es criterio de la Primera Sala que, esta restricción únicamente debe tener aplicación cuando se trata de pruebas tendientes a demostrar la constitucionalidad o inconstitucionalidad del acto reclamado, pues no puede ni debe hacerse extensiva a aquellos medios de convicción tendientes a acreditar la actualización de alguna causal de improcedencia del juicio, toda vez que su estudio, además de ser de oficio, impide que al actualizarse se examine el fondo del asunto, lo que ocasiona que no se vierta pronunciamiento alguno sobre la constitucionalidad o inconstitucionalidad del acto reclamado.[276]

6) Resolución del amparo directo

Una vez transcurrido el plazo de quince días a que se refiere el artículo 181 de la ley reglamentaria, el presidente del Tribunal Colegiado de Circuito turnará el expediente al magistrado ponente que corresponda, a efecto de que formule el proyecto de resolución, dentro de los noventa días siguientes; lo cual hace las veces de citación para sentencia.

Los asuntos se resolverán en sesión pública, salvo que exista disposición legal en contrario, y, se discutirán en el orden en que se listen, salvo casos de excepción a juicio del órgano jurisdiccional. La lista de los asuntos que deban verse en cada sesión se publicará en los estrados del tribunal cuando menos tres días antes de la celebración de esta, sin contar el de la publicación ni el de la sesión. Además, en los proyectos de sentencias que contengan consideraciones

---

275 "PRUEBAS EN EL JUICIO DE AMPARO DIRECTO. EL ARTÍCULO 75 DE LA LEY DE LA MATERIA, QUE LIMITA SU ADMISIÓN, NO TRANSGREDE EL DERECHO DE ACCESO A LA TUTELA JUDICIAL EFECTIVA." Tesis 1a. CCCXLVIII/2018, Décima Época, Primera Sala, *Gaceta del Semanario Judicial de la Federación*, Tomo I, Libro 61, diciembre de 2018, p. 392, aislada, común. Registro digital: 2018783.

276 "IMPROCEDENCIA. LAS PRUEBAS QUE ACREDITAN LA ACTUALIZACIÓN DE ALGUNA CAUSAL, PUEDEN ADMITIRSE EN EL JUICIO DE AMPARO DIRECTO O EN REVISIÓN, SALVO QUE EN LA PRIMERA INSTANCIA SE HAYA EMITIDO PRONUNCIAMIENTO AL RESPECTO Y NO SE HUBIESE COMBATIDO." Tesis 1a./J. 40/2002, Novena Época, Primera Sala, *Semanario Judicial de la Federación y su Gaceta*, Tomo XVI, septiembre de 2002, p. 126, jurisprudencia, común. Registro digital: 186003.

sobre constitucionalidad o convencionalidad de una norma general y amparos colectivos, debe publicarse dicha consideración.

El día señalado para la sesión, que se celebrará con la presencia del secretario quien dará fe, el magistrado ponente dará cuenta de los proyectos de resolución; el presidente pondrá a discusión cada asunto; se dará lectura a las constancias que señalen los magistrados, y, estando suficientemente debatido, se procederá a la votación; acto continuo, el presidente hará la declaración que corresponda y el secretario publicará la lista en los estrados del tribunal.

La sentencia se aprueba por unanimidad o mayoría de votos. En este último caso, el magistrado que no esté conforme con el sentido de la resolución deberá formular su voto particular dentro del plazo de diez días siguientes al de la firma del engrose, voto en el que expresará cuando menos sucintamente las razones que lo fundamentan. Transcurrido el plazo señalado sin que se haya emitido el voto particular, se asentará razón en autos y se continuará el trámite correspondiente.

En caso de ser aprobados, se procederá a la firma del engrose respectivo dentro de los diez días siguientes. Si no son aprobados, los asuntos solo podrán ser aplazados o retirados. En estos casos, se dejará registro de quién lo solicitó y la razón expuesta. El asunto deberá ser listado en un período que no se extienda más de treinta días naturales.

En el supuesto en que el proyecto no fuera aprobado, pero el magistrado ponente aceptare las adiciones o reformas propuestas en la sesión, procederá a redactar la sentencia con base en los términos de la discusión. Cuando el voto de la mayoría de los magistrados fuera en sentido distinto al del proyecto, uno de ellos redactará la sentencia. En ambos casos el plazo para redactar la sentencia será de diez días, debiendo quedar en autos constancia del proyecto original.

Finalmente, las sentencias del tribunal deberán ser firmadas por todos sus integrantes y por el secretario de acuerdos. Cuando por cualquier motivo cambiare el personal del tribunal que haya dictado una ejecutoria, antes de que haya podido ser firmada por los magistrados que la hubiesen dictado, si fue aprobado el proyecto del magistrado relator, la sentencia será autorizada válidamente por los magistrados que integran aquél, haciéndose constar las circunstancias que hubiesen concurrido. Una vez que se haya firmado la sentencia, se notificará por lista a las partes. En los supuestos en los que proceda el recurso de revisión, la notificación a las partes se efectuará de manera personal.

Capítulo tercero

Análisis sustantivo del juicio de amparo contra normas generales

I. GENERALIDADES DEL JUICIO DE AMPARO CONTRA NORMAS GENERALES

1. Concepto

Antes de iniciar el desarrollo del apartado, es necesario explicar ¿qué entendemos por amparo contra normas generales?

El amparo contra normas generales (también conocido como "amparo contra leyes"), es un proceso constitucional que se inicia por la acción que ejercita cualquier gobernado ante un órgano del Poder Judicial de la Federación, con la finalidad de que se examine la conformidad de una norma general en sentido material (leyes, acuerdos, decretos, reglamentos o tratados internacionales ratificados por el Estado mexicano) con la Constitución General y los tratados internacionales de los que México sea parte, por estimar que esta, vulnera sus derechos humanos.

Este proceso puede ser instrumentado tanto en la vía indirecta como en la directa, hipótesis que según Fix-Zamudio, permite distinguir entre la "acción de inconstitucionalidad" (amparo indirecto) y el "recurso de inconstitucionalidad" (amparo directo). El autor señala que el primero permite combatir las normas de manera frontal y directa, respecto del cual conoce un Juzgado de Distrito; en cambio, en el segundo, no se combate la norma de manera inmediata, sino a través de una resolución judicial, a través de la cual se decide si las normas aplicadas por el órgano jurisdiccional de origen son inconstitucionales, procedimiento del cual conocen los Tribunales Colegiados de Circuito.[277]

---

[277] Citado por PARDO REBOLLEDO, Jorge Eduardo, voz "Amparo contra leyes", en *Diccionario de derecho procesal constitucional y convencional. 1001 voces. In Memoriam Dr. Héctor Fix-Zamudio, op. cit.*, pp. 120-121, en 1061 pp.

2. *Procedencia*

En efecto, el juicio constitucional de amparo, se estableció originalmente para la tutela de los derechos fundamentales frente a violaciones cometidas por las autoridades públicas,[278] por esto, la Convención Americana de Derechos Humanos, al regular el amparo, como protección judicial, le da una configuración universal de forma tal que, no indica acto alguno del Estado que escape del ámbito del amparo.[279] En este sentido, si el amparo es un medio judicial de protección de los derechos humanos, tiene que serlo frente a cualquier acto de autoridad

---

278 En efecto, el proceso de amparo se instituyó originalmente para proteger a los particulares contra el Estado, sin embargo, actualmente en la mayoría de los países latinoamericanos, se contempla la procedencia del amparo contra acciones u omisiones de otros particulares, como es el caso de Argentina, Bolivia, Ecuador, Chile, República Dominicana, Paraguay, Perú, Venezuela y Uruguay, así como, aunque de manera más restringida, en Colombia, Costa Rica, Guatemala, Honduras y México. A pesar de ello, aún existen países donde el proceso de amparo permanece exclusivamente como un medio tutelar contra las autoridades, como ocurre en Brasil, El Salvador, Panamá, y Nicaragua. Cfr., BREWER-CARÍAS, Allan R., *El proceso de amparo en el derecho constitucional comparado en América Latina, op. cit.*, p. 82.

279 Respecto de los estándares interamericanos sobre el recurso judicial efectivo y su relación con el juicio de amparo, véase, Casos *Velásquez Rodríguez* vs. *Honduras.* Excepciones preliminares. Sentencia del 26 de junio de 1987. Serie C, núm. 1, párrafo 91; *Genie Lacayo* vs. *Nicaragua.* Fondo, reparaciones y costas. Sentencia del 29 de enero de 1997. Serie C, núm. 30, párrafo 89; *Blake* vs. *Guatemala.* Fondo. Sentencia de 24 de enero de 1998. Serie C, núm. 36, párrafo 101; *Casos de los "Niños de la Calle" (Villagrán Morales y otros)* vs. *Guatemala.* Fondo. Sentencia de 19 de noviembre de 1999. Serie C, núm. 63, párrafo 234; *Ivcher Bronstein* vs. *Perú.* Fondo, reparaciones y costas. Sentencia de 6 de febrero de 2001. Serie C, núm. 74, párrafo 137; *Maritza Urrutia* vs. *Guatemala.* Fondo, reparaciones y costas. Sentencia del 26 de noviembre de 2003. Serie C, núm. 103, párrafo 117; *Palamara Iribane* vs. *Chile.* Fondo, reparaciones y costas. Sentencia de 22 de noviembre de 2005. Serie C, núm. 135, párrafo 163; *Acevedo Jaramillo y otros* vs. *Perú.* Excepciones preliminares, fondo, reparaciones y costas. Sentencia de 7 de febrero de 2006. Serie C, núm. 144, párrafo 214; *Claude Reyes y otros* vs. *Chile.* Fondo, reparaciones y costas. Sentencia de 19 de septiembre de 2006. Serie C, núm. 151, párrafo 144; *Castañeda Gutman* vs. *Estados Unidos Mexicanos.* Excepciones preliminares, fondo, reparaciones y costas. Sentencia de 6 de agosto de 2008. Serie C, núm. 184, párrafo 133; *Rosendo Cantú y otras* vs. *México.* Excepciones preliminares, fondo, reparaciones y costas. Sentencia de 31 de agosto de 2010. Serie C, núm. 216, párrafo 166; *Mohamed* vs. *Argentina.* Excepción preliminar, fondo, reparaciones y costas. Sentencia de 23 de noviembre de 2012. Serie C, núm. 255, párrafo 83; *Caso de la Comunidad Mayagna (Sumo) Awas Tingni* vs. *Nicaragua.* Fondo, reparaciones y costas. Sentencia de 31 de agosto de 2001. Serie C, núm. 79, párrafo 131; *Masacre de las Dos Erres* vs. *Guatemala.* Excepciones preliminares, fondo, reparaciones y costas. Sentencia de 24 de noviembre de 2009. Serie C, núm. 211, párrafos 107 y 121.

pública; de manera que no se concibe que frente a esta característica universal del amparo, pueda haber determinadas actividades del Estado que puedan quedar excluidas del ámbito de la protección constitucional. Es decir que, conforme a la Convención Americana, todos los actos y omisiones de las autoridades pueden ser objeto de la acción de amparo, cuando mediante ellos se violen o amenacen derechos constitucionales, sea que emanen de autoridades legislativas, ejecutivas o judiciales.[280]

A pesar de esto, en la mayoría de los países latinoamericanos, aún está expresamente excluida la posibilidad de impugnar normas generales, como es el caso en Argentina, Bolivia, Brasil, Colombia, Chile, Costa Rica, Ecuador, El Salvador, Panamá, Perú, Paraguay, Nicaragua, República Dominicana y Uruguay. Aunque en algunos países está expresamente admitido como es el caso de Guatemala, Honduras y, por supuesto, México.[281]

Específicamente en el sistema jurídico mexicano, conforme con el artículo 103 de la Constitución Federal, en relación con el artículo 1o. de la Ley de Amparo, el juicio de amparo es procedente contra normas generales en los siguientes casos: i) Cuando violen directamente los derechos humanos reconocidos y las garantías otorgadas para su protección en la Constitución Política de los Estados Unidos Mexicanos y los tratados internacionales de los que el Estado Mexicano sea parte; ii) Cuando violen indirectamente los citados derechos humanos, en virtud de actualizarse una violación directa a la soberanía de los Estados o la autonomía de la Ciudad de México por actos provenientes de la autoridad federal; y iii) Cuando violen indirectamente derechos humanos por actualizarse una violación directa a la soberanía federal causada por actos atribuibles a las autoridades estatales o de la Ciudad de México.[282]

Por otro lado, la procedencia legal del amparo contra normas generales se encuentra previsto en el artículo 107, fracción primera, de la Ley de Amparo que dispone a la letra:

> "Artículo 107. El amparo indirecto procede:
>
> I. Contra normas generales que por su sola entrada en vigor o con motivo del primer acto de su aplicación causen perjuicio al quejoso.

---

280 BREWER-CARÍAS, Allan R., *El proceso de amparo en el derecho constitucional comparado en América Latina, op. cit.*, p. 94.

281 *Ibidem*, p. 95.

282 FRANCO GONZÁLEZ-SALAS, José Fernando, "El juicio de amparo indirecto contra normas generales", en Tafoya Hernández, José Guadalupe (coord.), *Elementos para el estudio del Juicio de Amparo*, México, Suprema Corte de Justicia de la Nación, 2017, pp. 469-518, en 1212 pp.

Para los efectos de esta Ley, se entiende por normas generales, entre otras, las siguientes:

a) Los tratados internacionales aprobados en los términos previstos en el artículo 133 de la Constitución Política de los Estados Unidos Mexicanos; salvo aquellas disposiciones en que tales tratados reconozcan derechos humanos;

b) Las leyes federales;

c) Las constituciones de los Estados y el Estatuto de Gobierno del Distrito Federal;

d) Las leyes de los Estados y del Distrito Federal;

e) Los reglamentos federales;

f) Los reglamentos locales; y

g) Los decretos, acuerdos y todo tipo de resoluciones de observancia general;"

El precepto *supra* citado prevé la procedencia legal del juicio de amparo indirecto en contra de normas generales; sin embargo, cabe aclarar que no procede en contra de todas las normas de observancia general, en virtud de que existen dos casos de excepción.

El primero se encuentra en el mismo texto del artículo 107, ya citado, en su inciso a), al señalar que en lo concerniente a la procedencia del amparo contra tratados internacionales en lo que el Estado mexicano sea parte, no procede en contra de aquellos que reconozcan derechos humanos.

El segundo, se encuentra en el artículo 61, fracción I, de la Ley de Amparo que dispone:

Artículo 61. El juicio de amparo es improcedente:

I. Contra adiciones o reformas a la Constitución Política de los Estados Unidos Mexicanos;

En pocas palabras, existen dos casos de excepción en que el amparo es improcedente contra normas generales, que son: 1) Tratados internacionales en los que el Estado mexicano se aparte, en el que se reconozcan derechos humanos; y 2) Adiciones o reformas a la Constitución Política los Estados Unidos mexicanos.

Además, no obstante que el juicio de amparo contra normas generales se presenta generalmente por vía indirecta, también procede por vía directa de conformidad con lo que establecen los artículos 170, fracción I, párrafo cuarto y 175, fracción IV, párrafo segundo, ambos de la ley reglamentaria que textualmente señalan:

Artículo 170. El juicio de amparo directo procede:

> I. Contra sentencias definitivas, laudos y resoluciones que pongan fin al juicio, dictadas por tribunales judiciales, administrativos, agrarios o del trabajo, ya sea que la violación se cometa en ellos, o que cometida durante el procedimiento, afecte las defensas del quejoso trascendiendo al resultado del fallo.
>
> (...)
>
> Cuando dentro del juicio surjan cuestiones *sobre constitucionalidad de normas generales* que sean de reparación posible por no afectar derechos sustantivos ni constituir violaciones procesales relevantes, sólo podrán hacerse valer en el amparo directo que proceda contra la resolución definitiva. (énfasis añadido).
>
> Artículo 175. La demanda de amparo directo deberá formularse por escrito, en el que se expresarán:
>
> (...)
>
> IV. El acto reclamado.
>
> Cuando se impugne la sentencia definitiva, laudo o resolución que haya puesto fin al juicio por estimarse inconstitucional la norma general aplicada, ello será materia únicamente del capítulo de conceptos de violación de la demanda, sin señalar como acto reclamado la norma general, debiéndose llevar a cabo la calificación de éstos en la parte considerativa de la sentencia; ...

De igual manera, la fracción II, del numeral 170 citado, señala que el amparo directo procede "contra sentencias definitivas y resoluciones que pongan fin al juicio dictadas por tribunales de lo contencioso administrativo cuando éstas sean favorables al quejoso, *para el único efecto de hacer valer conceptos de violación en contra de las normas generales aplicadas.*"

Entonces, la regla general es que cuando se pretenda promover el proceso constitucional contra una norma general, el tipo de amparo a interponerse debe ser indirecto; sin embargo, también es posible impugnar todo tipo de normas generales a través del amparo directo, a condición de que: 1) Deben haber sido aplicadas en el transcurso del juicio respectivo, o bien, en la sentencia definitiva, laudo o resolución impugnada;[283] 2) Que no causen un perjuicio de imposible reparación en los términos que precise el artículo 170, fracción I, párrafo cuarto supra citado, o; 3) La autoridad demandada interponga revisión contencioso administrativa, en contra de una resolución favorable al quejoso, y

283 Véase "AMPARO DIRECTO CONTRA LEYES. PUEDEN IMPUGNARSE NORMAS GENERALES TANTO AUTOAPLICATIVAS COMO HETEROAPLICATIVAS, BAJO LA CONDICIÓN DE QUE SEA CON MOTIVO DE SU APLICACIÓN." Tesis I.3o.C.59 K, Novena Época, Tribunales Colegiados de Circuito, *Semanario Judicial de la Federación y su Gaceta*, Tomo XVIII, julio de 2003, p. 1011, aislada, común. Registro digital: 183945.

esta se califique como procedente y fundada. Esto, le daría a nuestro juicio de amparo el carácter de un medio de control constitucional con objeto parcial.

II. ELEMENTOS DEL AMPARO CONTRA NORMAS GENERALES

1. El objeto de control en el juicio de amparo contra normas generales

A. Concepto de norma general

El término "norma" en sentido amplio se refiere a toda regla de comportamiento, obligatoria o no; y en un sentido estricto corresponde a la que impone deberes o confiere derechos. Las reglas prácticas cuyo cumplimiento es potestativo se llaman reglas técnicas. A las que tienen carácter obligatorio o son atributivas de facultades le damos el nombre de normas. Éstas imponen deberes o conceden derechos, mientras que los juicios enunciativos se refieren siempre, como su denominación lo indica, a lo que es.[284]

En particular, la norma jurídica, se distingue de otras (morales, religiosas o de trato social) por ser exteriores, heterónomas y coercitivas.[285] Además, éstas no sólo establecen las conductas debidas (deberes) y los derechos (facultades) correlativos, sino que además es orientadora y ordenadora de la vida social.[286]

Por otra parte, partiendo de clasificaciones tradicionales, concretamente desde el punto de vista del ámbito personal de validez y de su jerarquía, es que podemos distinguir a las normas especiales o individualizadas, de las normas generales o abstractas.[287] En este sentido, la norma general es un género que

---

284 GARCÍA MÁYNEZ, Eduardo, *Introducción al estudio del derecho,* 5ª reimp., 65ª ed., México, Editorial Porrúa, 2017, pp. 3-4.

285 *Ibidem,* p. 15 y; RECASÉNS SICHES, Luis, *Introducción al estudio del derecho,* México, Editorial Porrúa, 1980, pp. 83 y 88.

286 OJEDA BOHÓRQUEZ, Ricardo, 2ª ed., *El amparo contra normas con efectos generales,* México, Editorial Porrúa, 2011, p. 53

287 Ahora bien, Norberto Bobbio, propone hacer una distinción más precisa y completa de las normas jurídicas, realizando una distinción entre los términos general y abstracto. Por esto, aconseja hablar de normas generales cuando nos encontramos frente a normas que se dirigen a una clase de personas; y de normas abstractas cuando nos encontramos frente a normas que regulan una acción-tipo (o una clase de acciones). A las normas generales se contraponen las normas que tienen por desti-

comprende diversas especies, tal como la Constitución, las leyes, los tratados, los reglamentos, etcétera; que poseen, a su vez, las características de generalidad, abstracción, impersonalidad y permanencia, dentro de una relación de coordinación (cuando sean del mismo rango) o de subordinación (cuando sean de diverso rango).[288]

A diferencia de las generales, las individualizadas únicamente obligan o facultan a uno o varios miembros, individualmente determinados, de la clase designada por el concepto-sujeto de la norma genérica que le sirve de base, por lo que reúnen las condiciones de concreción y temporalidad.[289] Las normas individualizadas pueden dividirse a su vez en privadas y públicas. Las primeras derivan de la voluntad de los particulares, en cuanto estos aplican ciertas normas genéricas; las segundas, de la actividad de las autoridades.[290]

En conclusión, la norma general es "una regla de carácter legislativo y positivo que emana de un órgano del Estado con facultades de decisión que produce afectación en situaciones generales, impersonales, abstractas y permanentes que tiene como característica ser imperativa, unilateral y coercitiva."[291] Además, no obstante que, las leyes son el más claro ejemplo de las normas generales, éstas abarcan también otras especies como: reglamentos, decretos, circulares administrativas y, en general, cualquier acto por el cual el Estado regule en abstracto la conducta de una determinada categoría de personas, sin referencia concreta a un sujeto específico.[292]

Para efectos del juicio de amparo es posible impugnar todo un ordenamiento formal y materialmente legislativo (emanado directamente de un órgano legislativo, como lo es el Congreso de la Unión o un Congreso estatal) o formalmente ejecutivo y materialmente legislativo (procedente de una auto-

---

natario un individuo particular, y que sugiere denominar normas particulares; a las tomas abstractas se contraponen las normas que regulan una acción particular, y que sugiere llamar normas concretas. Cfr., BOBBIO, Norberto, *Teoría general del derecho*, 5ª ed., Bogotá, Editorial Temis, 2019, pp. 127 y 128.

288 Cfr., OJEDA BOHÓRQUEZ, Ricardo, 2ª ed., *El amparo contra normas con efectos generales, op. cit.*, p. 54.

289 *Ibidem*, p. 55.

290 GARCÍA MÁYNEZ, Eduardo, *Introducción al estudio del derecho, op. cit.*, p. 82.

291 Cfr., CHÁVEZ CASTILLO, Raúl, *Nuevo juicio de amparo contra normas generales*, 4ª ed., México, Editorial Porrúa, 2015, pp. 3-4.

292 *Idem.*

ridad de carácter ejecutivo), o bien sólo un precepto o preceptos de la norma general que se estime inconstitucional.[293]

De conformidad con lo establecido en el artículo 107, fracción I de la Ley de Amparo, ya citado, se entiende por normas generales, entre otras, las siguientes:

Los tratados internacionales aprobados en los términos previstos en el artículo 133 de la Constitución Política de los Estados Unidos Mexicanos; salvo aquellos que tengan como objeto el reconocer los derechos fundamentales del ser humano, inherentes a su dignidad y valor como persona;[294]

a) Las Leyes Federales;[295]

---

293 *Ibidem*, p. 7.

294 LÓPEZ SÁENZ, Emanuel, voz "Tratados Internacionales en Derechos Humanos, en Caballero González, Edgar S. (coord.), *Diccionario práctico de derecho constitucional*, *op. cit.*, pp. 234-236, en 245 pp.

295 Con excepción de la Ley de Amparo, la cual no puede ser impugnada en el juicio de amparo en forma directa, porque su aplicación no será por parte de ninguna autoridad cuyos actos se encuentran sujetos a control constitucional, pero sí por la autoridad de amparo, ya que la Suprema Corte de Justicia de la Nación para resolver ese problema ha determinado que en los recursos que se prevén en esa norma reglamentaria, si procede analizar en el recurso de revisión que se interpongan contra la sentencia dictada por un Juez de Distrito en el juicio de amparo indirecto o por la sentencia dictada en dictada por el Tribunal Colegiado de Circuito en amparo directo, el planteamiento de inconstitucionalidad de las disposiciones de la ley de amparo aplicadas en dicha sentencia. Cfr., CHÁVEZ CASTILLO, Raúl, *Nuevo juicio de amparo contra normas generales, op. cit.*, p. 12; "REVISIÓN EN AMPARO INDIRECTO. PROCEDE ANALIZAR LOS PLANTEAMIENTOS SOBRE LA INCONSTITUCIONALIDAD DE LAS DISPOSICIONES DE LA LEY DE AMPARO APLICADAS POR EL JUEZ DE DISTRITO EN LA SENTENCIA RECURRIDA." Tesis 2a./J. 39/2014 (10a.), Décima Época, Segunda Sala, *Gaceta del Semanario Judicial de la Federación*, Tomo II, Libro 6, mayo de 2014, p. 984, jurisprudencia, común. Registro digital: 2006545; "REVISIÓN EN AMPARO DIRECTO. ES PROCEDENTE CUANDO SE IMPUGNA LA CONSTITUCIONALIDAD DE UN ARTÍCULO DE LA LEY DE AMPARO QUE SIRVIÓ DE FUNDAMENTO PARA DECRETAR EL SOBRESEIMIENTO EN EL JUICIO." Tesis 2a. XLI/2014 (10a.), Décima Época, Segunda Sala, *Gaceta del Semanario Judicial de la Federación*, Tomo II, Libro 6, mayo de 2014, p. 1097, aislada. Registro digital: 2006392; "REVISIÓN EN AMPARO DIRECTO. REQUISITOS PARA IMPUGNAR DISPOSICIONES DE LA LEY DE AMPARO A TRAVÉS DE ESTE RECURSO." Tesis 1a. CCXLI/2013 (10a.), Décima Época, Primera Sala, *Semanario Judicial de la Federación y su Gaceta*, Tomo I, Libro XXIII, agosto de 2013, p. 745, aislada. Registro digital: 2004320; "CONTROL CONSTITUCIONAL DE LA SUPREMA CORTE DE JUSTICIA DE LA NACIÓN SOBRE LAS DISPOSICIONES DE LA LEY DE AMPARO. SU RESULTADO DEBE SER COMPATIBLE CON LAS COMPETENCIAS QUE ESTRUC-

b) Las Constituciones Locales;

c) Las Leyes de los Estados;

d) Los Reglamentos Federales;

c) Los Reglamentos Locales; y

d) Los decretos, acuerdos y todo tipo de resoluciones de observancia general;

B. La disposición y la norma como objeto del control de constitucionalidad

No obstante, coincidimos con el destacado constitucionalista Rubén Sánchez Gil, cuando afirma que no basta con definir a las normas generales en los términos anteriores, para tener una idea cabal de la naturaleza de su impugnación constitucional.[296] Por lo cual, se hace necesario distinguir entre "disposición" y "norma",[297] algo que hoy resulta básico para la interpretación jurídica.[298]

TURAN EL PODER JUDICIAL DE LA FEDERACIÓN." Tesis 1a. CCXLIII/2013 (10a.), Décima Época, Primera Sala, Semanario Judicial de la Federación y su Gaceta, Tomo I, Libro XXIII, agosto de 2013, p. 742, aislada, común, constitucional. Registro digital: 2004185.

296 SÁNCHEZ GIL, RUBÉN, "La aplicabilidad de normas generales y su impugnación en amparo", en Ferrer Mac-Gregor, Eduardo y González Oropeza, Manuel, *El juicio de amparo. A 160 años de la primera sentencia, op. cit.*, pp. 369-414, en 593 pp.

297 Sobre esta distinción, ya clásica en la teoría del derecho, véase, entre otros: ASCARELLI, Tullio, "Giurisprudenza costituzionale e teoria dell'interpretazione", en *Rivista di diritto processuale*, vol. XII, Padua, CEDAM 1957, pp. 351-363; CRISAFULLI, Vezio, "Disposizione (e norma) ", en *Enciclopedia del Diritto*, vol. XIII, Milán, Giuffrè, 1964, pp. 195-209; DE VERGOTTINI, Giuseppe, *Diritto costituzionale*, 3ª ed., Padua, CEDAM, 2001, pp. 152 y ss.; DÍAZ REVORIO, Francisco Javier, *Las sentencias interpretativas del Tribunal Constitucional*, México, Editorial Porrúa, Instituto Mexicano de Derecho Procesal Constitucional, 2011, pp. 1-23; FIGUEROA MEJÍA, Giovanni A., *Las sentencias constitucionales atípicas en el derecho comparado y en la acción de inconstitucionalidad mexicana, op. cit.*, pp. 3-38; TARELLO, Giovanni, "Il "problema" dell'interpretazione: una formulazione ambigua", en *Rivista internazionale di filosofia del diritto*, año XLIII, serie III, Milán, Giuffrè, 1966, pp. 349-357; Id., *L'interpretazione della legge*, Milán, Giuffrè, 1980; GUASTINI, Riccardo, "Disposizione vs. norma", en *Giurisprudenza costituzionale*, núm. XXXIV, Milán, Giuffrè, 1989, pp. 3-14; ZAGREBELSKY, Gustavo, *La giustizia costituzionale*, 2ª ed., Bolonia, Il Mulino, 1982, pp. 279 y ss.

298 Cfr., GUASTINI, Riccardo, "La interpretación: objetos, conceptos y teorías", 5ª ed., trad. de Miguel Carbonell, *Estudios sobre la interpretación jurídica*, México, Editorial

1) Concepto de disposición y norma

La doctrina especializada converge en denominar "disposición" (o texto), a todo enunciado que sea parte de un documento normativo, es decir, toda expresión lingüística completa (enunciado) que sea parte del discurso de las fuentes. En cambio, el término "norma" (o contenido normativo) se emplea para designar al enunciado que constituya el sentido o significado adscrito a una disposición, o a un fragmento de disposición, o a una combinación de disposiciones, o alguna combinación de fragmentos de disposiciones.[299] Dicho de otro modo, la disposición es una forma lingüística significante; la norma es el significado que se da al enunciado a través de la interpretación.[300]

De estos dos conceptos se concluye que tanto la disposición como las normas son expresadas a través de enunciados; sin embargo, se trata de dos clases de enunciados diferentes. Por un lado, la disposición es un enunciado de lenguaje de las fuentes sujeto a interpretación y todavía por interpretar. En tanto que la norma es una disposición interpretada y, de este modo, reformulada por el intérprete.[301] En otras palabras, las disposiciones constituyen el objeto sobre el que recae la actividad interpretativa, mientras que las normas, por el contrario, no son interpretadas y no obtenidas de las disposiciones, representando por tanto el resultado de la interpretación.[302]

Ciertamente, en la mayoría de los casos la norma se identifica con el significado que se da a una disposición como consecuencia de su interpretación,[303] aunque, debe tenerse en cuenta que, no siempre existe correspondencia biunívoca entre disposición y norma[304] o, lo que es lo mismo, disposición y norma

---

Porrúa, UNAM, 2003, p. 11.

299 Cfr., GUASTINI, Riccardo, "Disposizione vs. norma", *op. cit.*, pp. 4-7.

300 FIGUEROA MEJÍA, Giovanni A., *Las sentencias constitucionales atípicas en el derecho comparado y en la acción de inconstitucionalidad mexicana, op. cit.*, p. 6.

301 *Ibidem*, p. 7; GUASTINI, Riccardo, "Disposizione vs. norma", *op. cit.*, p. 5.

302 TARELLO, Giovanni, *L`interpretazione della legge, op. cit.*, p. 40. El autor señala que la disposición es el dato del que se parte y el resultado de la interpretación es la norma que se aplica al caso.

303 FIGUEROA MEJÍA, Giovanni A., *Las sentencias constitucionales atípicas en el derecho comparado y en la acción de inconstitucionalidad mexicana, op. cit.*, p. 7.

304 Sobre la falta de correspondencia entre la disposición y la norma, véase, entre otros: GUASTINI, Riccardo, *Teoría e ideología de la interpretación constitucional.* Prólogo de Miguel Carbonell, 2ª ed., Madrid, Mínima Trotta, Instituto de Investigaciones Jurídicas, UNAM, 2010, pp. 32 y 33; CRISAFULLI, Vezio, "Disposizione (e norma) ", *op. cit.*, 266, pp. 199 y ss.; EZQUIAGA GANUZAS, Francisco Javier, *La argumentación interpretativa*

no coinciden necesariamente porque no siempre a cada disposición le corresponde una sola norma, ni cada norma es el resultado de una sola disposición. Esto debido a las diversas combinaciones que pueden surgir entre disposiciones y normas.

2) Las diversas combinaciones entre disposiciones y normas

La distinción semántica que hemos realizado permite concluir que, no siempre a cada disposición le corresponde una y sólo una norma, ni cada norma es consecuencia de una sola disposición. Por lo tanto, pueden existir disposiciones ambiguas, de las que pueden derivar varias normas de forma alternativa (una u otra); disposiciones complejas, de las que se derivan varias normas conjuntamente; disposiciones sinónimas, en cuyo caso de varias disposiciones deriva la misma norma, o parcialmente sinónimas, cuando de cada una de las disposiciones derivan conjuntamente varias normas, algunas de las cuales coinciden.[305]

a) Disposiciones que expresan varias normas de forma "alternativa"

Por un lado, existen muchas disposiciones que son consideradas vagas o ambiguas, de modo tal que pueden tener interpretaciones diferentes e incluso opuestas. Entonces, de una sola disposición es posible extraer una amplia variedad de normas *alternativas* (una u otra),[306] esto es, disposiciones que pueden ser entendidas en diferentes formas, atribuyéndoseles significados diferentes.[307]

En este sentido, cualquier discrepancia sobre el significado de una disposición, implica un desacuerdo acerca de la norma que esa disposición expresa.[308] De manera que, aquel que tenga que aplicarla debe hacer una elección que va a

---

en la justicia electoral mexicana, México, Tribunal Electoral del Poder Judicial de la Federación, 2006, pp. 48 y ss.; ZAGREBELSKY, Gustavo, *La giustizia costituzionale, op. cit.*, pp. 279 y ss.

305 DÍAZ REVORIO, Francisco Javier, *Las sentencias interpretativas del Tribunal Constitucional, op. cit.*, p. 3.

306 Véase, GUASTINI, Riccardo, "Disposizione vs. norma", *op. cit.*, p. 9.

307 FIGUEROA MEJÍA, Giovanni A., *Las sentencias constitucionales atípicas…, op. cit.*, p. 9.

308 EZQUIAGA GANUZAS, Francisco Javier, *La argumentación interpretativa en la justicia electoral mexicana, op. cit.*, p. 50.

excluir forzosamente las otras posibles interpretaciones. Esta situación puede ser representada de la siguiente manera: D – N1? N2? N3? [309]

Por ejemplo, el artículo 16 de la Ley de amparo, el cual señala que "en caso de fallecimiento del quejoso o del tercero interesado, siempre que lo planteado en el juicio de amparo no afecte sus derechos estrictamente personales, el representante legal del fallecido continuará el juicio en tanto interviene el representante de la sucesión." En donde:

D1= En caso de fallecimiento del quejoso, siempre que lo planteado en el juicio de amparo no afecte sus derechos estrictamente personales, el representante legal del fallecido continuará el juicio en tanto interviene el representante de la sucesión.

D2= En caso de fallecimiento del tercero interesado, siempre que lo planteado en el juicio de amparo no afecte sus derechos estrictamente personales, el representante legal del fallecido continuará el juicio en tanto interviene el representante de la sucesión.

Quedémonos con la disposición D1, puesto que la situación D2, tendrá un sentido idéntico. La disposición D1, como consecuencia de su interpretación, se le pueden determinar las siguientes normas alternativas:

N1= Si lo planteado en el juicio de amparo afecta derechos estrictamente personales, el representante legal del fallecido no puede continuar el trámite del proceso.

N2= Si lo planteado en el juicio de amparo no afecta derechos estrictamente personales, el representante legal del fallecido continuará el juicio en tanto interviene el representante de la sucesión.

b) Disposiciones que expresan varias normas de forma "conjunta"

Por otra parte, es muy frecuente que una disposición exprese más de una norma simultáneamente, es decir, que posea un significado complejo, qué puede ser dividido en algunas normas parciales, y que en su conjunto completan el significado de la disposición, en otras palabras, que a una sola dis-

---

[309] La forma de ejemplificar de esta manera la hemos tomado de FIGUEROA MEJÍA, Giovanni A., *Las sentencias constitucionales atípicas…*, *op. cit.*, p. 10.

posición le correspondan varias normas "conjuntamente".[310] Simbólicamente podemos expresarlo así: D – N1 + N2 + N3.

Así, por ejemplo, el artículo 207 del Código Civil para la Ciudad de México, establece: "Puede haber separación de bienes en virtud de capitulaciones anteriores al matrimonio, o durante éste, por convenio de los consortes, o bien por sentencia judicial. La separación puede comprender no sólo los bienes de que sean dueños los consortes al celebrar el matrimonio, sino también los que adquieran después." Este artículo expresa al menos las siguientes disposiciones:

D1: Puede haber separación de bienes en virtud de capitulaciones anteriores al matrimonio, o durante éste, por convenio de los consortes, o bien por sentencia judicial.

D2: La separación de bienes puede comprender no sólo los bienes de que sean dueños los consortes al celebrar el matrimonio, sino también los que adquieran después.

De la disposición de uno se pueden obtener las siguientes normas conjuntamente:

N1: Puede haber separación de bienes en virtud de capitulaciones anteriores al matrimonio.

N2: Puede haber separación de bienes en virtud de capitulaciones que se celebre, durante el matrimonio, por medio de un convenio que se realice entre los consortes.

N3: Puede haber separación de bienes a través de una sentencia judicial.

Son normas conjuntamente expresadas por la disposición D2 las siguientes:

N1: La separación de bienes puede comprender los bienes de que sean dueños los consortes al celebrar el matrimonio

N2: la separación de bienes puede comprender también los bienes que adquieran los consortes una vez celebrado el matrimonio.

---

310 *Ibidem*, p. 11; EZQUIAGA GANUZAS, Francisco Javier, *La argumentación interpretativa en la justicia electoral mexicana*, *op. cit.*, p. 50.

c) Normas parcial o totalmente sinónimas

Desde otro punto de vista, es frecuente que en el ordenamiento jurídico se encuentren disposiciones que son identificadas como sinónimas.[311] En tal sentido, puede suceder, y de hecho sucede con relativa frecuencia entre disposiciones que forman parte de documentos normativos pertenecientes a fuentes del Derecho de diverso rango jerárquico, que dos disposiciones expresen exactamente la misma norma jurídica, es decir, que sean dos disposiciones totalmente sinónimas. Esta situación se produce sobre todo entre disposiciones constitucionales y disposiciones legales de desarrollo de la Constitución o entre disposiciones legales y disposiciones reglamentarias que desarrollan una ley.[312] Con la simbología empleada, sería el siguiente caso: D1– N1– D2.

Por ejemplo, el artículo cuatro, párrafo segundo, de la Constitución mexicana: toda persona tiene derecho a decidir de manera libre, responsable e informada sobre el número y esparcimiento de sus hijos. Este artículo está conformado por dos disposiciones:

D1: Toda persona tiene derecho a decidir de manera libre, responsable e informada sobre el número de sus hijos.

D2: Toda persona tiene derecho a decidir de manera libre, responsable e informada sobre el esparcimiento de sus hijos.

La norma obtenida de la disposición D1 puede ser:

N1: Toda persona tiene derecho a decidir de manera libre, responsable e informada sobre el número de sus hijos.

La norma expresada por la disposición D2 puede ser:

N1: Toda persona tiene derecho a decidir de manera libre, responsable e informada sobre el esparcimiento de sus hijos.

Por su parte, el artículo 162, párrafo segundo, del código civil federal, establece: toda persona tiene derecho a decidir de manera libre, responsable e informada sobre el número y esparcimiento de sus hijos. Este artículo está integrado por dos disposiciones que llamaremos D3 y D4:

---

311 Sobre disposiciones parcial o totalmente sinónimas, véase GUASTINI, Riccardo, "Disposizione vs. norma", *op. cit.*, pp. 9 y 10.

312 EZQUIAGA GANUZAS, Francisco Javier, *La argumentación interpretativa en la justicia electoral mexicana, op. cit.*, pp. 43-58.

D3: Toda persona tiene derecho a decidir de manera libre, responsable e informada sobre el número de sus hijos.

D4: Toda persona tiene derecho a decidir de manera libre, responsable e informada sobre el esparcimiento de sus hijos.

De la misma forma que en el artículo anterior, a cada una de estas dos disposiciones les corresponde una norma que llamaremos comer activamente N3 y N4.

La norma obtenida de la disposición D3 puede ser:

N3: Toda persona tiene derecho a decidir de manera libre, responsable e informada sobre el número de sus hijos.

La norma expresada por la disposición D4 puede ser:

N4: Toda persona tiene derecho a decidir de manera libre, responsable e informada sobre el esparcimiento de sus hijos.

Como se puede observar, las disposiciones D1 y D3 son sinónimos de manera total, ya que expresan la misma norma (N1 y N2). De igual forma las disposiciones D2 y D4 son completamente sinónimos, pues es posible recabar de ellas una misma norma (N2 y N4).

Asimismo, puede haber disposiciones que, sin ser totalmente sinónimas, si lo son de manera parcial. De cada una de estas disposiciones derivan conjuntamente varias normas, algunas de las cuales coinciden, es decir, que una o más normas expresadas por una disposición son también expresadas, de manera reiterada, por otra. Simbólicamente se representa así:

D1– N1 + N2 + N3

D2– N3 + N4 + N5

Tomemos como ejemplo el artículo 5° Código Civil: "A ninguna ley ni disposición gubernativa se dará efecto retroactivo en perjuicio de persona alguna." Del anterior artículo se pueden extraer la siguiente disposición:

D1: A ninguna ley ni disposición gubernativa se dará efecto retroactivo en perjuicio de persona alguna. De la disposición D1 pueden surgir las siguientes normas:

N1: a ninguna ley se dará efecto retroactivo en perjuicio de persona alguna.

N2: se puede dar efecto retroactivo una ley en beneficio de cualquier persona.

N3: a ninguna disposición gubernativa se dará efecto retroactivo en perjuicio de persona alguna.

N4: se puede dar efecto retroactivo una disposición gubernativa en beneficio de cualquier persona.

Del artículo 14, párrafo primero, de la Constitución Política de Estados Unidos Mexicanos, que manifiesta: A ninguna ley se dará efecto retroactivo en perjuicio de persona alguna, puede derivar la disposición siguiente:

D2: A ninguna ley se dará efecto retroactivo en perjuicio de persona alguna. De la disposición de dos pueden derivar las siguientes normas:

N5: A ninguna ley se dará efecto retroactivo en perjuicio de persona alguna.

N6: Se puede dar efecto retroactivo a una ley en beneficio de cualquier persona.

Ahora bien, como puede verse, las disposiciones D1 y D2 son parcialmente sinónimas, puesto que algunas de sus normas coinciden, pero no todas, como en el punto anterior. Así tenemos que las normas N1 y N5 coinciden, así como las normas N2 y N6, pero las normas N3 y N4 no encuentran sinonimia en las normas extraídas de la disposición D2.

d) Disposiciones carentes de normas

La posibilidad de que puedan darse disposiciones sin norma, es decir, disposiciones cuyo significado no es una norma, es un tema ampliamente debatido por la academia, y la postura que se tome en relación con esta cuestión está estrechamente relacionada con el concepto de norma jurídica que se acoja:[313] si se adopta un concepto de norma que incluya únicamente las normas de conducta —es decir, las que obligan, prohíben o permiten realizar un comportamiento— se aceptará forzosamente que no todas las disposiciones expresan normas; sin embargo, si se adopta un concepto amplio de norma, como el seguido hasta ahora, no es posible hablar de disposiciones sin norma en el sentido de enunciados cuyo significado no sea normativo, sino más bien de la posibilidad de qué varias disposiciones conjuntamente sean consideradas expresión de una sola norma.[314]

---

313 *Ibidem*, p. 53; GUASTINI, Riccardo, "Disposizione vs. norma", *op. cit.*, pp. 10 y 11.

314 FIGUEROA MEJÍA, Giovanni A., *Las sentencias constitucionales atípicas…*, *op. cit.*, p. 15.

En consecuencia, solamente será viable hablar de disposiciones carentes de normas para referirse a la situación en la que una disposición expresa un fragmento de la norma, siendo necesario recurrir a otra u otras disposiciones para recabar, por decirlo de algún modo, la norma completa, circunstancia que se presenta habitualmente en los procesos de aplicación del derecho.

Simbólicamente, a la situación se puede expresar de la siguiente manera:

D1 – N1D2 – N2D3 – N3D1 + D2 + D3 – N4

Los supuestos en los que es preciso conectar dos o más disposiciones para, por medio de su interpretación conjunta, obtener una norma son, al menos, dos:[315]

a) Cuando una disposición se refiere, expresa o tácitamente, a otra, la cual determina su sentido o ámbito de aplicación. Ambos tipos de referencia (expresa o tácita) obligan al intérprete a combinar las dos disposiciones para obtener un significado, es decir, una norma.

b) Cuando una disposición contiene términos o expresiones que están definidos en otra disposición o cuando el régimen jurídico del instituto al que se refiere está contemplado en otra disposición.

Esta necesidad de combinar varias disposiciones para obtener la norma es frecuente en todos los ámbitos del Derecho, sin embargo, la doctrina especializada señala que, surge especialmente en el campo del Derecho penal. Por un lado, se ha llegado a afirmar que todas las disposiciones del Código penal son incompletas ya que ninguna de ellas determina por sí misma todos los elementos de las normas penales. Por otro lado, las denominadas "leyes penales en blanco", que remiten a otra u otras disposiciones o autoridades para que completen la determinación de algunos elementos del supuesto de hecho, exigen siempre la combinación de disposiciones pertenecientes incluso a documentos normativos diferentes.

e) Normas sin disposición

De acuerdo con una opinión ampliamente difundida entre los juristas, el sistema jurídico está compuesto tanto por normas obtenidas por medio de la interpretación de disposiciones (las primeras son consideradas significados

---

315 Respecto de estas dos hipótesis, seguiremos a EZQUIAGA GANUZAS, Francisco Javier, *La argumentación interpretativa en la justicia electoral mexicana, op. cit.*, pp. 43-58; GUASTINI, Riccardo, "Disposizione vs. norma", *op. cit.*, pp. 10 y 11.

de las segundas y éstas expresión o formulación de las normas), como por normas "implícitas" o "inexpresas" que no son significados de ninguna disposición concreta (no poseen, en consecuencia, una o varias disposiciones que las expresen o formulen).[316] De ahí que, no sólo pueden existir disposiciones carentes de normas, en la forma antes estudiada, sino también normas privadas de disposición.[317]

En este sentido, son normas sin disposición, primero, las normas consuetudinarias, y, segundo, las normas que no pueden ser referidas a un concreto enunciado de las fuentes, esto es, una norma que no es recabada mediante interpretación de alguna específica disposición o combinación de disposiciones localizables en un documento normativo, ya que son obtenidas o de alguna otra norma expresa, o del ordenamiento jurídico en su conjunto, o de cualquier subconjunto de normas unitariamente considerado.[318]

Simbólicamente lo podemos representar de la siguiente manera: ? – N

No obstante lo anterior, el reconocimiento por parte de los juristas de la existencia en el sistema jurídico de normas no referibles a ninguna disposición, es difícil de aceptar, en la medida en que no es fácil pensar en una norma absolutamente desconectada de alguna disposición, salvo el caso de las normas consuetudinarias que por definición no están formuladas debido a que surgen de la reiteración de hechos y no del acto de una autoridad normativa plasmado en un documento escrito.[319] Por lo tanto, cualquier norma de las consideradas implícitas o inexpresas puede ser referida en última instancia a una disposición concreta o a un conjunto de disposiciones. Al menos la mención de una disposición es precisa para justificar la norma, ya que de lo contrario no sería posible determinar su origen ni, consecuentemente, su validez como norma jurídica."[320]

En tal sentido, Giovanni Figueroa Mejía, considera con sobrada razón que "las normas inexpresas no son, para nada, fruto de la interpretación, ya que son elaboradas en ausencia de precisa disposiciones que les expresen. Pero

---

316 CRISAFULLI, Vezio, "Disposizione (e norma)", *op. cit.*, p. 196.

317 FIGUEROA MEJÍA, Giovanni A., *Las sentencias constitucionales atípicas…*, *op. cit.*, p. 21.

318 Cfr. *Idem.*; GUASTINI, Riccardo, "Disposizione vs. norma", *op. cit.*, pp. 12 y 13.

319 Sin embargo, "…ninguna norma, tampoco las consuetudinarias, es una entidad inmaterial o espiritual, sino que debe ser expresada lingüísticamente. Véase EZQUIAGA GANUZAS, Francisco Javier, *La argumentación interpretativa en la justicia electoral mexicana*, *op. cit.*, pp. 56 y 57.

320 *Idem.*

con ello no se quiere decir que existen normas jurídicas totalmente privadas de una disposición, porque esto sería tanto como admitir que existen normas que han surgido de fuentes del derecho, diferentes a las producidas por las autoridades normativas, o por la costumbre."[321]

3) Diferentes posturas sobre el objeto del control

A partir de lo anterior, los diversos tratadistas siguen debatiendo si es la disposición o la norma, o ambas, el objeto del control de constitucionalidad. En tal sentido, no nos parece apropiado, dado los límites metodológicos de este trabajo, realizar un *excursus* sobre las diferentes teorías acerca del objeto del control de constitucionalidad. Por lo tanto, únicamente, expondremos de manera muy general las características más distintivas de esas corrientes doctrinales. A tal efecto, la doctrina especializada, ha agrupado dichas teorías, principalmente en tres posturas, a saber: a) Los que sostienen al texto como objeto del control; b) Los que afirman que es la norma el objeto de control y; c) Los que aceptan que el objeto de control de constitucionalidad no es exclusivamente el texto la norma, aceptando que los pronunciamientos del juez de constitucionalidad inciden normalmente sobre textos, pero también sobre normas.[322]

a) La disposición como objeto de control

Los que sostienen a la disposición como objeto del control de constitucionalidad, y por tanto el objeto del pronunciamiento de la sentencia constitucional,[323] expresan en síntesis que, el trabajo del Tribunal Constitucional interviene sobre las disposiciones o textos legislativos. Así, los que están de acuerdo con esta tendencia, encuentran su fundamento en los sistemas jurídicos influenciados principalmente en el *civil law*, al considerar que, sobre todo en este tipo de sistemas, el valor que se le otorga a la seguridad jurídica quedaría lesionado, debido a las intervenciones del Tribunal que, sin alterar el texto, vinieran a modificar las normas que del mismo se deducen. De forma que para fortalecer dicha seguridad jurídica, la mera posibilidad de interpre-

---

321 FIGUEROA MEJÍA, Giovanni A., *Las sentencias constitucionales atípicas…*, *op. cit.*, p. 23.

322 *Ibidem*, p. 31.

323 A favor de esta postura, véase, por ejemplo, a ASCARELLI, Tullio, "Giurisprudenza costituzionale e teoria dell'interpretazione", *op. cit.*, pp. 361 y ss.; MONTESANO, Luigi, "Norma e formula legislativa nel giudizio costituzionale", en *Rivista di Diritto processuale*, vol. XIII, Padua, CEDAM, 1958, pp. 524 y ss.

taciones inconstitucionales derivadas de un texto legal, debería implicar la ilegitimidad constitucional del texto,[324] esto es, que en la hipótesis de que el acto normativo, objeto del juicio de constitucionalidad, haya sido redactado de forma tal que permite atribuirle una norma contraría a la Constitución, dicho acto normativo tendrá que ser declarado ilegítimo en cuanto viciado, por no expresar lo que debería, o porque expresando lo le falta hacen los requisitos formales indispensables.[325] No obstante que lo antes expuesto es digno de consideración, coincidimos con Giovanni Figueroa Mejía, al señalar que no es plenamente compartible, por considerar que se trata de una tesis excesiva, máxime si tomamos en cuenta que el juez constitucional tiene el deber de salvar; en la medida de lo posible, la constitucionalidad de la ley sometida bajo su jurisdicción.[326]

Por otra parte, se sostiene que la parte legitimada que promueve un juicio de constitucionalidad ya sea a través de un procedimiento de control abstracto o concreto, lo hace con referencia a un texto legal. Esta postura se fundamenta en el hecho de que para dar inicio a cualquiera de los dos procedimientos, la parte actora, necesariamente, debe indicar las disposiciones que se consideran contrarias a la Constitución.[327] Aunque, el hecho de que se tenga que señalar el precepto o los preceptos que se consideran inconstitucionales, no significa que el juicio se restrinja al examen de las disposiciones, dado que los límites de la impugnación no se vinculan únicamente a las disposiciones consideradas objetivamente, sino que además, la parte que recurre lo hace porque considera inconstitucional un determinado significado atribuido a la disposición, y lo indica en el escrito inicial al señalar las normas que considera ilegítimas.[328] Sin embargo, esto tampoco significa que el tribunal tenga que limitarse a juzgar sólo las normas consideradas en el acto introductivo del proceso constitucional.

---

[324] Cfr., MONTESANO, Luigi, "Norma e formula legislativa nel giudizio costituzionale", *op. cit.*, pp. 524 y ss.

[325] *Ibidem*, p. 563.

[326] FIGUEROA MEJÍA, Giovanni A., *Las sentencias constitucionales atípicas…*, *op. cit.*, p. 32.

[327] Específicamente en el juicio de amparo, se suele plantear una impugnación contra normas generales, señalando como acto reclamado el numeral que identifica la disposición legislativa, sin especificar más que, en ocasiones, la fracción o párrafo correspondiente; de esta manera, a primera vista la reclamación recae sobre la integridad del texto legislativo indicando en la demanda, y aparentemente no sobre la precisa norma en que se traduce y que afecta al quejoso. Cfr., SÁNCHEZ GIL, RUBÉN, "La aplicabilidad de normas generales y su impugnación en amparo", *op. cit.,* p. 374.

[328] FIGUEROA MEJÍA, Giovanni A., *Las sentencias constitucionales atípicas…*, *op. cit.*, p. 33.

Del mismo modo, se plantea que lo que viene a reafirmar la tesis de que el objeto del juicio de legitimidad constitucional es el texto y no la norma, es que el fallo del juez constitucional debe recaer sobre el texto legislativo impugnado, y no sobre una u otra norma que el mismo dispositivo se deduce.[329] O lo que es lo mismo, el juicio de constitucionalidad se forma con base en la disposición legislativa, y no sobre las posibles normas fruto de la interpretación que deriva de la disposición.[330] Ahora bien, si tomamos en consideración esta última idea, los únicos pronunciamientos posibles serían, la declaración de constitucionalidad, la declaración de inconstitucionalidad o la declaración de inconstitucionalidad parcial del texto,[331] y esto implicaría que el juez constitucional, aun cuando tuviera la posibilidad de obtener de una disposición varias interpretaciones "conjuntas" o "alternativas", estaría restringido a elegir entre la declaración de inconstitucionalidad, que eliminaría las normas contrarias a la Constitución pero, con ellas, también aquellas perfectamente compatibles con la misma, lo que podría ocasionar una situación inconstitucional incluso más severa; o la declaración de constitucionalidad, que mantendría la plena validez de la disposición, pero con ello, permanecerían también vigentes aquellas normas contrarias a la Constitución.[332] Sin embargo, esta situación se ha evitado permitiendo que las decisiones de la Magistratura constitucional, incidan sobre las normas, siempre cuando entre ellas y las disposiciones no existe una correspondencia unívoca. En conclusión, el argumento que sostiene que el objeto de pronunciamiento de la corte recae siempre sobre las disposiciones no nos es de utilidad, porque implica negar la posibilidad de utilizar alguna de las modalidades sentenciadoras interpretativas en sentido estricto y las sentencias manipuladoras en su conjunto.[333]

---

329 ASCARELLI, Tullio, "Giurisprudenza costituzionale e teoria dell'interpretazione", *op. cit.*, pp. 351 y ss.

330 Cfr., MONTESANO, Luigi, "Norma e formula legislativa nel giudizio costituzionale", *op. cit.*, pp. 526 y ss.; DÍAZ REVORIO, Francisco Javier, *Las sentencias interpretativas del Tribunal Constitucional*, *op. cit.*, pp. 16 y ss.

331 DÍAZ REVORIO, Francisco Javier, *Ibidem*, p. 17.

332 FIGUEROA MEJÍA, Giovanni A., *Las sentencias constitucionales atípicas...*, *op. cit.*, p. 37.

333 *Idem.*

b) La norma como objeto de control

Por el contrario, los que sostienen a la norma como objeto del control de constitucionalidad,[334] señalan que el Tribunal Constitucional, debe abstenerse de pronunciarse sobre su base en los textos, de manera que, el órgano con jurisdicción constitucional se centrará únicamente al estudio de constitucionalidad de la norma que el promovente señala como contraria a los principios y valores constitucionales.[335] Sin embargo, no son menores los problemas que esta tesis propone. En primer lugar, porque si se afirma que el tribunal ha de pronunciarse sobre la cuestión propuesta, y ésta se refiere exclusivamente a una norma, el propio Tribunal Constitucional se verá absolutamente vinculado por la interpretación del texto que realizar en él el órgano jurisdiccional proponente de la cuestión, aun cuando esta interpretación fuera una norma privada de cualquier consistencia, o extraída erróneamente o de modo arbitrario de la disposición.[336] En segundo lugar, si el órgano con jurisdicción constitucional no tomara en consideración el texto y únicamente se circunscribe a pronunciarse sobre la constitucionalidad de la norma impugnada, provocaría que siguieran existiendo normas que, derivando de la disposición que contiene la norma impugnada, no se supiera si son conformes o contarías con la Constitución por no constituir objeto del juicio.[337]

c) Otras posturas doctrinales

A la postre, el blanco y negro puede ser suficiente. Pero ¿por qué privarse del color? Por esta razón, algunos doctrinarios consideran que el objeto de control no puede referirse de manera exclusiva ni a los textos ni a las normas. En tal sentido, algunos autores han rechazado la posibilidad de que el tribunal se pronuncie únicamente en relación a las disposiciones, ya que es necesario tomar en consideración a las normas que de ellas derivan, de forma que el control de constitucionalidad tiene por objeto las disposiciones,

---

334 Véase, por ejemplo, a CRISAFULLI, Vezio, "Le sentenze `interpretative´ della Corte costituzionale" en *Rivista trimestrale di Diritto e Procedura civile*, número 1, año XXI, Milán, Giuffrè, 1967, p. 19.

335 FIGUEROA MEJÍA, Giovanni A., *Las sentencias constitucionales atípicas…*, *op. cit.*, pp. 34-37.

336 DÍAZ REVORIO, Francisco Javier, *Las sentencias interpretativas del Tribunal Constitucional*, *op. cit.*, p. 25; ZAGREBELSKY, Gustavo, *La giustizia costituzionale*, *op. cit.*, p. 251.

337 FIGUEROA MEJÍA, Giovanni A., *Las sentencias constitucionales atípicas…*, *op. cit.*, p. 39.

pero también las normas.[338] De forma similar, se ha señalado que, los pronunciamientos de la corte inciden en primer lugar y normalmente sobre textos, pero también sobre normas —en particular cuando no existe interpretación unívoca— y, el mantenimiento de la disposición se justifica porque también derivan de ella normas constitucionales.[339] Por otra parte, se han encontrado razones para diferenciar el objeto de constitucionalidad, con base en la abrogación y la declaración de ilegitimidad constitucional, afirmando que la abrogación, en cuanto causa de cesación de la eficacia de una ley, debe operar exclusivamente sobre la norma sin extender sus propios reflejos hasta el acto-fuente o disposición legislativa, ya que la función de la misma se restringe a la exigencia de evitar que sobre un caso en concreto, se pronuncien al mismo tiempo dos preceptos incompatibles entre sí, mientras que, la declaración de ilegitimidad constitucional, recae directamente sobre la ley o acto-fuente.[340] Desde otra perspectiva, se ha distinguido dentro de las sentencias estimatorias que tienen por objeto las normas, tres supuestos: i) si de una disposición pueden deducirse varias normas alternativamente, una de ellas inconstitucional, la declaración de recaer sobre esa norma, dejando intacta la disposición; ii) lo mismo debe suceder si de una disposición derivan conjuntamente varias normas, siendo una de ellas inconstitucional y; iii) si todas las normas que derivan de una disposición son inconstitucionales, su declaración de inconstitucionalidad hará caer a la propia disposición.[341]

Igualmente, existen otras posturas de quienes niegan la importancia de la distinción entre disposición y norma, al sostener que, en su conjunto, la dife-

---

338 MONTELLA, Mario, *Tipologia delle sentenze della Corte costituzionale*, Rímini, Maggioli Editore, 1992, pp. 93 y ss. Este autor, afirma que, si la disposición puede ser interpretada en varios sentidos, la corte debe adoptar una decisión interpretativa de rechazo o de acogimiento, eliminando en todo o en parte la disposición. De igual forma, si la disposición no es escindible, pero de la misma es posible deducir una multiplicidad de normas, la corte puede utilizar un pronunciamiento interpretativo de rechazo o de acogimiento, en el caso de qué la norma, o parte de la norma que sea inconstitucional, se desprenda correctamente del texto. No obstante, si la disposición tiene una interpretación unívoca y contraria con la constitución, deberían darse tanto la norma, como la disposición.

339 ZAGREBELSKY, Gustavo, *La giustizia costituzionale*, *op. cit.*, pp. 281 y 282.

340 DELFINO, Felice, *La dichiarazione di illegittimità costituzionale delle leggi: natura ed effetti*, Nápoles, Eugenio Jovene, 1970, pp. 75 y ss.

341 GUASTINI, Riccardo, *Le fonti del diritto e l'interpretazione*, Milán, Giuffrè, 1993, p. 306 y ss. Citado por FIGUEROA MEJÍA, Giovanni A., *Las sentencias constitucionales atípicas…*, *op. cit.*, p. 39.

renciación se limita al ámbito doctrinal, por lo que en la práctica jurídica se da una equivalencia total entre disposición y norma.[342]

En definitiva y con base en lo anterior, podemos concluir que, las resoluciones de los tribunales constitucionales recaen sobre textos, pero también sobre normas.[343] Esta premisa, justifica la existencia de las sentencias interpretativas, pues éstas proponen la noción de que toda disposición contiene diferentes normas potenciales, de ahí que el objeto del control de constitucionalidad sean las normas que provienen de cada disposición y sólo formalmente las disposiciones mismas. En consecuencia, el objeto de la impugnación es el precepto o preceptos, es decir, el complejo formado por texto y norma; el objeto sobre el que recae la argumentación del tribunal es el mismo complejo, ya que en todo caso necesita interpretar el precepto impugnado. Por esto, puede afirmarse que el objeto del control de constitucionalidad es el complejo normativo, formulado por disposición y norma (o normas de ellas derivadas o por el texto interpretación), a cual, por simple necesidad de buscar un término diferente, denominaremos precepto."[344]

2. El parámetro de control en el juicio de amparo contra normas generales

Con anterioridad hemos señalado que el término parámetro hace alusión al punto de referencia que debe tomar como base el órgano de control para declarar la invalidez de una norma general. Referente al tema que nos ocupa, de conformidad con el artículo 1° constitucional,[345] los parámetros de control de regularidad constitucional lo son la Constitución Federal y los tratados internacionales de los cuales el Estado mexicano sea parte, es decir, con motivo de la reforma constitucional en materia de derechos fundamentales, las normas generales ordinarias no sólo se confrontan con lo que dispone la Constitución, sino también con esos instrumentos internacionales, situación que fue acentuada por la Suprema Corte en los criterios derivados del expe-

---

342 Cfr., ASCARELLI, Tullio, "Giurisprudenza costituzionale" ...", *op. cit.*, pp. 137 y ss.

343 FIGUEROA MEJÍA, Giovanni A., *Las sentencias constitucionales atípicas…*, *op. cit.*, p. 43.

344 DÍAZ REVORIO, Francisco Javier, *Las sentencias interpretativas del Tribunal Constitucional, op. cit.*, p. 25.

345 "Artículo 1o. En los Estados Unidos Mexicanos todas las personas gozarán de los derechos humanos reconocidos en esta Constitución y en los tratados internacionales de los que el Estado Mexicano sea parte, así como de las garantías para su protección, cuyo ejercicio no podrá restringirse ni suspenderse, salvo en los casos y bajo las condiciones que esta Constitución establece."

diente varios 912/2010, así como en las contradicciones de tesis 293/2011 y 21/2011. Es, por tanto, "el estándar jurídico que determina la existencia de una cuestión de constitucionalidad, ya que la confrontación de una norma general ordinaria en amparo se lleva a cabo frente a lo que prevén esos ordenamientos, sin distinción de jerarquía, con la aclaración de que cuando en la Constitución exista una restricción expresa al ejercicio de los derechos humanos, se debe estar a lo que ordena el texto constitucional."[346]

Además, el examen de regularidad constitucional debe llevarse a cabo a la luz del principio *pro persona*; es decir, aquel instrumento hermenéutico que auxilia a la solución de probables conflictos entre la Constitución y los tratados, a fin de que se elija la vertiente interpretativa que otorgue mayor beneficio al gobernado o que implique una menor restricción a sus derechos.[347] Esto, le daría a nuestro juicio de amparo el carácter de sistema de control de constitucionalidad con parámetro extenso.

3. La naturaleza, titularidad y estructura del órgano de control en el juicio de amparo contra normas generales

Con referencia a la naturaleza de quien ejerce el control de la constitucionalidad de las normas generales, se ha señalado *supra* que, existen fundamentalmente dos esquemas de control en los distintos sistemas jurídicos. El primero, cuando el encargado de esta responsabilidad es un órgano o autoridad de carácter político; el segundo, cuando la responsabilidad de la tutela constitucional le corresponde a un órgano jurisdiccional; a este último sistema de control corresponde el amparo contra leyes en México. Ello se desprende del artículo 103 constitucional, que da competencia a los Tribunales de la Federación para conocer del juicio de amparo contra las leyes.

---

346 Cfr., PÉREZ DAYÁN, Alberto, "El Juicio de Amparo contra leyes", en Ferrer Mac-Gregor, Eduardo y Herrera García, Alfonso (coords.), *El juicio de amparo en el centenario de la Constitución mexicana de 1917, op. cit.*, pp. 563-575, en 621; "DERECHOS HUMANOS CONTENIDOS EN LA CONSTITUCIÓN Y EN LOS TRATADOS INTERNACIONALES. CONSTITUYEN EL PARÁMETRO DE CONTROL DE REGULARIDAD CONSTITUCIONAL, PERO CUANDO EN LA CONSTITUCIÓN HAYA UNA RESTRICCIÓN EXPRESA AL EJERCICIO DE AQUÉLLOS, SE DEBE ESTAR A LO QUE ESTABLECE EL TEXTO CONSTITUCIONAL." Tesis P./J. 20/2014 (10a.), Décima Época, Pleno, *Gaceta del Semanario Judicial de la Federación*, Tomo I, Libro 5, abril de 2014, p. 202, jurisprudencia, constitucional. Registro digital: 2006224.

347 PÉREZ DAYÁN, Alberto, "El Juicio de Amparo contra leyes", *Ibidem*, p. 565.

Por otro lado, existe mucha controversia en el foro especializado, sobre si tratándose del juicio de amparo se habla de un control mayormente concentrado o difuso, en virtud de los múltiples órganos jurisdiccionales que pueden conocer del proceso constitucional.[348] En este sentido, los que consideran que el amparo es un medio de control de constitucionalidad de carácter difuso por ser competentes para conocer de él la Suprema Corte de Justicia; los Tribunales Colegiados de Circuito, los Tribunales Colegiados de Apelación, los Juzgados de Distrito y, los órganos jurisdiccionales de los poderes judiciales de los Estados, en los casos previstos por la ley reglamentaria, confunden la titularidad del órgano con su estructura, es decir, el hecho de que existan diversos órganos competentes para conocer del juicio constitucional, no es equivalente a señalar que todos los jueces ordinarios están facultados para ello —como sucede propiamente en los sistemas difusos—. Sin embargo, si tomamos en consideración que el efecto de la sentencia de amparo es, por regla general, la inaplicación de la ley para el caso particular respecto de las partes de la controversia, podemos advertir que sí tiene matices de control difuso y, en lo que respecta al contexto estructural, conforme al artículo 94 constitucional y 1° de la Ley Orgánica del Poder Judicial de la Federación, es un sistema de carácter plural integralmente descentralizado.

4. El resultado del control en el juicio de amparo contra normas generales

En los modelos de control constitucional concentrado y, en particular, en los procesos de control de validez normativo, el efecto de la sentencia estimatoria, por regla general, es el de la declaración de inconstitucionalidad y nulidad de los preceptos legales impugnados;[349] sin embargo, estos pueden variar según el sistema adoptado en cada país.

---

[348] Conforme al artículo 33 de la Ley de Amparo, son competentes para conocer del juicio de amparo: I. La Suprema Corte de Justicia de la Nación; II. Los tribunales colegiados de circuito; III. Los tribunales colegiados de apelación; IV. Los juzgados de distrito; y V. Los órganos jurisdiccionales de los poderes judiciales de los Estados, en los casos previstos por la Ley reglamentaria.

[349] Referente a los efectos de las sentencias que declaran la inconstitucionalidad del precepto impugnado, Hans Kelsen, sostiene que la anulación de una ley por sentencia tiene el mismo carácter que una ley que abroga otra ley. Esto se traduce en un acto de legislación negativa, debido a que la Constitución faculta al Tribunal Constitucional una función legislativa que en principio estaba reservada el Poder legislativo. Cfr., KELSEN, Hans, *La garantía jurisdiccional de la Constitución (la justicia constitucional)*, trad. Rolando Tamayo y Salmorán, México, UNAM, 2016, p. 86.

En el control concentrado, ejercido en México por el Poder Judicial de la Federación a través del amparo, la declaración de inconstitucionalidad de la norma general tendrá efectos *inter partes*[350] en atención al principio de relatividad de las sentencias, es decir, el efecto será inaplicar la ley únicamente al quejoso.

Aunque, no podemos pasar por alto, que desde hace algún tiempo un grupo mayoritario de la doctrina[351] argumentó enfáticamente que los efectos relativos de las sentencias de amparo, sobre todo cuando el acto reclamado consiste en una ley, "ya no podían seguirse conservando como una reliquia histórica, desprovista de sentido, pues con ello se generaban diversas consecuencias teóricas y prácticas que son inadmisibles en un Estado democrático y de derecho."[352]

Los argumentos expuestos en diversos foros,[353] coadyuvaron en gran medida en la modificación de la fracción II del artículo 107 de la Constitución

---

350 "Este tipo de efectos, en sentido jurídico, significa que la decisión que los posee se aplicará solo a las partes que han intervenido en el proceso que acaba con tal decisión (traducido literalmente del latín significaría "efectos entre las partes")". Cfr., FERNÁNDEZ RODRÍGUEZ, José Julio, voz "Efectos *inter partes*", en *Diccionario de derecho procesal constitucional y convencional. 1001 voces. In Memoriam Dr. Héctor Fix-Zamudio, op. cit.*, pp. 1073-1075, en 1123 pp.

351 Véase FIX-ZAMUDIO, Héctor, "La declaración general de inconstitucionalidad y el juicio de amparo", en *Boletín Mexicano de Derecho Comparado,* núms. 10-11, México, UNAM, enero-agosto, 1971, pp. 53-98; Id., "La justicia constitucional en Iberoamérica y la declaración general de inconstitucionalidad", *Revista de la Facultad de Derecho,* núm. 11, México, UNAM, septiembre, 1979, pp. 641-694.

352 FIGUEROA MEJÍA, Giovanni A., "Efectos de las sentencias de amparo: modificación parcial del principio de relatividad a través de la declaratoria general de inconstitucionalidad", *op.cit.*, pp. 397 y 398.

353 Se puede citar el Primer Congreso Latinoamericano de Derecho Constitucional, efectuado en la Ciudad de México, del 25 al 30 de agosto de 1975, en el que se abordó como tema genérico el relativo al "Derecho y realidad constitucional en América Latina", y en una de sus conclusiones se recomendó lo siguiente: "En la realización del control de la constitucionalidad de las leyes, los tribunales latinoamericanos deben superar el principio adoptado por razones históricas, de la desaplicación concreta de la ley, para consignar el de la declaración general de inconstitucionalidad, tomando en cuenta las particularidades y experiencias de cada régimen jurídico, con el objeto de darle verdadera eficacia". Véase FIX- ZAMUDIO, Héctor *et al., Función del Poder Judicial en los sistemas constitucionales latinoamericanos,* México, UNAM, 1977, pp. 169-186. Otro foro sobresaliente, inicio el 7 de noviembre de 1999, fecha en que la Suprema Corte de Justicia de la Nación, a través de su presidente, convocó a la colectividad

General, quedando con ello incluida una de las mayores innovaciones de las reformas en materia de amparo: la declaratoria general de inconstitucionalidad, que puede efectuar la Suprema Corte de Justicia de la Nación, tratándose de la impugnación jurisdiccional de las normas generales, misma que ya se había extendido en los ordenamientos constitucionales contemporáneos, y en lo cual nuestro país había quedado rezagado.

Por esta razón, la reforma en materia de amparo de seis de junio de dos mil once, suprimió de la parte final de la fracción II del artículo 107 constitucional la frase que decía "sin hacer una declaración general respecto de la ley o acto que la motivare", y con ligeras variaciones terminológicas, el artículo 73 de la nueva Ley de Amparo permite una declaratoria general de inconstitucionalidad que eventualmente pueda pronunciar la Corte Suprema mexicana, cuando considere que la ley secundaria contraviene la Constitución Federal.[354]

---

jurídica mexicana y a la sociedad civil en general a presentar propuestas para una nueva Ley de Amparo que debían enviarse a una Comisión de Análisis de Propuestas (integrada por dos ministros de la Suprema Corte, dos magistrados de circuito, dos académicos y dos abogados postulantes), misma que quedó conformada el 26 del mes y año citados. Durante la primera etapa del proceso de revisión, la Comisión recibió 1,430 propuestas que sirvieron de base para redactar un primer anteproyecto que fue analizado y discutido en un Congreso Nacional de Juristas, desarrollado del 6 al 8 de noviembre de 2000 en Mérida, Yucatán.

Las propuestas de este Congreso se incorporaron a un nuevo anteproyecto de Ley de Amparo que la Comisión presentó en abril de 2001 al Pleno de la Suprema Corte, y que éste revisó, modificó y aprobó en mayo de 2001.

El proyecto finalmente se envió a los poderes Ejecutivo y Legislativo y, después de un tiempo, un grupo de senadores de diversas fuerzas políticas lo presentó como iniciativa de reformas a la Constitución y de nueva Ley de Amparo. En el capítulo V del título IV del mencionado proyecto, uno de los aspectos esenciales fue el de la modificación de la llamada *Fórmula de Otero*, para contemplar la declaratoria general de inconstitucionalidad en los amparos indirectos en revisión, cuando se emite jurisprudencia por reiteración de criterios mediante tres sentencias, según se desprende del artículo 230.

354 "Artículo 73. Las sentencias que se pronuncien en los juicios de amparo sólo se ocuparán de los individuos particulares o de las personas morales, privadas u oficiales que lo hubieren solicitado, limitándose a ampararlos y protegerlos, si procediere, en el caso especial sobre el que verse la demanda.

El Pleno y las Salas de la Suprema Corte, así como los Tribunales Colegiados de Circuito, tratándose de resoluciones sobre la constitucionalidad o convencionalidad de una norma general y amparos colectivos, deberán hacer públicos los proyectos de sentencias que serán discutidos en las sesiones correspondientes, cuando menos con tres días de anticipación a la publicación de las listas de los asuntos que se resolverán.

A partir de estas modificaciones a la Norma Fundamental y a la Ley reglamentaria, el control de constitucionalidad y la protección de los derechos fundamentales no se da sólo en beneficio de quien ha sido afectado directamente, sobre todo en el caso de que se impugnen normas de carácter general, pues con la declaratoria general de inconstitucionalidad se busca que aquellas disposiciones normativas reputadas como irregulares mediante juicio de amparo beneficien a todas las personas y no únicamente a los quejosos.[355]

Asimismo, es necesario señalar que sólo las sentencias derivadas de un amparo indirecto en revisión se encuentran en aptitud de formar jurisprudencia que establezca la inconstitucionalidad de una ley, y en consecuencia para dar lugar a la declaratoria general de inconstitucionalidad.

Por otra parte, los aspectos específicos que deben tenerse en cuenta para que se origine una declaratoria general de inconstitucionalidad están contenidos en la fracción II del artículo 107 de la Constitución Federal, y en los artículos 231 a 235 de la Ley de Amparo. Comenzando cuando las Salas o el Pleno de la Suprema Corte, en los juicios de amparo indirecto en revisión, resuelvan la inconstitucionalidad de una norma general no tributaria, el Presidente de la Sala respectiva o de la Suprema Corte, informará a la autoridad emisora de la norma correspondiente en un plazo de quince días.

Igualmente, cuando los Tribunales Colegiados de Circuito establezcan jurisprudencia por reiteración, o la Suprema Corte de Justicia de la Nación por precedentes, en la cual se determine la inconstitucionalidad de una norma general, se procederá en términos del artículo 107, fracción II, párrafo tercero, de la Constitución General. La Suprema Corte notificará a la autoridad emisora de la norma.

Una vez que se hubiere notificado al órgano emisor de la norma y transcurrido el plazo de noventa días naturales[356] sin que se modifique o derogue

La Suprema Corte de Justicia de la Nación y el Consejo de la Judicatura Federal, mediante acuerdos generales, reglamentarán la publicidad que deba darse a los proyectos de sentencia a que se refiere el párrafo anterior.

Cuando proceda hacer la declaratoria general de inconstitucionalidad se aplicarán las disposiciones del Título Cuarto de esta Ley..."

355 FIGUEROA MEJÍA, Giovanni A., "Efectos de las sentencias de amparo: modificación parcial del principio de relatividad a través de la declaratoria general de inconstitucionalidad", *op.cit.*, p. 401

356 No obstante, cuando el órgano emisor de la norma sea el órgano legislativo federal o local, el plazo de noventa días se computará dentro de los días útiles de los periodos ordinarios de sesiones

la norma declarada inconstitucional, el Pleno de la Suprema Corte emitirá la declaratoria general de inconstitucionalidad respectiva, siempre que fuere aprobada por una mayoría de cuando menos ocho votos.

En virtud de los alcances de la resolución, la Secretaría General de Acuerdos realizará las gestiones necesarias para que la declaratoria general de inconstitucionalidad emitida por el Pleno de la Corte Suprema mexicana se publique en el *Diario Oficial de la Federación* y, en su caso, en el órgano oficial en el que se hubiera difundido la norma declarada inconstitucional, para su publicación dentro del plazo de siete días hábiles.

Con base en las anteriores consideraciones, podemos concluir que la estimación de inconstitucionalidad guarda sus consecuencias solamente para el quejoso, manteniendo la relatividad que corresponde a la sentencia y a esa resolución judicial, en tanto que la generalidad de esta sólo corresponde a la declaratoria general que eventualmente emita el Alto Tribunal.[357]

determinados en la Constitución Federal o Local, según corresponda.

357 FIGUEROA MEJÍA, Giovanni A., "Efectos de las sentencias de amparo: modificación parcial del principio de relatividad a través de la declaratoria general de inconstitucionalidad", *op.cit.*, p. 406.

Capítulo cuarto

Análisis procesal del juicio de amparo contra normas generales

I. EL AMPARO INDIRECTO CONTRA NORMAS GENERALES

El juicio de amparo indirecto contra leyes presenta una serie de características importantes, porque en estos casos, la norma de observancia general es el principal acto reclamado, de tal forma que, la *litis* del proceso se circunscribe a la constitucionalidad del precepto impugnado. En tal sentido, dentro de los principales aspectos a destacar, se encuentran los relativos a determinar la naturaleza autoaplicativa o heteroaplicativa de la norma general; las reglas procesales en cuanto a definitividad, requisitos de la demanda, oportunidad, trámite y suplencia de la queja; así como lo relativo a su impugnación por medio del recurso de revisión, lo cual será materia de estudio en los siguientes apartados.

1. Distinción entre normas autoaplicativas y heteroaplicativas

Tal como expresa el ministro en retiro José Fernando Franco González-Salas, una de las principales problemáticas que se plantearon desde la *Quinta Época del Semanario Judicial de la Federación*, fue la relativa al momento en que podían impugnarse las normas generales, es decir, si podía promoverse el juicio de amparo por su sola entrada en vigor al causar una afectación en la esfera jurídica del quejoso, o bien si se requería un acto concreto de aplicación como presupuesto para la impugnación.[358]

De esta forma, con la finalidad de resolver esta problemática, la doctrina procesal constitucional mexicana distingue entre normas heteroaplicativas y autoaplicativas. Esta división conceptual encuentra su fundamento en el requisito constitucional, contemplado en el artículo 107, fracción I, de que el

---

358 FRANCO GONZÁLEZ-SALAS, José Fernando, "El juicio de amparo indirecto contra normas generales", *op. cit.*, p. 473.

amparo sólo procede a instancia de parte "agraviada", pues se requiere que el acto reclamado genere una afectación a un interés legítimo o un interés jurídico. Como el amparo también procede contra normas generales, los jueces de amparo requieren verificar este presupuesto de afectación cuando se impugnen leyes.

Este requisito atiende a la naturaleza de las funciones del Poder Judicial, que permite preservar el principio de división de poderes, pues la reducción de los presupuestos procesales de impugnación de leyes al grado de no exigir más que un interés simple podría generar el desbordamiento del papel que están llamados a desempeñar los jueces y las juezas en una democracia representativa, como es aquella limitada a resolver casos o controversias mediante la aplicación del derecho y no analizar la bondad de las leyes en abstracto.

Así, la procedencia del juicio constitucional contra leyes por simple oposición o disidencia ideológica, sin mediar la violación a un derecho de las personas, vaciaría el sistema de pesos y contrapesos contemplado por nuestra Constitución, de lo que se deriva el deber de los jueces y las juezas de verificar cuidadosamente que la función de control constitucional que ejercen sea activada sólo cuando se actualice el principio de agravio de parte.

El actual contenido del artículo 103, fracción I, constitucional establece que los tribunales de la Federación resolverán, entre otras cuestiones, las controversias que se susciten por normas generales, actos u omisiones de la autoridad que violen los derechos humanos reconocidos y las garantías otorgadas para su protección por esta Constitución, así como por los tratados internacionales de los que el Estado Mexicano sea parte.

En consecuencia, si las normas generales pueden combatirse en el juicio constitucional por vulnerar derechos humanos, la procedencia de la acción se condiciona a la existencia del principio de agravio. Así, el artículo 61, fracción XII de la Ley de Amparo establece que el juicio de amparo es improcedente "[...] contra normas generales que requieran de un acto de aplicación posterior al inicio de su vigencia". El segundo párrafo de la fracción XIV de dicho artículo, que contiene como causal de improcedencia el consentimiento tácito, establece que "[n]o se entenderá consentida una norma general, a pesar de que siendo impugnable en amparo desde el momento de la iniciación de su vigencia no se haya reclamado, sino sólo en el caso de que tampoco se haya promovido amparo contra el primer acto de su aplicación en perjuicio del quejoso."

Por tanto, el juicio de amparo procede contra normas generales que se estimen violatorias de los derechos humanos y/o garantías constitucionales cuando exista un principio de afectación, para lo cual en la ley se contemplan dos momentos posibles: *i)* Por su sola entrada en vigor, y *ii)* Cuando existe un acto de aplicación.

Así, para determinar cuándo una norma general causa una afectación con su sola entrada en vigor y cuándo se requiere de un acto de aplicación, la jurisprudencia constitucional de la Suprema Corte introdujo la distinción entre normas heteroaplicativas y autoaplicativas, en función de las posibilidades de afectación de una norma general.

De tal modo que, el criterio de clasificación de ambos tipos de normas gira alrededor del concepto de "individualización incondicionada", con el cual se ha entendido, la noción de norma autoaplicativa, como aquella norma que trasciende directamente para afectar la esfera jurídica del quejoso, sin condicionarse a ningún acto.

En este orden de ideas, el concepto de distinción se basa en la noción de contenido normativo condicionado: Si se trata de un contenido normativo incondicionado, la norma es autoaplicativa. Si su contenido está condicionado, se trata de una norma heteroaplicativa. En palabras del Alto Tribunal:

> "[...] cuando las obligaciones derivadas de la ley nacen con ella misma, independientemente de que no se actualice condición alguna, se estará en presencia de una ley autoaplicativa o de individualización incondicionada; en cambio, cuando las obligaciones de hacer o de no hacer que impone la ley, no surgen en forma automática con su sola entrada en vigor, sino que se requiere para actualizar el perjuicio de un acto diverso que condicione su aplicación, se tratará de una disposición heteroaplicativa o de individualización condicionada, pues la aplicación jurídica o material de la norma, en un caso concreto, se halla sometida a la realización de ese evento."[359]

De lo anterior, se advierte que el criterio de clasificación de heteroaplicabilidad y autoaplicabilidad es formal, esto es, relativo o dependiente de una concepción material de afectación que dé contenido a ambos tipos de normas, pues sin un concepto previo de agravio que tome como base, por ejemplo, al interés jurídico, legítimo o simple, el concepto de individualización incondi-

359 Tesis de jurisprudencia 55/97 del Pleno de la Suprema Corte de Justicia de la Nación, visible en la página 5 del Tomo VI (julio de 1997) del Semanario Judicial de la Federación y su Gaceta, de rubro "LEYES AUTOAPLICATIVAS Y HETEROAPLICATIVAS. DISTINCIÓN BASADA EN EL CONCEPTO DE INDIVIDUALIZACIÓN INCONDICIONADA"

cionada no es apto por sí mismo para determinar cuándo una ley genera perjuicios por su sola entrada en vigor o si se requiere de un acto de aplicación.

2. *Adaptación de la clasificación de normas autoaplicativas y heteroaplicativas al concepto de interés legítimo individual o colectivo*

En el amparo en revisión 152/2013,[360] en el cual retomó las consideraciones que sustentó en el Amparo en Revisión 366/2012,[361] la Primera Sala de la Suprema Corte de Justicia de la Nación sostuvo que, las normas autoaplicativas y heteroaplicativas se deben seguir distinguiendo por el concepto de individualización incondicionada, el cual, conforme al artículo 107 constitucional, puede proyectarse en dos espacios de afectación posible, a saber, el de interés jurídico y el de interés legítimo.

Tratándose de interés jurídico, se entenderá que son normas autoaplicativas aquellas cuyos efectos ocurren en forma incondicionada, esto es, sin necesidad de un acto de aplicación, lo que sucede cuando esos efectos trascienden en la afectación de un derecho subjetivo; es decir, cuando de forma personal y directa se creen, transformen o extingan situaciones concretas de derecho, en dos escenarios distintos: *i)* Esas normas establezcan obligaciones de hacer o no hacer directamente a los particulares, o *ii)* Generen hipótesis normativas cuya actualización inmediata traigan aparejadas consecuencias jurídicas para ellos. En caso contrario, cuando se requiera un acto de aplicación para la consecución de alguno de estos escenarios de afectación, las normas serán heteroaplicativas.

En ambos casos se entiende que la noción de afectación es un agravio personal y directo a un derecho subjetivo, por lo que cabría afirmar que los quejosos son destinatarios directos de estas normas.

En cambio, tratándose de interés legítimo, se entenderá que son normas autoaplicativas aquellas cuyos efectos, igualmente, ocurren en forma incondicionada, esto es, sin necesidad de un acto de aplicación, lo que sucede cuando esos efectos trascienden en la afectación individual o colectiva, calificada, actual, real y jurídicamente relevante de la parte quejosa, es decir, una afec-

---

360 Resuelto en sesión de veintitrés de abril de dos mil catorce, por la Primera Sala de la Suprema Corte de Justicia de la Nación, por mayoría de cuatro votos.

361 Resuelto en sesión de cinco de septiembre de dos mil doce, por la Primera Sala de la Suprema Corte de Justicia de la Nación, por unanimidad de cinco votos.

tación a la esfera jurídica del quejoso en sentido amplio, que puede ser de índole económica, profesional, de salud pública o de cualquier otra, siempre que dicho interés esté garantizado por un derecho objetivo y que pueda traducirse, en caso de concederse el amparo, en un beneficio jurídico al quejoso.

El artículo 107, fracción I, constitucional establece que el interés legítimo se puede generar por una afectación indirecta, generada por la especial situación del quejoso frente al orden jurídico, lo que implica, como se lo dijo la Corte Suprema mexicana al resolver la Contradicción de Tesis 553/2012,[362] que para constatar un interés legítimo no es necesario que las normas impugnadas tengan como destinatarios directos a los quejosos, sino que pueden ser terceros que resienten la afectación indirecta, por una irradiación colateral de los efectos de la norma. Así, el análisis de este apartado requiere una evaluación no sólo de la relación de la ley y sus destinatarios, sino también de un análisis integral de las relaciones jurídicas en que se encuentran los particulares, siendo en el contexto de este tráfico de relaciones donde se puede apreciar la afectación de la ley.

Por tanto, se insistió que los quejosos no deben ser destinatarios directos de la ley impugnada, sino que es suficiente que sean terceros que resientan una afectación incondicionada.

Así pues, las normas autoaplicativas en el contexto del interés legítimo sí requieren de una afectación personal, pero no directa, sino indirecta, la cual puede suceder en tres escenarios distintos:

a. Cuando una ley establezca directamente obligaciones de hacer o no hacer a un tercero, sin la necesidad de un acto de aplicación, que impacte colateralmente al quejoso –no destinatario de las obligaciones– en un grado suficiente para afirmar que genera una afectación que reúne las características de jurídicamente relevante, cualificado, actual y real. La afectación debe estar garantizada por el derecho objetivo y, en caso de concederse el amparo, el quejoso podrá obtener un beneficio jurídico;

b. Cuando la ley establezca hipótesis normativas que no están llamados a actualizar a los quejosos como destinatarios de la norma, sino terceros de manera inmediata sin la necesidad de un acto de aplicación, pero que, por su posición frente al ordenamiento jurí-

[362] Resuelta en sesión de seis de marzo de dos mil trece, por la la Primera Sala de la Suprema Corte de Justicia de la Nación, por mayoría de cuatro votos.

dico, los quejosos resentirán algunos efectos de las consecuencias asociadas a esa hipótesis normativa en grado suficiente para ser personal o colectivo, cualificado, actual, real y jurídicamente relevante, cuya comprobación pasa por verificar que, en caso de otorgarse el amparo, el quejoso obtendría un beneficio jurídico; y/o,

c. Cuando la ley regule algún ámbito material e independientemente de la naturaleza de las obligaciones establecidas a sus destinatarios directos, su contenido genere de manera inmediata la afectación individual o colectiva, calificada, actual, real y jurídicamente relevante de la parte quejosa, es decir, una afectación a la esfera jurídica del quejoso en sentido amplio, que puede ser de índole económica, profesional, de salud pública o de cualquier otra, siempre que dicho interés esté garantizado por un derecho objetivo y que pueda traducirse, en caso de concederse el amparo, en un beneficio jurídico al quejoso.

En caso contrario, cuando se requiera un acto de aplicación, para la consecución de alguno de estos escenarios de afectación, las normas serán heteroaplicativas.

Igualmente en el citado amparo en revisión 152/2013, la Primera Sala del Máximo Tribunal, determinó que un tipo de estas normas corresponde al de aquellas que son estigmatizadoras, es decir, que con independencia de que establezcan contenidos condicionados a un acto de aplicación, proyectan un mensaje discriminatorio contra ciertos sujetos, que resienten una afectación generada por la parte valorativa de la norma, al incluir criterios vedados por el artículo 1o. de la Constitución Política de los Estados Unidos Mexicanos.[363]

Por otra parte, la segunda especie de normas heteroaplicativas por su contenido normativo, pero que generan una afectación autoaplicativa, que corre de manera paralela, es aquella integrada por aquellas que producen un riesgo estructural en la dimensión colectiva de la libertad de expresión; ello, porque con independencia de sus actos de aplicación, su mera existencia obstaculiza, impide o estorba el acceso a los canales de deliberación pública produciendo

---

363 Constitución Política de los Estados Unidos Mexicanos. Artículo 1° [...] Queda prohibida toda discriminación motivada por origen étnico o nacional, el género, la edad, las discapacidades, la condición social, las condiciones de salud, la religión, las opiniones, las preferencias sexuales, el estado civil o cualquier otra que atente contra la dignidad humana y tenga por objeto anular o menoscabar los derechos y libertades de las personas.

una afectación diferenciada sobre quienes se dedican a la comunicación pública.[364]

En suma, se ha determinado que existe un género de normas que, no obstante tener una estructura heteroaplicativa, pueden producir una afectación autoaplicativa, la cual se integra de dos especies, una donde se alojan las disposiciones con mensajes estigmatizantes en detrimento de categorías sospechosas y la otra con efectos inmediatos de inhibición en el ejercicio de los derechos que hacen posible la deliberación pública.[365]

Asimismo, la Primera Sala al resolver el Recurso de Queja 35/2020[366] consideró que si bien es cierto que la titularidad de un interés legítimo no supone la existencia de un derecho subjetivo —como sí lo supone el "interés jurídico"—, también lo es que efectivamente supone la tutela jurídica de alguna "situación especial frente al orden jurídico" de la parte quejosa. Situación la cual admite a su vez que alguna norma establezca un interés difuso en beneficio de una colectividad, ya sea identificada o identificable, lo que obliga a la parte quejosa a demostrar dentro de juicio su pertenencia a dicha colectividad.[367]

Así, en el recurso de referencia se estableció la posibilidad de que una asociación civil cuente con interés legítimo para impugnar la constitucionalidad de actos u omisiones de autoridad y normas generales y determinó los requisitos que deben satisfacerse para tal efecto, a fin de crear una regla interpretativa con la finalidad de identificar la afectación a la esfera jurídica fundamental de las asociaciones civiles que dedican sus esfuerzos a la defensa de derechos

---

364 Tesis aislada XXXI/2016 de esta Primera Sala, visible en la página 678 del Libro 27 (febrero de 2016) de la Gaceta del Semanario Judicial de la Federación, de rubro: "INTERÉS LEGÍTIMO EN AMPARO CONTRA LEYES PENALES. SE ACTUALIZA ANTE NORMAS CUYA MERA EXISTENCIA GENERA UN EFECTO DISUASIVO EN EL EJERCICIO DE LA LIBERTAD DE EXPRESIÓN Y EL DERECHO FUNDAMENTAL DE ACCESO A LA INFORMACIÓN."

365 Tesis aislada XXX/2016 de esta Primera Sala, visible en la página 682 de Libro 27 (Tomo I) de la Gaceta del Semanario Judicial de la Federación, de rubro: "LIBERTAD DE EXPRESIÓN Y DERECHO DE ACCESO A LA INFORMACIÓN. TIPOS DE AFECTACIÓN RESENTIBLE A CAUSA DE NORMAS PENALES".

366 Resuelto en sesión de nueve de septiembre de dos mil veinte, por la Primera Sala de la Suprema Corte de Justicia de la Nación, por unanimidad de cinco votos.

367 Véase la tesis aislada 2a.XVIII/2013 (10a.) publicada en el Semanario Judicial de la Federación y su Gaceta, Décima Época, Libro XVIII, marzo de 2013, Tomo 2, página 1736, con número de registro 2003067, de rubro: "INTERÉS LEGÍTIMO. ALCANCE DE ESTE CONCEPTO EN EL JUICIO DE AMPARO."

colectivos. De forma que, adicionalmente a la acreditación de los requisitos generales, cuando quien aduce un interés legítimo para la promoción del juicio de amparo es una asociación civil, ésta debe demostrar, a través de los medios de prueba idóneos:

i. La existencia de una norma constitucional en la que se reconozca la protección de algún interés difuso en beneficio de una colectividad, determinada o determinable;

ii. Que el acto reclamado trasgrede o trasgredió ese interés difuso, ya sea de forma individual o colectiva;

iii. Que demuestre, a través de los medios de prueba idóneos, su pertenencia a esa colectividad;

iv. Que dentro de su objeto social se encuentra la promoción, protección y/o defensa de un derecho humano de naturaleza colectiva; y,

v. Que el acto que está reclamado sea violatorio de ese derecho humano de naturaleza colectiva, cuya promoción, protección y/o defensa le corresponde en virtud de su objeto social; es decir, debe acreditar la afectación de la que se duele, efectivamente, trascendió o trasciende a su esfera jurídica, impidiéndole así el ejercicio o la práctica de su objeto social.

3. Oportunidad para promover la demanda de amparo

La oportunidad para la presentación de un juicio de amparo contra normas generales requiere en principio definir si se trata de una norma autoaplicativa, o bien heteroaplicativa, debido a que esta circunstancia definirá el plazo con el que cuentan los quejosos para promover la demanda respectiva.

El plazo para interponer el amparo contra una ley autoaplicativa se encuentra previsto en el artículo 17, fracción I, de la Ley de Amparo[368] que expresamente dispone será de treinta días, los cuales, de acuerdo al numeral 18 de la ley en comento, se computan a partir de las cero horas del día de

---

368 "Artículo 17. El plazo para presentar la demanda de amparo es de quince días, salvo: I. Cuando se reclame una norma general autoaplicativa, o el procedimiento de extradición, en que será de treinta días."

su entrada en vigor.[369] El plazo de treinta días para interponer la demanda de amparo deben ser días hábiles, es decir, apartando aquellos previstos en los artículos 19 de la Ley reglamentaria,[370] 143 de la Ley Orgánica del Poder Judicial de la Federación,[371] así como, del artículo 9 del Acuerdo General del Pleno del Consejo de la Judicatura Federal que establece las disposiciones en materia de actividades administrativas de los órganos jurisdiccionales, publicado en el *Diario Oficial de la Federación* el 15 de enero de 2015.

Cabe destacar que si una norma autoaplicativa no se impugna dentro del plazo de treinta días a partir de su entrada en vigor, esto no implica su consentimiento como causa de improcedencia, pues ello, únicamente ocurrirá en el caso de que tampoco se promueva el amparo cuando se produzca el primer acto concreto de aplicación,[372] si contra éste procede algún recurso o medio de defensa ordinario, y el quejoso decide agotarlo, el consentimiento se producirá solo en el caso de que no se promueva el amparo en contra de

---

369 Véase "LEYES AUTOAPLICATIVAS. EL PLAZO DE TREINTA DÍAS PARA PROMOVER EL AMPARO INICIA DESDE LAS CERO HORAS DEL MISMO DÍA EN QUE ENTRAN EN VIGOR." Tesis P. CIX/98, Novena Época, Pleno, *Semanario Judicial de la Federación y su Gaceta,* Tomo VIII, diciembre de 1998, p. 251, aislada, común, constitucional. Registro digital: 194893; "LEYES AUTOAPLICATIVAS. CUANDO EL PLAZO PARA IMPUGNARLAS INICIA EN DÍA INHÁBIL, NO DEBE CONTARSE ÉSTE." Tesis 2a. LXI/99, Novena Época, Segunda Sala, *Semanario Judicial de la Federación y su Gaceta,* Tomo IX, mayo de 1999, p. 506, aislada, común. Registro digital: 193923.

370 "Artículo 19. Son días hábiles para la promoción, substanciación y resolución de los juicios de amparo todos los del año, con excepción de los sábados y domingos, uno de enero, cinco de febrero, veintiuno de marzo, uno y cinco de mayo, catorce y dieciséis de septiembre, doce de octubre, veinte de noviembre y veinticinco de diciembre, así como aquellos en que se suspendan las labores en el órgano jurisdiccional ante el cual se tramite el juicio de amparo, o cuando no pueda funcionar por causa de fuerza mayor."

371 "Artículo 143. En los órganos del Poder Judicial de la Federación, se considerarán como días inhábiles los sábados y domingos, el 1o. de enero, 5 de febrero, 21 de marzo, 1o. de mayo, 14 y 16 de septiembre y 20 de noviembre, durante los cuales no se practicarán actuaciones judiciales, salvo en los casos expresamente consignados en la Ley."

372 "LEYES AUTOAPLICATIVAS COMBATIDAS CON MOTIVO DE SU PRIMER ACTO DE APLICACIÓN. CUANDO LA DEMAN DA ES EXTEMPORÁNEA RESPECTO DE ÉSTE, TAMBIÉN LO ES EN RELACIÓN CON LA LEY, AUN CUANDO NO HAYA TRANSCURRIDO EL PLAZO DE 30 DÍAS PARA SU IMPUGNACIÓN." Tesis 2a./J. 95/2005, Novena Época, Segunda Sala, *Semanario Judicial de la Federación y su Gaceta,* Tomo XXII, septiembre de 2005, p. 328, jurisprudencia, común. Registro digital: 177265.

la resolución del citado recurso o medio de defensa, lo que se desprende del contenido del diverso numeral 61, fracción XIV, segundo y tercer párrafos de la Ley de Amparo.[373]

Por otro lado, el plazo para promover el juicio de amparo contra normas heteroaplicativas, es el genérico de quince días previsto en el artículo 17 de la Ley de Amparo, el cual deberá computarse, conforme al numeral 18 del citado ordenamiento, iniciando el día siguiente a aquel en que surta efectos la notificación del acto reclamado en donde se hubiere aplicado por primera vez la norma,[374] o bien, a aquel en que haya tenido conocimiento o se ostente sabedor del acto reclamado o de su ejecución.

4. Principio de definitividad

Efectivamente el juicio de amparo está sujeto al principio de definitividad, según el cual, antes de acudir al amparo es necesario agotar todos los recursos o medios de defensa ordinarios, por virtud de los cuales pudiera modificarse o revocarse el acto de origen; sin embargo, este principio en el juicio de amparo indirecto tiene varias excepciones, por ejemplo, cuando el acto reclamado consista en normas generales heteroaplicativas, pues el tercer párrafo de la fracción XIV del artículo 61 de la Ley de Amparo, expresamente señala que "cuando contra el primer acto de aplicación proceda algún recurso o medio de defensa legal por virtud del cual pueda ser modificado, revocado o nulificado, será optativo para el interesado hacerlo valer o impugnar desde luego la norma general en juicio de amparo".[375] De igual manera, no es necesario que se agote el principio de definitividad en los casos en que se reclame un acto

---

373 "Artículo 61. El juicio de amparo es improcedente: [...] XIV. [...] No se entenderá consentida una norma general, a pesar de que siendo impugnable en amparo desde el momento de la iniciación de su vigencia no se haya reclamado, sino sólo en el caso de que tampoco se haya promovido amparo contra el primer acto de su aplicación en perjuicio del quejoso."

374 Véase "LEYES HETEROAPLICATIVAS. EL PLAZO PARA PROMOVER JUICIO DE AMPARO EN SU CONTRA, ES A PARTIR DE LA FECHA EN QUE SE DEMUESTRE LA NOTIFICACIÓN DEL PRIMER ACTO DE APLICACIÓN, SI AQUÉLLA NO SE DESVIRTÚA." Tesis 2a. IV/98, Novena Época, Segunda Sala, Semanario Judicial de la Federación y su Gaceta, Tomo VII, febrero de 1998, p. 227, aislada, común. Registro digital: 196911.

375 Ejemplo que tomamos de FRANCO GONZÁLEZ-SALAS, José Fernando, "El juicio de amparo indirecto contra normas generales", *Ibidem*, p. 495.

de autoridad de naturaleza administrativa aislado en que se haya aplicado al quejoso una norma general que estime inconstitucional, o bien, en los que se reclame un acto de autoridad administrativa que culmine un procedimiento seguido en forma de juicio en el que se le aplique una norma general que considere inconstitucional y proceda en su contra un recurso o medio de defensa legal, aun cuando, en ambos casos con la interposición del recurso se suspendan los efectos de tales actos.[376]

5. Demanda y trámite del amparo indirecto contra normas generales

La demanda de amparo, de conformidad con el artículo 108 de la ley reglamentaria, debe cumplir determinados requisitos, a saber:

> Artículo 108. La demanda de amparo indirecto deberá formularse por escrito o por medios electrónicos en los casos que la ley lo autorice, en la que se expresará:
>
> I. El nombre y domicilio del quejoso y del que promueve en su nombre, quien deberá acreditar su representación;
>
> II. El nombre y domicilio del tercero interesado, y si no los conoce, manifestarlo así bajo protesta de decir verdad;
>
> III. La autoridad o autoridades responsables. En caso de que se impugnen normas generales, el quejoso deberá señalar a los titulares de los órganos de Estado a los que la ley encomiende su promulgación. En el caso de las autoridades que hubieren intervenido en el refrendo del decreto promulgatorio de la ley o en su publicación, el quejoso deberá señalarlas con el carácter de autoridades responsables, únicamente cuando impugne sus actos por vicios propios;
>
> IV. La norma general, acto u omisión que de cada autoridad se reclame;
>
> V. Bajo protesta de decir verdad, los hechos o abstenciones que constituyan los antecedentes del acto reclamado o que sirvan de fundamento a los conceptos de violación;
>
> VI. Los preceptos que, conforme al artículo 1o de esta Ley, contengan los derechos humanos y las garantías cuya violación se reclame;
>
> VII. Si el amparo se promueve con fundamento en la fracción II del artículo 1o de esta Ley, deberá precisarse la facultad reservada a los estados u otorgada al

---

[376] "RECURSOS. PARA LA PROCEDENCIA DEL AMPARO CONTRA LEYES, NO ES NECESARIO AGOTARLOS, AUN CUANDO CONFORME A LAS MISMAS LEYES SE SUSPENDAN LOS EFECTOS DE DICHOS ACTOS MEDIANTE SU INTERPOSICION." Tesis P. III/93, Octava Época, Pleno, *Gaceta del Semanario Judicial de la Federación*, núm. 61, enero de 1993, p. 56, aislada, común. Registro digital: 205581.

> Distrito Federal que haya sido invadida por la autoridad federal; si el amparo se promueve con apoyo en la fracción III de dicho artículo, se señalará el precepto de la Constitución General de la República que contenga la facultad de la autoridad federal que haya sido vulnerada o restringida; y
>
> VIII. Los conceptos de violación.

Ahora bien, tratándose de amparos promovidos contra normas generales, cabe resaltar lo contenido en la fracción III, la cual señala que, la única autoridad que debe ser llamada a juicio como responsable es aquella a la que se encomienda la promulgación de la ley; sin embargo, las diversas autoridades encargadas del refrendo y la publicación de la norma impugnada podrán ser señaladas como responsables, si y sólo si, estos últimos actos se impugnan por vicios propios.

Colmados los requisitos de la demanda de amparo indirecto, debe tenerse en cuenta que, si se presenta en forma impresa, debe verificarse con cuántas copias ha de acompañarse, debiéndose dar cumplimiento en lo establecido por el artículo 110 de la Ley Amparo,[377] en cuanto prevé que se exhibirán tantas copias como partes sean en el juicio y en caso de solicitarse la suspensión de las normas generales reclamadas, deberán acompañarse a la demanda dos copias más.

En este marco, cuando se señale como autoridad responsable al Congreso de la Unión, deberán inscribirse dos copias, una para la Cámara de Diputados y otra para la Cámara de Senadores, más las que resulten respecto de las demás partes en el juicio, esto es, de las diversas autoridades responsables, del tercero o terceros interesados, la del Ministerio Público Federal y dos más para la formación del incidente de suspensión de los actos reclamados.

---

377 "Artículo 110. Con la demanda se exhibirán copias para cada una de las partes y dos para el incidente de suspensión, siempre que se pidiere y no tuviere que concederse de oficio. Esta exigencia no será necesaria en los casos que la demanda se presente en forma electrónica.

El órgano jurisdiccional de amparo, de oficio, mandará expedir las copias cuando el amparo se promueva por comparecencia, por vía telegráfica o por medios electrónicos, lo mismo que en asuntos del orden penal, laboral tratándose de los trabajadores, cuando se puedan afectar intereses de menores o incapaces, así como los derechos agrarios de los núcleos de población comunal o ejidal o de los ejidatarios o comuneros, así como cuando se trate de quienes por sus condiciones de pobreza o marginación se encuentren en clara desventaja social para emprender un juicio."

Aunque, no debe perderse de vista, que en caso de que el quejoso se encuentre dentro de alguna de las hipótesis que señala el párrafo segundo del numeral citado, podrá no exhibir las copias respectivas y el órgano jurisdiccional de amparo deberá ordenar se expidan, no obstante, es conveniente aún en tratándose de ese caso exhibir las que correspondan.

La presentación de la demanda de amparo indirecto contra normas generales autoaplicativas, o bien, heteroaplicativas se efectuará, por regla general, en la Oficina de Correspondencia Común de los Juzgados de Distrito que corresponda, con arreglo al Acuerdo General 3/2013 del Pleno del Consejo de la Judicatura Federal, relativo a la determinación del número y límites territoriales de los Circuitos Judiciales en que se divide la República Mexicana; y al número, a la jurisdicción territorial y especialización por Materia de los Tribunales de Circuito y de los Juzgados de Distrito, en relación con el artículo 50 de la Ley Orgánica del Poder Judicial de la Federación.[378]

Igualmente, podrá ser competente para conocer del juicio de amparo contra normas generales heteroaplicativas —al contrario de cuando se promueve contra normas generales autoaplicativas en que únicamente se surte ante el Juez de Distrito—, un Tribunal Colegiado de Apelación, cuando se promueva contra actos de otros tribunales de la misma naturaleza, en los que se haya aplicado al gobernado una norma que estime es inconstitucional, de conformidad con lo dispuesto en los artículos 107, fracción XII,[379] de la Constitución

378 "Artículo 50. Cuando se establezcan en un mismo lugar varios juzgados de distrito que no tengan competencia especial o que deban conocer de la misma materia, tendrán una o varias oficinas de correspondencia común, las cuales recibirán las promociones, las registrarán por orden numérico riguroso y las turnarán inmediatamente al órgano que corresponda de acuerdo con las disposiciones que dicte el Consejo de la Judicatura Federal."

379 "Artículo 107. Las controversias de que habla el artículo 103 de esta Constitución, con excepción de aquellas en materia electoral, se sujetarán a los procedimientos que determine la ley reglamentaria, de acuerdo con las bases siguientes: [...] XII. La violación de las garantías de los artículos 16, en materia penal, 19 y 20 se reclamará ante el superior del tribunal que la cometa, o ante el Juzgado de Distrito o Tribunal Colegiado de Apelación que corresponda, pudiéndose recurrir, en uno y otro caso, las resoluciones que se pronuncien, en los términos prescritos por la fracción VIII. [...]"

Federal, 35, fracción I, de la Ley Orgánica del Poder Judicial de la Federación[380] y 36, de la Ley de Amparo.[381]

Con referencia al trámite del juicio de amparo indirecto contra normas generales, resultan aplicables las reglas generales previstas en los diversos 115, 116 y 117 de la Ley de reglamentaria,[382] según los cuales, una vez admitida a trámite la demanda de amparo, el tribunal de amparo debe requerir a las autoridades responsables para que rindan su informe justificado en un plazo

---

380 "Artículo 35. Los tribunales colegiados de apelación conocerán: I. De los juicios de amparo promovidos contra actos de otros tribunales colegiados de apelación, que no constituyan sentencias definitivas, en términos de lo previsto por la Ley de Amparo, Reglamentaria de los artículos 103 y 107 de la Constitución Política de los Estados Unidos Mexicanos respecto de los juicios de amparo indirecto promovidos ante juzgados de distrito. En estos casos, el tribunal colegiado de apelación competente será el más próximo a la residencia de aquél que haya emitido el acto impugnado;"

381 "Artículo 36. Los tribunales colegiados de apelación sólo conocerán de los juicios de amparo indirecto promovidos contra actos de otros tribunales de la misma naturaleza. Será competente otro tribunal del mismo circuito, si lo hubiera, o el más próximo a la residencia de aquél que haya emitido el acto reclamado."

382 "Artículo 115. De no existir prevención, o cumplida ésta, el órgano jurisdiccional admitirá la demanda; señalará día y hora para la audiencia constitucional, que se celebrará dentro de los treinta días siguientes; pedirá informe con justificación a las autoridades responsables, apercibiéndolas de las consecuencias que implica su falta en términos del artículo 117 de esta Ley; ordenará correr traslado al tercero interesado; y, en su caso, tramitará el incidente de suspensión.

Cuando a criterio del órgano jurisdiccional exista causa fundada y suficiente, la audiencia constitucional podrá celebrarse en un plazo que no podrá exceder de otros treinta días."

"Artículo 116. Al pedirse el informe con justificación a la autoridad responsable, se le remitirá copia de la demanda, si no se hubiese enviado al requerir el informe previo. Al tercero interesado se le entregará copia de la demanda al notificársele del juicio. Si reside fuera de la jurisdicción del órgano que conoce del amparo se le notificará por medio de exhorto o despacho que podrán ser enviados y recibidos haciendo uso de la Firma Electrónica o, en caso de residir en zona conurbada, podrá hacerse por conducto del actuario."

"Artículo 117. La autoridad responsable deberá rendir su informe con justificación por escrito o en medios magnéticos dentro del plazo de quince días, con el cual se dará vista a las partes. El órgano jurisdiccional, atendiendo a las circunstancias del caso, podrá ampliar el plazo por otros diez días.

Entre la fecha de notificación al quejoso del informe justificado y la de celebración de la audiencia constitucional, deberá mediar un plazo de por lo menos ocho días; de lo contrario, se acordará diferir o suspender la audiencia, según proceda, a solicitud del quejoso o del tercero interesado.

de quince días, el cual podrá ser ampliado, atendiendo a las circunstancias del caso, por otros diez días más. Asimismo, en el acuerdo de admisión se señala fecha para la celebración de la audiencia constitucional, que tendrá verificativo dentro de los treinta días siguientes, a menos que exista causa fundada y suficiente a juicio del órgano jurisdiccional, caso en el cual, la audiencia podrá celebrarse en un plazo que no excederá de otros treinta días. Sin em-

---

En el sistema procesal penal acusatorio, la autoridad jurisdiccional acompañará un índice cronológico del desarrollo de la audiencia en la que se haya dictado el acto reclamado, en el que se indique el orden de intervención de cada una de las partes.
Los informes rendidos fuera de los plazos establecidos en el párrafo primero podrán ser tomados en cuenta si el quejoso estuvo en posibilidad de conocerlos. Si no se rindió informe justificado, se presumirá cierto el acto reclamado, salvo prueba en contrario, quedando a cargo del quejoso acreditar su inconstitucionalidad cuando dicho acto no sea en sí mismo violatorio de los derechos humanos y garantías a que se refiere el artículo 1o de esta Ley.
En el informe se expondrán las razones y fundamentos que se estimen pertinentes para sostener la improcedencia del juicio y la constitucionalidad o legalidad del acto reclamado y se acompañará, en su caso, copia certificada de las constancias necesarias para apoyarlo.
En amparos en materia agraria, además, se expresarán nombre y domicilio del tercero interesado, los preceptos legales que justifiquen los actos que en realidad hayan ejecutado o pretendan ejecutar y si las responsables son autoridades agrarias, la fecha en que se hayan dictado las resoluciones que amparen los derechos agrarios del quejoso y del tercero, en su caso, y la forma y términos en que las mismas hayan sido ejecutadas, así como los actos por virtud de los cuales aquéllos hayan adquirido sus derechos, de todo lo cual también acompañarán al informe copias certificadas, así como de las actas de posesión, planos de ejecución, censos agrarios, certificados de derechos agrarios, títulos de parcela y demás constancias necesarias para precisar los derechos de las partes.
No procederá que la autoridad responsable al rendir el informe pretenda variar o mejorar la fundamentación y motivación del acto reclamado, ni que ofrezca pruebas distintas de las consideradas al pronunciarlo, salvo las relacionadas con las nuevas pretensiones deducidas por el quejoso.
Tratándose de actos materialmente administrativos, cuando en la demanda se aduce la falta o insuficiencia de fundamentación y motivación, en su informe justificado la autoridad deberá complementar en esos aspectos el acto reclamado. En esos casos, deberá correrse traslado con el informe al quejoso, para que en el plazo de quince días realice la ampliación de la demanda, la que se limitará a cuestiones derivadas de la referida complementación. Con la ampliación se dará vista a las responsables así como al tercero interesado y, en su caso, se emplazará a las diversas autoridades que en ampliación se señalen. Para tales efectos deberá diferirse la audiencia constitucional."

bargo, los plazos antes mencionados son distintos en caso de que el juicio de amparo se promueva respecto de normas declaradas inconstitucionales por jurisprudencia de la Suprema Corte de Justicia de la Nación o de los Plenos Regionales, pues en estos casos, el plazo para rendir el informe justificado se limita a tres días, y la fecha para la celebración de la audiencia constitucional debe programarse dentro de los diez días siguientes a la de admisión de la demanda, tal como lo dispone el artículo 118 de la Ley de Amparo.[383]

6. Suplencia de la deficiencia de la queja

Con relación a la suplencia de la queja tratándose de amparos promovidos contra normas generales, cabe destacar que, con arreglo a lo dispuesto en el artículo 79, fracción I de la Ley de reglamentaria,[384] ésta procede cuando la norma reclamada hubiere sido declarada inconstitucional por jurisprudencia de la Suprema Corte de Justicia de la Nación, o bien de los Plenos de Regionales.[385] En este aspecto, cobra especial interés la tesis P./J. 105/2007, sustentada por el Pleno del Máximo Tribunal, cuyo rubro y texto, indican:

---

383 "Artículo 118. En los casos en que el quejoso impugne la aplicación por parte de la autoridad responsable de normas generales consideradas inconstitucionales por la jurisprudencia decretada por la Suprema Corte de Justicia de la Nación o por los plenos regionales, el informe con justificación se reducirá a tres días improrrogables, y la celebración de la audiencia se señalará dentro de diez días contados desde el siguiente al de la admisión de la demanda."

384 "Artículo 79. La autoridad que conozca del juicio de amparo deberá suplir la deficiencia de los conceptos de violación o agravios, en los casos siguientes: I. En cualquier materia, cuando el acto reclamado se funde en normas generales que han sido declaradas inconstitucionales por la jurisprudencia de la Suprema Corte de Justicia de la Nación y de los Plenos Regionales. La jurisprudencia de los plenos regionales sólo obligará a suplir la deficiencia de los conceptos de violación o agravios a los juzgados y tribunales de la región correspondientes;"

385 "SUPLENCIA DE LA QUEJA DEFICIENTE CUANDO EXISTE JURISPRUDENCIA TEMÁTICA SOBRE INCONSTITUCIONALIDAD DE LEYES. ES OBLIGATORIA EN EL AMPARO, A FIN DE HACER PREVALECER LA SUPREMACÍA DE LA CONSTITUCIÓN POLÍTICA DE LOS ESTADOS UNIDOS MEXICANOS." Tesis P./J. 104/2007, Novena Época, Pleno, *Semanario Judicial de la Federación y su Gaceta,* Tomo XXVI, diciembre de 2007, p. 14, jurisprudencia, común. Registro digital: 170582; "SUPLENCIA DE LA QUEJA DEFICIENTE. CONDICIONES PARA QUE OPERE RESPECTO DE ACTOS CONCRETOS DE APLICACIÓN DE LEYES DECLARADAS INCONSTITUCIONALES POR JURISPRUDENCIA DE LA SUPREMA CORTE DE JUSTICIA DE LA NACIÓN (AMPARO INDIRECTO Y DIRECTO)." Tesis P./J.

SUPLENCIA DE LA QUEJA DEFICIENTE. CONDICIONES PARA QUE OPERE RESPECTO DE ACTOS CONCRETOS DE APLICACIÓN DE LEYES DECLARADAS INCONSTITUCIONALES POR JURISPRUDENCIA DE LA SUPREMA CORTE DE JUSTICIA DE LA NACIÓN (AMPARO INDIRECTO Y DIRECTO).

La suplencia de la queja deficiente en el caso de jurisprudencia sobre inconstitucionalidad de leyes no sólo se actualiza con respecto a la ley viciada (en amparo indirecto), sino también en cuanto a sus actos de aplicación reclamados (tanto en amparo indirecto como en directo). Esto es, para que opere en ambas vías, la suplencia de la queja deficiente respecto del acto concreto de aplicación, únicamente se requiere que el juicio de amparo sea procedente respecto a dicho acto, por lo tanto es viable: 1) sin que sea necesario reclamar la ley respectiva; 2) sin importar que, en caso de reclamarse la ley, ésta haya sido consentida, y en general, sin necesidad de que el amparo resulte procedente en relación con dicha norma legal; y, 3) sin importar que el quejoso haya expuesto planteamientos para demostrar la inconstitucionalidad de los actos reclamados. De tal suerte que tanto en el amparo indirecto como en el directo, es posible el estudio de constitucionalidad de la ley aun cuando ésta haya sido consentida o incluso en caso de que no haya sido reclamada, pues ello sólo impediría el otorgamiento del amparo contra la ley misma, pero no contra los actos de su aplicación, más aún cuando éstos han sido impugnados en tiempo, y en consecuencia no han querido ser tolerados por el agraviado.[386]

7. Efectos de la sentencia

En lo que respecta a los efectos de las sentencias de amparo en donde se declara la inconstitucionalidad de normas generales, el artículo 78 de la Ley de Amparo señala textualmente lo siguiente:

> Artículo 78. Cuando el acto reclamado sea una norma general la sentencia deberá determinar si es constitucional, o si debe considerarse inconstitucional.
>
> Si se declara la inconstitucionalidad de la norma general impugnada, los efectos se extenderán a todas aquellas normas y actos cuya validez dependa de la propia norma invalidada. Dichos efectos se traducirán en la inaplicación únicamente respecto del quejoso.
>
> El órgano jurisdiccional de amparo podrá especificar qué medidas adicionales a la inaplicación deberán adoptarse para restablecer al quejoso en el pleno goce del derecho violado.

105/2007, Novena Época, Pleno, *Semanario Judicial de la Federación y su Gaceta,* Tomo XXVI, diciembre de 2007, p. 13, jurisprudencia, común. Registro digital: 170583.

386 Novena Época, Pleno, *Semanario Judicial de la Federación y su Gaceta,* Tomo XXVI, diciembre de 2007, p. 13, jurisprudencia, común. Registro digital: 170583.

De conformidad con el segundo párrafo del numeral citado, los efectos de las sentencias estimatorias pueden clasificarse en: i) Efectos invalidantes y ii) Efectos restitutorios.[387] El efecto invalidante de las sentencias de amparo, comprende dos momentos. El primer momento se refiere a la inaplicación o anulación de la norma general impugnada en la esfera de derechos del propio quejoso; en el segundo momento, la invalidez de la norma general se extiende a los actos de aplicación y a las normas generales cuya validez depende de la constitucionalidad de la norma general en cuestión.[388] Así mismo, respecto al efecto invalidante de las sentencias de amparo sobre los actos concretos de aplicación cuya existencia deriva de la norma general impugnada, debe entenderse tanto para actos presentes como futuros. En el caso de los actos presentes la invalidez se traduce en dejar sin efectos el acto de autoridad y respecto de los actos futuros se refiere a la no aplicación para el quejoso de la norma general declarada inconstitucional.[389]

Por otro lado, el efecto restitutorio de las sentencias contra normas generales se presenta en los casos en que el legislador debió incorporar y no excluir a un grupo determinado de personas en la norma general impugnada, con la intención de no transgredir el texto constitucional, por lo tanto, el juez constitucional está autorizado, no sólo para desincorporar las normas declaradas inconstitucionales de la esfera jurídica del quejoso, sino para incorporar derechos en su beneficio a través de la sentencia de amparo, siempre que ello tienda a cumplir de manera completa con las exigencias derivadas de los derechos fundamentales que hayan sido violados en su perjuicio, lo cual es acorde al deber de reparación adecuada reconocido en los artículos 17 de la Constitución Política de los Estados Unidos Mexicanos y 77 de la Ley de Amparo.[390]

---

387 Clasificación que hemos tomado de FRANCO GONZÁLEZ-SALAS, José Fernando, "El juicio de amparo indirecto contra normas generales", *op. cit.*, p. 509.

388 *Idem.*

389 *Ibidem*, p. 10; "AMPARO CONTRA LEYES. SUS EFECTOS SON LOS DE PROTEGER AL QUEJOSO CONTRA SU APLICACIÓN PRESENTE Y FUTURA." Tesis P./J. 112/99, Novena Época, Pleno, *Semanario Judicial de la Federación y su Gaceta*, Tomo X, noviembre de 1999, p. 19, jurisprudencia, común, constitucional. Registro digital: 192846.

390 "AMPARO CONTRA LEYES. SUS EFECTOS ESTÁN RELACIONADOS CON LAS EXIGENCIAS DERIVADAS DE LAS GARANTÍAS INDIVIDUALES QUE HAYAN RESULTADO VIOLADAS." Tesis 2a. CXXXVII/2009, Novena Época, Segunda Sala, *Semanario Judicial de la Federación y su Gaceta*, Tomo XXXI, enero de 2010, p. 321, aislada, común. Registro digital: 165616.

No puede pasarse por alto que, el principio de relatividad de las sentencias de amparo, previsto en los artículos 107, fracción II primer párrafo de la Constitución Política de los Estados Unidos Mexicanos y primer párrafo del artículo 73 de la Ley de Amparo, establece que mediante el juicio de amparo únicamente se repara el agravio a petición y en beneficio del quejoso. Así, la sentencia de amparo únicamente surtirá sus efectos sobre las partes del juicio.

No obstante, el Alto Tribunal advirtió que la regulación de los efectos de las sentencias en el juicio de amparo, fueron pensadas y diseñadas sobre la base de un interés jurídico y no así teniendo en cuenta la existencia de un interés legítimo o uno colectivo. Por tanto, la Primera Sala ha reconocido la necesidad de reinterpretar el principio de relatividad de las sentencias de amparo, puesto que mantener la interpretación tradicional de dicho principio, en muchos casos, acabaría frustrando la finalidad sustantiva del juicio de amparo: la protección de todos los derechos fundamentales.[391]

Respecto el interés legítimo de naturaleza colectiva, la Sala refirió que es posible acceder al juicio de amparo para su protección. Así, los intereses colectivos se han definido como los que atañen a un grupo, categoría o clase en conjunto; por ello la protección de tales intereses no puede verse mermada por el solo hecho de que trasciende a una esfera jurídica subjetiva o individual. En otras palabras, sería inadmisible que, por esa cuestión -la protección colectiva-, se niegue la procedencia al medio de control constitucional pretextándose una violación al principio de relatividad de las sentencias. En contraposición a ello, este último principio debe interpretarse no de manera que restrinja derechos, sino que se maximice el derecho humano de acceso a la tutela jurisdiccional efectiva y, por su puesto, al principio de supremacía constitucional.[392]

De esta manera, se resolvió que si bien los jueces de amparo no pueden ordenar directamente en sus sentencias la protección de los derechos de per-

---

391 Tesis 1a. XXI/2018 (10a.), publicada en la Gaceta del Semanario Judicial de la Federación, Décima época, Libro 52, marzo de 2018, tomo I, p. 1101, con número de registro digital 2016425, de rubro: PRINCIPIO DE RELATIVIDAD. SU REINTERPRETACIÓN A PARTIR DE LA REFORMA CONSTITUCIONAL DE 10 DE JUNIO DE 2011.

392 Véase la tesis 2a. LXXXIV/2018 (10a.), publicada en la Gaceta del Semanario Judicial de la Federación, Décima época, Libro 58, Septiembre de 2018, Tomo I, p. 1217, con número de registro digital 2017955, de rubro: SENTENCIAS DE AMPARO. EL PRINCIPIO DE RELATIVIDAD ADMITE MODULACIONES CUANDO SE ACUDE AL JUICIO CON UN INTERÉS LEGÍTIMO DE NATURALEZA COLECTIVA.

sonas que no hayan acudido al juicio de amparo, es perfectamente admisible que, al proteger a los quejosos, indirectamente y de manera eventual, se beneficie a terceros ajenos a la controversia constitucional.

8. Recurso de revisión

Invariablemente, todas las sentencias dictadas en la audiencia constitucional, dentro de las cuales se incluye aquellas que se pronuncien en torno a la constitucionalidad o inconstitucionalidad de normas generales, admiten recurso de revisión de conformidad con lo que establece la fracción VIII, del artículo 107, constitucional[393] y el dispositivo 81, fracción I, inciso e), de la Ley de Amparo.[394]

En cuanto a la competencia para conocer del recurso de revisión en estos casos, el artículo 83 de la Ley de Amparo señala lo siguiente:

> Artículo 83. Es competente la Suprema Corte de Justicia de la Nación para conocer del recurso de revisión contra las sentencias dictadas en la audiencia constitucional, cuando habiéndose impugnado normas generales por estimarlas inconstitucionales, o cuando en la sentencia se establezca la interpretación di-

---

393 "Artículo 107. Las controversias de que habla el artículo 103 de esta Constitución, con excepción de aquellas en materia electoral, se sujetarán a los procedimientos que determine la ley reglamentaria, de acuerdo con las bases siguientes: [...] VIII. Contra las sentencias que pronuncien en amparo las Juezas y los Jueces de Distrito o los Tribunales Colegiados de Apelación procede revisión. De ella conocerá la Suprema Corte de Justicia:
a) Cuando habiéndose impugnado en la demanda de amparo normas generales por estimarlas directamente violatorias de esta Constitución, subsista en el recurso el problema de constitucionalidad.
b) Cuando se trate de los casos comprendidos en las fracciones II y III del artículo 103 de esta Constitución.
La Suprema Corte de Justicia, de oficio o a petición fundada del correspondiente Tribunal Colegiado de Circuito, del Fiscal General de la República, en los asuntos en que el Ministerio Público de la Federación sea parte, o del Ejecutivo Federal, por conducto del Consejero Jurídico del Gobierno, podrá conocer de los amparos en revisión, que por su interés y trascendencia así lo ameriten.
En los casos no previstos en los párrafos anteriores, conocerán de la revisión los tribunales colegiados de circuito y sus sentencias no admitirán recurso alguno; [...]"

394 "Artículo 81. Procede el recurso de revisión: I. En amparo indirecto, en contra de las resoluciones siguientes: [...] e) Las sentencias dictadas en la audiencia constitucional; en su caso, deberán impugnarse los acuerdos pronunciados en la propia audiencia."

recta de un precepto de la Constitución y subsista en el recurso el problema de constitucionalidad.

El pleno de la Suprema Corte de Justicia de la Nación, mediante acuerdos generales, distribuirá entre las salas los asuntos de su competencia o remitirá a los tribunales colegiados de circuito los que, conforme a los referidos acuerdos, la propia Corte determine.

Con base en el numeral citado, el conocimiento del recurso de revisión tratándose de aquellos casos en que se recurran las sentencias dictadas en la audiencia constitucional, cuando habiéndose impugnado normas generales por estimarlas inconstitucionales, o cuando en la sentencia se establezca la interpretación directa de un precepto de la Constitución y subsista en el recurso el problema de constitucionalidad, ello será, en principio, conocimiento de la Suprema Corte de Justicia de la Nación, sin embargo, en atención a la facultad que señala el párrafo segundo del citado numeral, no necesariamente conocerá del recurso el Máximo Tribunal, sino que debe atenderse al contenido del Acuerdo General 1/2023, de veintiséis de enero de dos mil veintitrés, del Tribunal Pleno de la Suprema Corte de Justicia de la Nación, relativo a la determinación de los asuntos que el Pleno conservará para su resolución, y el envío de los de su competencia originaria a las Salas y a los Tribunales Colegiados de Circuito, que señala en lo conducente:

SEGUNDO. El Tribunal Pleno de la Suprema Corte de Justicia de la Nación conservará para su resolución:

[...]

I. Los amparo en revisión:

A) Tramitados en la vía indirecta, en los que, subsistiendo la materia de constitucionalidad de leyes federales o tratados internacionales, no exista precedente y, a su juicio, se requiera fijar un criterio de importancia y trascendencia para el orden jurídico nacional;

Así mismo, el citado Acuerdo General 1/2023 también señala la distribución de competencia de las Salas de la Suprema Corte de Justicia de la Nación en materia de constitucionalidad de normas generales en el recurso de revisión. La competencia de las Salas se encuentra comprendida en los puntos Primero y Tercero de dicho acuerdo general, los cuales señalan:

PRIMERO. Las Salas de la Suprema Corte de Justicia de la Nación ejercerán la competencia que les otorga el artículo 21 de la Ley Orgánica del Poder Judicial de la Federación, de la manera siguiente:

La Primera Sala conocerá de las materias civil y penal, y

> La Segunda Sala conocerá de las materias administrativa y del trabajo.
>
> TERCERO. Las Salas resolverán los asuntos de su competencia originaria y los de la competencia del Pleno que no se ubiquen en los supuestos señalados en el Punto precedente, siempre y cuando unos y otros no deban ser remitidos a los Tribunales Colegiados de Circuito.

Por último, el Punto Cuarto del multicitado Acuerdo General 1/2023 señala la competencia de los Tribunales Colegiados de Circuito para conocer del recurso de revisión en amparos contra normas generales, el cual señala:

> CUARTO. De los asuntos de la competencia originaria de la Suprema Corte de Justicia de la Nación, corresponderá resolver a los Tribunales Colegiados de Circuito:
>
> I. Los recursos de revisión en contra de sentencias pronunciadas por los Juzgados de Distrito o por los Tribunales Colegiados de Apelación, cuando:
>
> A) No obstante haberse impugnado una ley federal o un tratado internacional, por estimarlos directamente violatorios de un precepto de la Constitución Política de los Estados Unidos Mexicanos, o se hubiere planteado la interpretación directa de uno de ellos, en la sentencia recurrida no se hubiere abordado el estudio de esas cuestiones por haberse sobreseído en el juicio o habiéndose pronunciado sobre tales planteamientos, en los agravios se hagan valer causas de improcedencia.
>
> Lo anterior se concretará sólo cuando el sobreseimiento decretado o los agravios planteados se refieran a la totalidad de los quejosos o de los preceptos impugnados, y en todos aquellos asuntos en los que la materia de la revisión no dé lugar a que, con independencia de lo resuelto por el Tribunal Colegiado de Circuito, deba conocer necesariamente la Suprema Corte de Justicia de la Nación;
>
> B) En la demanda se hubiere impugnado una ley local, un reglamento federal o local, o cualquier disposición de observancia general, salvo aquéllos en los que el análisis de constitucionalidad respectivo implique fijar el alcance de un derecho humano previsto en tratados internacionales de los que el Estado Mexicano sea parte, respecto del cual no exista jurisprudencia del Pleno o de las Salas de este Alto Tribunal, sin menoscabo de que la Sala en la que se radique el recurso respectivo determine que su resolución corresponde a un Tribunal Colegiado de Circuito;
>
> C) Habiéndose planteado la inconstitucionalidad de cualquier disposición de carácter general exista jurisprudencia del Pleno o de las Salas de la Suprema Corte de Justicia de la Nación o bien, del Pleno Regional que ejerza su competencia en la jurisdicción que corresponda al respectivo Tribunal Colegiado de Circuito, y
>
> D) Los amparos en revisión en los que, sobre el tema debatido, se integre, aunque no se haya publicado, jurisprudencia del Pleno o de las Salas; o cuando existan tres precedentes emitidos indistintamente por el Pleno o las Salas, en forma ininterrumpida y en el mismo sentido, y no se hubiere alcanzado votación idónea para integrar jurisprudencia.

> En el ejercicio de su competencia delegada prevista en los incisos B), C) y D) anteriores, los Tribunales Colegiados de Circuito resolverán, incluso, sobre la totalidad de las cuestiones de procedencia del respectivo juicio de amparo, y
>
> [...]

Desde otro punto de vista, las partes que están legitimadas para interponer el recurso de revisión en amparos indirectos promovidos contra normas generales son:

a. El quejoso, siempre se encuentra legitimado para interponer recurso de revisión en contra de aquellas sentencias de las que considere existe la afectación a su esfera de derechos, incluso en aquellos casos en los que se le haya concedido la protección constitucional.[395]
b. Únicamente la autoridad responsable que haya expedido o promulgado la norma general, por sí misma o por quienes los representen, en términos del artículo 87, de la Ley de Amparo.[396] Esta regla tiene excepciones en tratándose de las autoridades ejecutoras, quienes podrán interponer el recurso de revisión en amparos contra normas generales, cuando controviertan el efecto dado al fallo protector que las vincula.[397]

---

395 "AMPARO CONTRA LEYES. CUANDO SE CONCEDE LA PROTECCIÓN FEDERAL RESPECTO DEL ACTO DE APLICACIÓN, PERO NO EN RELACIÓN CON LA LEY IMPUGNADA, EL QUEJOSO CONSERVA SU INTERÉS JURÍDICO PARA RECLAMAR EN LA REVISIÓN QUE SE DECLARE SU INCONSTITUCIONALIDAD, PUES AL ABORDARSE EL ESTUDIO CORRESPONDIENTE PODRÍA OBTENER MAYORES BENEFICIOS." Tesis 2a./J. 191/2008, Novena Época, Segunda Sala, *Semanario Judicial de la Federación y su Gaceta,* Tomo XXIX, enero de 2009, p. 567, jurisprudencia, común. Registro digital: 168228.

396 "Artículo 87. Las autoridades responsables sólo podrán interponer el recurso de revisión contra sentencias que afecten directamente el acto reclamado de cada una de ellas; tratándose de amparo contra normas generales podrán hacerlo los titulares de los órganos del Estado a los que se encomiende su emisión o promulgación.
Las autoridades judiciales o jurisdiccionales carecen de legitimación para recurrir las sentencias que declaren la inconstitucionalidad del acto reclamado, cuando éste se hubiera emitido en ejercicio de la potestad jurisdiccional."

397 "REVISIÓN EN AMPARO CONTRA LEYES. LA AUTORIDAD EJECUTORA TIENE LEGITIMACIÓN PARA INTERPONER DICHO RECURSO CUANDO CONTROVIERTA EL EFECTO DADO AL FALLO PROTECTOR QUE LA VINCULA." Tesis 2a./J. 11/2014 (10a.), Décima Época, Segunda Sala, *Gaceta del Semanario Judicial de la*

c. El tercero interesado, se encuentra legitimado para interponer el recurso de revisión en contra de las sentencias que se pronuncien sobre la constitucionalidad de una norma general, cuando éstas le sean desfavorables, ya que la decisión que se toma en el amparo indirecto causa una afectación directa en su esfera de derechos, al haberse dejado sin efectos una resolución que le era favorable a sus intereses, de conformidad a lo previsto en la Tesis P. LXXIV/2000, cuyo rubro y texto, señalan:

REVISIÓN EN AMPARO INDIRECTO. LEGITIMACIÓN DEL TERCERO PERJUDICADO PARA INTERPONER DICHO RECURSO, EN LOS CASOS EN QUE SE CUESTIONE LA CONSTITUCIONALIDAD DE UNA LEY.

Si bien el artículo 87 de la Ley de Amparo establece una regulación específica sobre la facultad de las autoridades responsables para recurrir las resoluciones, tratándose de amparos indirectos, en las que se cuestione la constitucionalidad de una ley, ello no significa que se hayan establecido limitantes o prohibiciones para que las demás partes, a que se refiere el artículo 5o. de la propia ley, puedan interponer en esos casos el recurso de revisión, pues de no considerarse así, se les restringiría y denegaría el acceso a una debida y expedita administración de justicia, al no poder acudir a los tribunales para que diriman la controversia judicial mediante la interposición de los recursos establecidos en la ley, en términos del párrafo segundo del artículo 17 de la Constitución Federal. Por tanto, el tercero perjudicado, en su calidad de parte, tiene todos los derechos y obligaciones procesales que incumben al agraviado y a la autoridad responsable cuando sufre una afectación directa en su esfera jurídica, al haberse invalidado la resolución que había sido favorable a sus intereses en el juicio natural del que proviene, lo que lo legitima para combatir la sentencia protectora emitida, mediante el recurso de revisión y tomando en cuenta, además, que los artículos 82, 83, 86 a 93 y demás relativos

---

Federación, Tomo II, Libro 3, febrero de 2014, p. 1243, jurisprudencia, común. Registro digital: 2005718.

de la Ley de Amparo, no establecen restricción o prohibición alguna al respecto.[398]

d. El Ministerio Público Federal cuenta con legitimación para interponer recurso de revisión en todos los casos, y con independencia de la materia de que se trate, pues las limitaciones que tiene para interponer dicho medio de defensa se prevén para aquellos casos en que se hubieren impugnado actos concretos en materias civil y mercantil (con exclusión de la familiar).[399]

II. IMPUGNACIÓN DE NORMAS GENERALES EN AMPARO DIRECTO

Con anterioridad hemos señalado que, si bien, la vía idónea para combatir las normas generales de manera directa es por medio del amparo indirecto, también es posible hacerlo por la vía directa; sin embargo, mediante este proceso, no se combate la norma de manera inmediata, sino a través de una sentencia o resolución definitiva, mediante la cual se decide si las normas aplicadas por el órgano jurisdiccional de origen son inconstitucionales.

A este respecto, deben analizarse los supuestos de procedencia que establecen los artículos 170, fracción I, párrafo cuarto, y fracción II, ambos de la Ley de Amparo.

1. Violaciones procesales e impugnación de normas generales (hipótesis del artículo 170, fracción I, párrafo cuarto de la Ley de Amparo)

La fracción I, párrafo cuarto, del artículo 170 de la ley reglamentaria, establece la procedencia del juicio de amparo directo en los siguientes términos:

> Artículo 170. El juicio de amparo directo procede:
>
> I. Contra sentencias definitivas, laudos y resoluciones que pongan fin al juicio, dictadas por tribunales judiciales, administrativos, agrarios o del trabajo, ya sea

---

398 Novena Época, Pleno, *Semanario Judicial de la Federación y su Gaceta*, Tomo XI, junio de 2000, p. 42, aislada, constitucional, común. Registro digital: 191705.

399 "MINISTERIO PÚBLICO DE LA FEDERACIÓN. CARECE DE LEGITIMACIÓN PARA INTERPONER EL RECURSO DE REVISIÓN EN AMPARO CONTRA LEYES, SI LA NORMA IMPUGNADA NO AFECTA SUS ATRIBUCIONES." Tesis P. XL/2013 (10a.), Décima Época, Pleno, *Semanario Judicial de la Federación y su Gaceta*, Tomo I, Libro XXII, Julio de 2013, p. 49, aislada, común. Registro digital: 2004030.

que la violación se cometa en ellos, o que cometida durante el procedimiento, afecte las defensas del quejoso trascendiendo al resultado del fallo.

[...]

Cuando dentro del juicio surjan cuestiones sobre constitucionalidad de normas generales que sean de reparación posible por no afectar derechos sustantivos ni constituir violaciones procesales relevantes, sólo podrán hacerse valer en el amparo directo que proceda contra la resolución definitiva.

Del análisis del precepto en comento, puede desprenderse que, el acto de aplicación de la norma general se puede dar durante el trámite del juicio, o bien, en la sentencia definitiva, laudo o resolución que ponga fin al juicio, que no admite recurso ordinario que se establezca en la ley de donde emana, por virtud del cual puedan ser modificadas o revocadas, salvo el caso en que la ley permita la renuncia de los recursos.

Respecto al primer supuesto debe destacarse que, para que se esté en aptitud de impugnar la norma general, el acto de aplicación que se verifique dentro del juicio tiene que ser de reparación posible, ya que si se trata de imposible reparación, es decir, que afecten materialmente derechos sustantivos tutelados en la Constitución General y en los tratados internacionales de los que el Estado Mexicano sea parte,[400] entonces, deberá impugnarse en amparo indirecto, de conformidad con lo establecido en el artículo 107, fracción V, de la Ley de Amparo.[401]

La doctrina especializada converge en que, para determinar si un acto en juicio es o no de imposible reparación, debe atenderse a lo establecido en el artículo 172 (violaciones al procedimiento que afectan la defensa del quejoso en materia civil, agraria, administrativa o del trabajo) y 173 (violaciones al procedimiento que afectan la defensa del quejoso en materia penal), ambos de la ley reglamentaria, debido a que, si el acto del tribunal es cualquiera de

---

400 Véase "DERECHOS SUSTANTIVOS. SU DIFERENCIA CON LOS DERECHOS ADJETIVOS." Tesis I.8o.C.22 C (10a.), Décima Época, Tribunales Colegiados de Circuito, *Gaceta del Semanario Judicial de la Federación*, Tomo III, Libro 15, Febrero de 2015, p. 2674, aislada, civil. Registro digital: 2008458.

401 "Artículo 107. El amparo indirecto procede: [...] V. Contra actos en juicio cuyos efectos sean de imposible reparación, entendiéndose por ellos los que afecten materialmente derechos sustantivos tutelados en la Constitución Política de los Estados Unidos Mexicanos y en los tratados internacionales de los que el Estado Mexicano sea parte; [...]"

los que en esos preceptos se contienen, generalmente, excluye la procedencia del juicio de amparo indirecto.[402]

Ahora bien, para impugnar la inconstitucionalidad de una norma general el amparo directo, sea porque se haya aplicado durante el trámite del juicio o en la resolución reclamada, deberán de seguirse los lineamientos que al efecto señala el artículo 175, fracción IV, segundo párrafo, el cual señala:

> Artículo 175. La demanda de amparo directo deberá formularse por escrito, en el que se expresarán:
>
> [...]
>
> IV. El acto reclamado.
>
> Cuando se impugne la sentencia definitiva, laudo o resolución que haya puesto fin al juicio por estimarse inconstitucional la norma general aplicada, ello será materia únicamente del capítulo de conceptos de violación de la demanda, sin señalar como acto reclamado la norma general, debiéndose llevar a cabo la calificación de éstos en la parte considerativa de la sentencia;

Por consiguiente, cuando se impugna una norma de carácter general cuyo acto de aplicación dentro del juicio sea de reparación posible, o bien, se haya aplicado en la resolución reclamada en el amparo directo, en ambos casos no formará parte del capítulo correspondiente al acto reclamado, sino que únicamente se impugnará vía conceptos de violación. De la misma forma, tampoco se señalarán como autoridades responsables a quienes hayan intervenido en su proceso de formación, ni será necesario llamarlas a juicio.

2. Procedencia del amparo directo contra resoluciones favorables al quejoso (hipótesis del artículo 170, fracción II de la Ley de Amparo)

La fracción II del artículo 170 de la Ley de Amparo, establece que el juicio de amparo directo procede contra sentencias definitivas y resoluciones que pongan fin al juicio dictadas por Tribunales de lo Contencioso Administrativo cuando éstas sean favorables al quejoso, para el único efecto de plantear conceptos de violación en contra de las normas generales aplicadas, lo cual está sujeto a dos condiciones consistentes en que la autoridad demandada interponga revisión contencioso administrativa y esta sea admitida y, que el estudio

---

[402] Véase CHÁVEZ CASTILLO, Raúl, *Nuevo juicio de amparo contra normas generales, op. cit.*, p. 81.

de constitucionalidad se hará siempre y cuando el recurso se califique como procedente y fundado.[403] La disposición referida señala:

> Artículo 170. El juicio de amparo directo procede:
>
> [...]
>
> II. Contra sentencias definitivas y resoluciones que pongan fin al juicio dictadas por tribunales de lo contencioso administrativo cuando éstas sean favorables al quejoso, para el único efecto de hacer valer conceptos de violación en contra de las normas generales aplicadas.
>
> En estos casos, el juicio se tramitará únicamente si la autoridad interpone y se admite el recurso de revisión en materia contencioso administrativa previsto por el artículo 104 de la Constitución Política de los Estados Unidos Mexicanos. El tribunal colegiado de circuito resolverá primero lo relativo al recurso de revisión contencioso administrativa, y únicamente en el caso de que éste sea considerado procedente y fundado, se avocará al estudio de las cuestiones de constitucionalidad planteadas en el juicio de amparo.

El numeral citado fue novedoso en su momento al introducir él término "resolución favorable", el cual no fue definido por la propia ley, por lo que, los Tribunales Colegiados de Circuito y más tarde la Suprema Corte de Justicia de la Nación, tuvieron que explicar en qué consiste una resolución de esa naturaleza, y posteriormente, porque se condiciona la procedencia del amparo directo a la interposición y resolución fundada del recurso de revisión contencioso-administrativa.[404]

A tal respecto, la Segunda Sala del Alto Tribunal, determinó que el concepto de resolución favorable "supone el dictado de una sentencia que resuelva de manera absoluta la pretensión de la parte actora y que le otorgue el máximo beneficio sin posibilidad de una afectación posterior, con independencia del tipo de nulidad declarada; es, entonces, una sentencia que implica que el acto impugnado sea irrepetible al proscribir toda circunstancia que provoque que la autoridad pueda emitir un nuevo acto en el mismo sentido que el declarado nulo, en tanto que el vicio que dio lugar a tal declaratoria no puede ser subsanado."[405]

---

403 PÉREZ DAYÁN, Alberto, "Amparo contra normas generales. Amparo Directo", en Tafoya Hernández, José Guadalupe (coord.), *op. cit.*, pp. 521-553, en 1212 pp.

404 *Ibidem*, p. 538.

405 "RESOLUCIÓN FAVORABLE". SU CONCEPTO CONFORME AL ARTÍCULO 170, FRACCIÓN II, DE LA LEY DE AMPARO." Tesis 2a./J. 121/2015 (10a.), Décima Época, Segunda Sala, *Gaceta del Semanario Judicial de la Federación*, Tomo I, Libro 21, Agosto de 2015, p. 505, jurisprudencia, común. Registro digital: 2009825.

Con base en esa definición, se puede determinar que, si bien se condiciona la procedencia del amparo directo al requisito consistente en que la autoridad demandada interponga revisión contencioso administrativa y esta sea admitida, también obedece a que al tratarse de una sentencia favorable, el actor ya no podrá obtener más, pues lo que pretendía ya lo logró, es decir, no conseguiría un mayor beneficio que el otorgado en la sentencia reclamada porque la declaratoria de nulidad conlleva la insubsistencia plena de la resolución impugnada, e impide que la autoridad competente emita un nuevo acto con idéntico sentido de afectación que el declarado nulo; por consiguiente, la sentencia favorable es aquella que satisfizo la pretensión y provocará que ya no exista una afectación posterior.[406]

Del mismo modo, debe destacarse que, la fracción II, del artículo 170 de la Ley de Amparo, únicamente permite el planteamiento de cuestiones de constitucionalidad y no de legalidad, lo que se justifica en virtud de que, al tratarse de una sentencia favorable, se entiende que el particular ya obtuvo desde el punto de vista legal "una respuesta absoluta a sus pretensiones", que se traduce en que la autoridad no puede emitir una resolución en los mismos términos.[407]

III. SUSPENSIÓN DEL ACTO RECLAMADO EN EL JUICIO DE AMPARO CONTRA NORMAS GENERALES

Indudablemente la suspensión del acto reclamado es uno de los tópicos más interesantes, y quizá de los más estudiados por el foro especializado; sin embargo, excedería por mucho la finalidad del presente trabajo llevar a cabo un análisis detallado sobre todas las particularidades de esta medida cautelar. Por este motivo, nos limitaremos a realizar una serie de consideraciones generales en torno a la suspensión en el juicio de amparo contra normas generales.

1. Noción

La doctrina tradicional entiende a la suspensión del acto reclamado como aquella medida cautelar que paraliza o detiene la ejecución de los actos que

---

406 PÉREZ DAYÁN, Alberto, "Amparo contra normas generales. Amparo Directo", en Tafoya Hernández, José Guadalupe (coord.), *op. cit.*, p. 541, en 1212 pp.

407 *Idem.*

se reclaman en el amparo, con el objeto de que se conserve la materia del juicio y evitar al quejoso daños y perjuicios de difícil o imposible reparación que le pudiera ocasionar la ejecución del acto.[408] No obstante esta idea debe matizarse, en virtud de que, las reformas constitucionales del dos mil once y la Ley de Amparo del dos de abril de dos mil trece, introdujeron la posibilidad de que la suspensión tenga efectos diferentes a los rigurosamente paralizantes.[409] Así, el juez de amparo atendiendo a la naturaleza del acto reclamado, podrá ordenar que las cosas se mantengan en el estado que guarden (efectos suspensivos) y, de ser jurídica y materialmente posible, podrá restablecer provisionalmente al quejoso en el goce del derecho violado mientras se dicta sentencia ejecutoria en el juicio de amparo (efectos restitutorios).[410]

Con base en estas reflexiones, analizaremos las características de la suspensión en el amparo indirecto para luego hacerlo con relación al directo.

2. Suspensión del acto reclamado en el amparo indirecto

El artículo 125 de la Ley de Amparo, señala que en el juicio de amparo indirecto la suspensión del acto reclamado se podrá decretar: i) De oficio,

---

408 En este sentido véase, BURGOA, Ignacio, *El juicio de amparo, op. cit*, p. 711. Aun cuando, este autor entendía a la suspensión del acto reclamado como un "proveído judicial" y no como una medida cautelar.

409 "Artículo 147. En los casos en que la suspensión sea procedente, el órgano jurisdiccional deberá fijar la situación en que habrán de quedar las cosas y tomará las medidas pertinentes para conservar la materia del amparo hasta la terminación del juicio, pudiendo establecer condiciones de cuyo cumplimiento dependa el que la medida suspensional siga surtiendo efectos.
Atendiendo a la naturaleza del acto reclamado, ordenará que las cosas se mantengan en el estado que guarden y, de ser jurídica y materialmente posible, restablecerá provisionalmente al quejoso en el goce del derecho violado mientras se dicta sentencia ejecutoria en el juicio de amparo.
El órgano jurisdiccional tomará las medidas que estime necesarias para evitar que se defrauden los derechos de los menores o incapaces, en tanto se dicte sentencia definitiva en el juicio de amparo."

410 Aunque no debe perderse de vista que, los efectos que mencionamos, como todos los de las medidas cautelares, son preliminares y no definitivos; en este sentido debe interpretarse dicho precepto. Cfr., "MEDIDAS CAUTELARES. NO CONSTITUYEN ACTOS PRIVATIVOS, POR LO QUE PARA SU IMPOSICIÓN NO RIGE LA GARANTÍA DE PREVIA AUDIENCIA." Tesis P./J. 21/98, Novena Época, Pleno, *Semanario Judicial de la Federación y su Gaceta,* Tomo VII, marzo de 1998, p. 18, jurisprudencia, constitucional, común. Registro digital: 196727.

esto es, cuando el juez de amparo ordena la paralización de los actos que se reclaman, sin necesidad de que el quejoso le solicite la medida cautelar y, ii) A petición de parte, que es cuando el quejoso solicita se le conceda.

En el caso de la suspensión de los efectos de una norma con carácter general, difícilmente se concederá de oficio, puesto que, para ello, es necesario que se actualicen los supuestos contenidos en los artículos 126 y 127 de la ley de la materia, que textualmente dicen:

> Artículo 126. La suspensión se concederá de oficio y de plano cuando se trate de actos que importen peligro de privación de la vida, ataques a la libertad personal fuera de procedimiento, incomunicación, deportación o expulsión, proscripción o destierro, extradición, desaparición forzada de personas o alguno de los prohibidos por el artículo 22 de la Constitución Política de los Estados Unidos Mexicanos, así como la incorporación forzosa al Ejército, Armada o Fuerza Aérea nacionales.
>
> En este caso, la suspensión se decretará en el auto de admisión de la demanda, comunicándose sin demora a la autoridad responsable, por cualquier medio que permita lograr su inmediato cumplimiento.
>
> La suspensión también se concederá de oficio y de plano cuando se trate de actos que tengan o puedan tener por efecto privar total o parcialmente, en forma temporal o definitiva, de la propiedad, posesión o disfrute de sus derechos agrarios a los núcleos de población ejidal o comunal.
>
> Artículo 127. El incidente de suspensión se abrirá de oficio y se sujetará en lo conducente al trámite previsto para la suspensión a instancia de parte, en los siguientes casos:
>
> I. Extradición; y
>
> II. Siempre que se trate de algún acto que, si llegare a consumarse, haría físicamente imposible restituir al quejoso en el goce del derecho reclamado.

Por esta razón, para que fuera factible el otorgamiento de la medida cautelar de oficio en contra de una norma general, será necesario que se encuentre dentro de alguna de las hipótesis que señalan los numerales citados, lo cual es una situación muy improbable.

De tal suerte que, lo más asiduo es que se conceda la suspensión a petición de parte, lo que implica que el órgano jurisdiccional que conozca del amparo se pronunciará sobre tal providencia cautelar, a condición de que se cumplan los requisitos que para su procedencia determinan los artículos 128 y 129, de la ley de la materia, esto es, que sea solicitada por el quejoso; y que no se siga perjuicio al interés social ni se contravengan disposiciones de orden público.

Además de los requisitos de procedencia, la ley reglamentaria contiene una serie de requisitos que la doctrina denomina "de efectividad", los cuales consisten en fijar una garantía para reparar el daño o indemnizar los posibles perjuicios que con la medida cautelar se pudieran ocasionar al tercero interesado, en términos de lo dispuesto por los artículos 132 y 136, de la citada normatividad.[411]

En resumen, para conceder la medida cautelar solicitada contra normas generales autoaplicativas, se deben reunir los requisitos de procedencia que son los que señalan los artículos 128 y 129, de la Ley de Amparo y en su caso, la jurisprudencia, pero no se requerirá fijar garantía como requisito de efectividad, cuando se reclamen este tipo de normas, en virtud de que cuando se reclaman esas normas no existe tercero interesado. Al contrario, cuando se trate de normas generales heteroaplicativas, se requerirá colmar los requisitos de procedencia y, en su caso, de efectividad, en caso de existir tercero interesado.

Por lo que respecta al trámite del incidente de suspensión en estos casos, el Juez de Distrito o el Tribunal Colegiado de Apelación deberá abrir el cuaderno relativo al incidente con copia de la demanda de amparo y el auto donde se ordena que se forme; pedir a las autoridades señaladas como responsables su informe previo, que deberán rendir dentro del plazo de cuarenta y ocho horas, para lo cual les remitirá copia de la demanda y del escrito aclaratorio si es que lo hubiere; concederá o negará la suspensión provisional; y citará a las

---

[411] "Artículo 132. En los casos en que sea procedente la suspensión pero pueda ocasionar daño o perjuicio a tercero y la misma se conceda, el quejoso deberá otorgar garantía bastante para reparar el daño e indemnizar los perjuicios que con aquélla se causaren si no obtuviere sentencia favorable en el juicio de amparo.
Cuando con la suspensión puedan afectarse derechos del tercero interesado que no sean estimables en dinero, el órgano jurisdiccional fijará discrecionalmente el importe de la garantía.
La suspensión concedida a los núcleos de población no requerirá de garantía para que surta sus efectos."
"Artículo 136. La suspensión, cualquiera que sea su naturaleza, surtirá sus efectos desde el momento en que se pronuncie el acuerdo relativo, aun cuando sea recurrido.
Los efectos de la suspensión dejarán de surtirse, en su caso, si dentro del plazo de cinco días siguientes al en que surta efectos la notificación del acuerdo de suspensión, el quejoso no otorga la garantía fijada y así lo determina el órgano jurisdiccional. Al vencimiento del plazo, dicho órgano, de oficio o a instancia de parte, lo notificará a las autoridades responsables, las que podrán ejecutar el acto reclamado. No obstante lo anterior, mientras no se ejecute, el quejoso podrá exhibir la garantía, con lo cual, de inmediato, vuelve a surtir efectos la medida suspensional."

partes para una audiencia incidental dentro del plazo de cinco días contados a partir de que se haya dictado el auto de suspensión provisional.

Posteriormente en la audiencia incidental, a la cual podrán comparecer las partes se dará cuenta con los informes previos; se recibirán las documentales que el órgano jurisdiccional se hubiere ha llegado y los resultados de las diligencias que hubiera ordenado, así como las pruebas ofrecidas por las partes;[412] se recibirán sus alegatos, y se resolverá sobre la suspensión definitiva y, en su caso, las medidas y garantías a que estará sujeta, conforme a lo establecido en el numeral 144, de la ley reglamentaria. Finalmente, en la propia audiencia, el juez de amparo indirecto procederá a dictar el auto o sentencia interlocutoria que resuelva acerca de la suspensión definitiva.

Ahora bien, los efectos que tendrá el auto de suspensión provisional y en su momento el auto o sentencia interlocutoria que decida sobre la suspensión definitiva, serán:[413]

a. Cuando se reclame una norma autoaplicativa, la suspensión se otorgará para impedir los efectos y consecuencias de la norma en la esfera jurídica del quejoso. Así mismo, debe tenerse en cuenta que, la suspensión resulta improcedente respecto de los actos de promulgación y expedición, toda vez que como ya se expidió la norma general se trata de actos consumados y, por tanto, en ningún momento puede concederse ni de oficio ni a petición de parte.

b. En caso de que se reclame una norma heteroaplicativa, la suspensión se concederá para impedir los efectos de la norma en la esfe-

412 Sin embargo, no es necesario ofrecer prueba alguna respecto de una norma general, ya que las leyes no son objeto de prueba, aunque, para acreditar indiciariamente su interés en el juicio, ya sea legítimo o jurídico, según el caso, se deberá acreditar con pruebas documentales que se encuentra dentro de los supuestos que señala la norma general impugnada. Además, debe recalcarse que en el incidente de suspensión de los actos reclamados, únicamente pueden ofrecerse pruebas documentales o de inspección judicial, pero para el caso de qué el amparo se interponga contra normas generales, sólo deben de ofrecerse las pruebas documentales en original o copia certificada, ya que las simples no producirán valor probatorio indiciario que se requiere para la acreditación del interés de que se trate. Cfr., CHÁVEZ CASTILLO, Raúl, *Nuevo juicio de amparo contra normas generales*, *op. cit.*, p. 277.

413 *Ibidem*, p. 273.

ra jurídica del quejoso con relación a los efectos y consecuencias subsecuentes del acto de aplicación.

c. Si el quejoso que solicita la suspensión aduce un interés legítimo, ya sea que reclame una norma general auto o heteroaplicativa, el órgano jurisdiccional la concederá cuando el quejoso acredite el daño inminente e irreparable a su pretensión en caso de qué se niegue y el interés social que justifique su otorgamiento.

d. En el caso en que el amparo se interponga contra normas generales heteroaplicativas, cuando por mandato expreso de una norma general o de alguna autoridad, un particular tuviere o debiera tener intervención en la ejecución, efectos o consecuencias del acto reclamado, el efecto de la suspensión será que el juez de amparo, la concederá y ordenará a dicho particular la inmediata paralización de la ejecución, efectos o consecuencias de dicho acto o, en su caso, que tome las medidas pertinentes para el cumplimiento estricto de lo establecido en la resolución suspensional.

e. Por el contrario, el órgano jurisdiccional de amparo negará la suspensión provisional y posteriormente la definitiva, respecto de la expedición y de los efectos de la norma general reclamada, si es que la medida cautelar se solicita en forma genérica, esto es, sin precisar para qué efectos se solicita.

f. En ningún caso, el otorgamiento de la medida cautelar podrá tener por efecto modificar o restringir derechos ni constituir aquéllos que no haya tenido el quejoso antes de la presentación de la demanda.

3. Suspensión del acto reclamado en el amparo directo

En virtud de que en el juicio de amparo directo no se señala como acto reclamado la norma con carácter general, la suspensión del acto reclamado, únicamente se establece por cuanto hace a la resolución reclamada en el mismo, y en ningún caso con relación a la norma general que se impugne vía conceptos de violación en la demanda respectiva.

Bibliografía

1. *Obras*

ARAGÓN, Manuel, *Constitución, democracia y control*, México, Instituto de Investigaciones Jurídicas UNAM, 2002.

ARELLANO GARCÍA, Carlos, *El juicio de amparo*, 13ª ed., México, Editorial Porrúa, 2012.

ASTUDILLO, César, *El bloque y el parámetro de constitucionalidad en México*, México, Tirant lo Blanch, 2014.

BAGNI, Silvia y NICOLINI, Matteo, *Justicia constitucional comparada*, Madrid, Centro de Estudios Políticos y Constitucionales, 2021.

BOBBIO, Norberto, *Teoría general del derecho*, 5ª ed., Bogotá, Editorial Temis, 2019.

BRAGE CAMAZANO, Joaquín, *La acción abstracta de inconstitucionalidad*, México, UNAM, 2005.

BREWER-CARÍAS, Allan R., *El proceso de amparo en el derecho constitucional comparado en América Latina*, México, Editorial Porrúa, Instituto Mexicano de Derecho Procesal Constitucional, 2016.

BURGOA, Ignacio, *Derecho constitucional mexicano*, 20ª ed., México, Editorial Porrúa, 2018.

__________, *Diccionario de derecho constitucional, garantías y amparo*, 8ª ed., México, Editorial Porrúa, 2011.

__________, *El juicio de amparo*, 43ª ed., México, Editorial Porrúa, 2009.

__________, *Las garantías individuales*, 41ª ed., México, Editorial Porrúa, 2009.

CABALLERO GONZÁLEZ, Edgar S. (coord.), *Diccionario práctico de derecho constitucional*, México, Centro de Estudios Jurídicos Carbonell A.C., 2020.

__________, *Curso básico de derecho procesal constitucional*, México, Centro de Estudios Jurídicos Carbonell A.C., 2018.

__________, *El diálogo jurisprudencial de la Suprema Corte de Justicia de la Nación con los Tribunales Constitucionales y Regionales*, México, Editorial Porrúa, Instituto Mexicano de Derecho Procesal Constitucional, 2019.

CALAMANDREI, Piero, *Instituciones de derecho procesal civil*, vol. I, trad. de Santiago Sentis Melendo, Buenos Aires, Ediciones Jurídicas Europa-América, 1973.

CAPPELLETTI, Mauro, *La jurisdicción constitucional de la libertad con referencia a los ordenamientos alemán, suizo y austriaco*, trad. de Héctor Fix-Zamudio, Lima, UNAM, Palestra, 2010.

__________, *La justicia constitucional (Estudios de Derecho Comparado)*, trad. de Luis Dorantes Tamayo, México, Editorial Porrúa, 1987.

CARBONELL, Miguel, *Los derechos fundamentales en México*, 3ª ed., México, Editorial Porrúa, UNAM, CNDH, 2009.

__________, y CABALLERO GONZÁLEZ, Edgar S., *Ley de amparo con jurisprudencia*, 2ª ed., México, Tirant lo Blanch, 2017.

CARPIZO, Jorge, *Estudios constitucionales,* 8ª ed., México, Editorial Porrúa, 2012.

_________, *La Constitución de 1917. Longevidad casi centenaria,* 16ª ed., México, Editorial Porrúa, 2013.

CENTRO DE ESTUDIOS JURÍDICOS CARBONELL A.C., *Marbury versus Madison,* estudio preliminar de Miguel Carbonell, trad. de Ignacio Fernández Sarasola, epílogo de Marian Ahumada Ruiz, México, Centro de Estudios Jurídicos Carbonell A.C., 2017.

CHÁVEZ CASTILLO, Raúl, *Derecho procesal de amparo conforme a la nueva ley,* 5ªed., México, Editorial Porrúa, 2018.

_________, *Nuevo juicio de amparo contra normas generales,* 4ª ed., México, Editorial Porrúa, 2015.

_________, *Nuevo juicio de amparo,* 18ª ed., México, Editorial Porrúa, 2019.

COAÑA BE, Luis D., *El juicio de amparo,* México, Tirant lo Blanch, 2019.

COSSÍO DÍAZ, José Ramón, *La controversia constitucional,* México, Editorial Porrúa, 2008.

_________, *Sistemas y modelos de control de constitucionalidad en México,* 2ª ed., México, UNAM, Instituto de Investigaciones Jurídicas, 2013.

DE PINA, RAFAEL y CASTILLO LARRAÑAGA, José, *Instituciones de derecho procesal civil,* 7ª ed., México, Editorial Porrúa, 2007.

DÍAZ REVORIO, Francisco Javier, *Las sentencias interpretativas del Tribunal Constitucional,* México, Editorial Porrúa, Instituto Mexicano de Derecho Procesal Constitucional, 2011.

ESCOBAR FORNOS, Iván, *Introducción al derecho procesal constitucional,* México, Editorial Porrúa, Instituto Mexicano de Derecho Procesal Constitucional, 2005.

EZQUIAGA GANUZAS, Francisco Javier, *La argumentación interpretativa en la justicia electoral mexicana,* México, Tribunal Electoral del Poder Judicial de la Federación, 2006.

FERNÁNDEZ SEGADO, Francisco, *La jurisdicción constitucional en España,* Madrid, Dykinson, 1997.

FERRAJOLI, Luigi, *Derechos y garantías. La ley del más débil.* Prólogo de Perfecto Andrés Ibáñez, 8ª ed., Madrid, Editorial Trotta, 2016.

FERRER MAC-GREGOR, Eduardo, *Derecho procesal constitucional,* IV tomos, 5ª ed., México, Editorial Porrúa, Colegio de Secretarios de la Suprema Corte de Justicia de la Nación, 2006;

_________, *Ensayos sobre derecho procesal constitucional,* México, Editorial Porrúa, CNDH, 2004.

_________, *La acción constitucional de amparo en México y España. Estudio de derecho comparado.* Prólogo de Héctor Fix-Zamudio, 4ª ed., México, Editorial Porrúa, 2007.

_________, *Los tribunales constitucionales en Iberoamérica,* prólogo de Héctor Fix-Zamudio, México, FUNDAP, 2002.

_________, y FIGUEROA MEJÍA, Giovanni A. (coords.), *El amparo del siglo XXI. Memoria del IV Congreso Mexicano de Derecho Procesal Constitucional,* México, Editorial Porrúa, Instituto Mexicano de Derecho Procesal Constitucional, Poder Judicial del Estado de Nayarit, 2015.

_________, y GONZÁLEZ OROPEZA, Manuel, *El juicio de amparo. A 160 años de la primera sentencia,* II tomos, México, Instituto de Investigaciones Jurídicas, 2011.

_________, y HERRERA GARCÍA, Alfonso, *El juicio de amparo en el centenario de la Constitución mexicana de 1917,* II Tomos, México, Instituto de Investigaciones Jurídicas UNAM, 2017.

_________, y MÁRTINEZ RAMÍREZ, Fabiola, *et. al.*, *Diccionario de derecho procesal constitucional y convencional. 1001 voces. In Memoriam Dr. Héctor Fix-Zamudio,* 3ª ed., II Tomos, México, UNAM, Instituto de Investigaciones Jurídicas, Instituto de Estudios Constitucionales del Estado de Querétaro, 2021.

_________, y SÁNCHEZ GIL, Rubén, *El nuevo juicio de amparo. Guía de la reforma constitucional y la nueva Ley de Amparo,* 11ª ed., México, Editorial Porrúa, Instituto Mexicano de Derecho Procesal Constitucional, 2018.

_________, y ZALDÍVAR LELO DE LARREA, Arturo, *La ciencia del derecho procesal constitucional. Estudios en homenaje a Héctor Fix-Zamudio en sus cincuenta años como investigador del derecho,* XII Tomos, México, UNAM, Instituto Mexicano de Derecho Procesal Constitucional, Marcial Pons, 2008.

FIGUEROA MEJÍA, Giovanni A., *Estudios sobre control constitucional y convencional,* Prólogo de Néstor Pedro Sagües, México, Editorial Porrúa, Instituto Mexicano de Derecho Procesal Constitucional, 2020.

_________, *Las sentencias constitucionales atípicas en el derecho comparado y en la acción de inconstitucionalidad mexicana,* México, Editorial Porrúa, Instituto Mexicano de Derecho Procesal Constitucional, 2011.

FIX-ZAMUDIO, Héctor, *El juicio de amparo,* México, Editorial Porrúa, 1964.

_________, *Ensayos sobre el derecho de amparo,* México, UNAM, 1993.

_________, y FERRER MAC-GREGOR, Eduardo, (coord.) *El derecho de amparo en el mundo,* México, Editorial Porrúa, Instituto de Investigaciones Jurídicas, Fundación Konrad-Adenauer, 2006.

_________, y VALENCIA CARMONA, Salvador, *Derecho constitucional mexicano y comparado,* 9ª ed., México, Editorial Porrúa, 2017.

GARCÍA BELAUNDE, Domingo y FERNÁNDEZ SEGADO, Francisco (coords.), *La jurisdicción constitucional en Iberoamérica,* Madrid, Dykinson, 1997.

GARCÍA DE ENTERRÍA, Eduardo, *La Constitución como norma y el Tribunal Constitucional,* 4ª ed., Madrid, Civitas, 2006.

GARCÍA MÁYNEZ, Eduardo, *Introducción al estudio del derecho,* 5ª reimp., 65ª ed., México, Editorial Porrúa, 2017.

GOZAÍNI, Osvaldo A., *El Derecho procesal constitucional y los derechos humanos (vínculos y autonomías),* México, UNAM, 1997.

_________, *Tratado de derecho procesal constitucional,* II Tomos, México, Editorial Porrúa, 2011.

GUASTINI, Riccardo, *Teoría e ideología de la interpretación constitucional.* Prólogo de Miguel Carbonell, 2ª ed., Madrid, Mínima Trotta, Instituto de Investigaciones Jurídicas, UNAM, 2010.

_________, *Estudios sobre la interpretación jurídica*, 5ª ed., trad. de Miguel Carbonell, México, Editorial Porrúa, UNAM, 2003.

HERNÁNDEZ VALLE, Rubén, *Introducción al derecho procesal constitucional*, México, Editorial Porrúa, Instituto Mexicano de Derecho Procesal Constitucional, 2005.

HERRERA GARCÍA, Alfonso, *Elementos de jurisdicción constitucional. Nacional, comparada y supranacional*, México, Editorial Porrúa, Instituto Mexicano de Derecho Procesal Constitucional, 2017.

KELSEN, Hans, *La garantía jurisdiccional de la Constitución (la justicia constitucional)*, trad. Rolando Tamayo y Salmorán, México, UNAM, 2016.

_________, *Teoría general del Derecho y del Estado*, trad. de Eduardo García Máynez, 3ª ed., México, UNAM, 2008.

_________, *Teoría pura del derecho. Introducción a los problemas de la Ciencia Jurídica*, presentación de Gregorio Robles, Madrid, Editorial Trotta, 2011.

LÓPEZ SÁENZ, Emanuel, *La justicia constitucional local en México: un estudio de Derecho comparado. Hacia una reforma a la Constitución Política de los Estados Unidos mexicanos para su consolidación*, México, Consejo editorial H. Cámara de Diputados, 2019.

NOGUEIRA ALCALÁ, Humberto, *La jurisdicción constitucional y los tribunales constitucionales de Sudamérica en la alborada del siglo XXI*, Editorial Porrúa, Instituto Mexicano de Derecho Procesal Constitucional, 2004.

NORIEGA CANTÚ, Alfonso, *Lecciones de amparo*, 8ª ed., México, Editorial Porrúa, 2004.

OJEDA BOHÓRQUEZ, Ricardo, 2ª ed., *El amparo contra normas con efectos generales*, México, Editorial Porrúa, 2011.

PEGORARO, Lucio, *La justicia constitucional. Una perspectiva comparada*, Madrid, Dykinson, 2004.

_________, *Teorías y modelos de la comparación. Ensayos de derecho constitucional comparado*, Argentina, Ediciones Olejnik, 2017.

_________, y RINELLA, Angelo, *Derecho constitucional comparado. 1. La ciencia y el método*, México, UNAM, Instituto de Investigaciones Jurídicas, Astrea, 2014.

_________, *Derecho constitucional comparado. 4. Sistemas de justicia constitucional*, Buenos Aires, Astrea, G. Giappichelli Editore, 2020.

PÉREZ ROYO, Javier, *Curso de derecho constitucional*, 14ª ed., Madrid, Marcial Pons, 2014.

_________, *Tribunal Constitucional y división de poderes*, Madrid, Tecnos, 1988.

POZZOLO, Susanna y ESCUDERO, Rafael (coords.), *Disposición vs. Norma*, Lima, Palestra, 2011.

PRIETO SANCHÍS, Luis, *Justicia constitucional y derechos fundamentales*, 3ª ed., Madrid, Editorial Trotta, 2014.

RANGEL HERNÁNDEZ, Laura R., *Inconstitucionalidad por omisión legislativa. Teoría general y su control jurisdiccional en México*, Prólogo de Eduardo Ferrer Mac-Gregor, México, Editorial Porrúa, Instituto Mexicano de Derecho Procesal Constitucional, 2009.

SILVA RAMÍREZ, Luciano, *El control judicial de la constitucionalidad y el juicio de amparo en México*, 4ª ed., México, Porrúa, 2017.

SUPREMA CORTE DE JUSTICIA DE LA NACIÓN, *Manual del justiciable en materia de amparo,* 2ª reimp., México, Suprema Corte de Justicia de La Nación, 2010.

TAFOYA HERNÁNDEZ, José Guadalupe (coord.), *Elementos para el estudio del juicio de amparo,* México, México, Suprema Corte de Justicia de la Nación, 2017.

TUSSEAU, Guillaume, *Para acabar con los "modelos" de jurisdicción constitucional. Un ensayo de crítica,* México, Editorial Porrúa, Instituto Mexicano de Derecho Procesal Constitucional, 2011.

VALLARTA, Ignacio L., *El juicio de amparo y el writ of hábeas corpus,* t. V, remp. facsimilar, México, Editorial Porrúa, 1980.

ZAGREBELSKY, Gustavo, *La giustizia costituzionale,* 2ª ed., Bolonia, Il Mulino, 1982.

_________, *El derecho dúctil. Ley, derechos, justicia,* 11ª ed., trad. de Marina Gascón, Madrid, Editorial Trotta, 2011.

2. Artículos en revistas especializadas

BRITO MELGARAREJO, Rodrigo, "Una aproximación conceptual al control jurisdiccional de constitucionalidad", *en Revista de la Facultad de Derecho de México,* t. LXIII, núm. 259, México, UNAM, enero-junio, 2013, pp. 123-154, en 338 pp.

CARBONELL, Miguel, "Marbury versus Madison: en los orígenes de la supremacía constitucional y el control de constitucionalidad", en *Revista Iberoamericana de Derecho Procesal Constitucional,* número 5, enero-junio, México, Instituto Iberoamericano de Derecho Procesal Constitucional, Porrúa, 2006, pp. 289-301 en 495 pp.

CARPIZO, Jorge, "La interpretación del 133 constitucional", en *Boletín Mexicano de Derecho comparado,* año II, número 4, enero-abril, UNAM, 1969, 7-8 pp.

FERRER MAC-GREGOR, Eduardo, "Niceto Alcalá Zamora y el Derecho procesal constitucional", en *Derecho,* número 10, año 10, Arequipa/Perú, Universidad Autónoma de San Agustín-Facultad de Derecho, 2008, pp. 13-17.

_________, "¿Es Kelsen el fundador del Derecho procesal constitucional? Análisis de un debate contemporáneo", en *Revista de Processo,* número 22, São Paulo/Brasil, Editora Revista dos Tribunais, 2008, pp. 245-282.

FIX-ZAMUDIO, Héctor, "El Derecho de amparo en México y en España. Su influencia recíproca", en *Revista de Estudios Políticos,* Nueva época, número 7, enero-febrero, Madrid, Centro de Estudios Políticos y Constitucionales, 1979, pp. 227-267.

_________, "El pensamiento de Eduardo J. Couture y el derecho constitucional procesal, en *Boletín Mexicano de Derecho comparado,* número 30, septiembre-diciembre, México, IIJ, 1997, pp. 315-348.

_________, "La aportación de Piero Calamandrei al derecho procesal constitucional", en *Revista de la Facultad de Derecho de México,* t. VI, número 24, octubre-diciembre, México, UNAM, 1956, pp. 191-211.

PEGORARO, Lucio, "Clasificaciones y modelos de justicia constitucional en la dinámica de los ordenamientos", en *Revista Iberoamericana de Derecho Procesal Constitucional,* núm. 2, julio-diciembre, México, Porrúa, Instituto Iberoamericano de Derecho Procesal Constitucional, 2004, pp. 131-159, en 333 pp.

SÁNCHEZ GIL, Rubén, "El control difuso de la constitucionalidad en México. Reflexiones en torno a la tesis P./J. 38/2002", en *Cuestiones Constitucionales,* número 11, julio-diciembre, México, UNAM, 2004, p. 201; entre otros.

3. Artículos en obras colectivas

CABALLERO GONZÁLEZ, Edgar S., "Reforma constitucional del juicio de amparo", en FERRER MAC-GREGOR, Eduardo y FIGUEROA MEJÍA, Giovanni A. (coords.), *El amparo del siglo XXI. Memoria del IV Congreso Mexicano de Derecho Procesal Constitucional,* México, Editorial Porrúa, Instituto Mexicano de Derecho Procesal Constitucional, Poder Judicial del Estado de Nayarit, 2015, pp. 181- 200, en 755 pp.

FERRER MAC-GREGOR, Eduardo, "Aproximación al derecho procesal constitucional", en Carbonell, Miguel, *Diccionario de Derecho Constitucional,* t. I, 3ª ed., México, Editorial Porrúa, 2009, pp. 438-448.

_________, y SÁNCHEZ GIL, Rúben, "El control abstracto de inconstitucionalidad de leyes en México. Tipología de resoluciones", en Häberle, Peter y García Belaunde, Domingo (coords.), *El control del poder. Homenaje a Diego Valádes,* t.II, México, UNAM, Instituto de Investigaciones Jurídicas, 2011.

FIGUEROA MEJÍA, Giovanni A., "Efectos de las sentencias de amparo: modificación parcial del principio de relatividad a través de la declaratoria general de inconstitucionalidad", en Ferrer Mac-Gregor, Eduardo y Herrera García, Alfonso, *El juicio de amparo en el centenario de la Constitución mexicana de 1917,* t. II, México, Instituto de Investigaciones Jurídicas UNAM, 2017, pp. 393-407, en 549 pp.

FIX-ZAMUDIO, Héctor y FERRER MAC-GREGOR, Eduardo, "Las garantías constitucionales en México: 200 años", en García Ramírez, Sergio (coord.), *El Derecho en México: dos siglos (1810-2010),* t. I: Derecho constitucional, Valadés, Diego (coord.), México, Editorial Porrúa, UNAM, 2010, pp. 237-313.

FRANCO GONZÁLEZ-SALAS, José Fernando, "El juicio de amparo indirecto contra normas generales", en Tafoya Hernández, José Guadalupe (coord.), *Elementos para el estudio del Juicio de Amparo,* México, Suprema Corte de Justicia de la Nación, 2017, pp. 469-518, en 1212 pp.

HERNÁNDEZ ÁLVAREZ, Martha María del Carmen, "Influencia del pensamiento de Alexis de Tocqueville en el juicio de amparo mexicano", en Ferrer Mac-Gregor, Eduardo y Herrera García, Alfonso (coords.), *El juicio de amparo en el centenario de la Constitución mexicana de 1917,* t. II, México, Instituto de Investigaciones Jurídicas UNAM, 2017, pp. 115-122, en 621.

SAMANIEGO SANTAMARÍA, Luis Gerardo, "Control difuso de constitucionalidad-convencionalidad. Evolución jurisprudencial a cien años de la Constitución mexicana de 1917", en Ferrer Mac-Gregor, Eduardo y Flores Pantoja, Rogelio (coords.), *La Constitu-*

ción y sus garantías. A 100 años de la Constitución de Querétaro de 1917. Memoria del XI Encuentro Iberoamericano y VIII Congreso Mexicano de Derecho Procesal Constitucional, México, Instituto de Estudios Constitucionales del Estado de Querétaro, UNAM, Instituto de Investigaciones Jurídicas, 2017, pp. 865-883, en 967 pp.

MARTÍNEZ RAMÍREZ, Fabiola, "Las controversias constitucionales como medio de control constitucional", en Ferrer Mac-Gregor, Eduardo y Zaldívar Lelo de Larrea, Arturo, *La ciencia del derecho procesal constitucional. Estudios en homenaje a Héctor Fix-Zamudio en sus cincuenta años como investigador del derecho*, t. VIII, México, UNAM, Instituto Mexicano de Derecho Procesal Constitucional, Marcial Pons, 2008, pp. 557-602, en 998 pp.

PÉREZ DAYÁN, Alberto, "Amparo contra normas generales. Amparo Directo", Tafoya Hernández, José Guadalupe (coord.), *Elementos para el estudio del Juicio de Amparo*, México, Suprema Corte de Justicia de la Nación, 2017, pp. 521-553, en 1212 pp.

________, "El juicio de amparo contra leyes", en Ferrer Mac-Gregor, Eduardo y Herrera García, Alfonso (coords.), *El juicio de amparo en el centenario de la Constitución mexicana de 1917*, t. I, México, Instituto de Investigaciones Jurídicas UNAM, 2017.

SÁNCHEZ GIL, RUBÉN, "La aplicabilidad de normas generales y su impugnación en amparo", en Ferrer Mac-Gregor, Eduardo y González Oropeza, Manuel, *El juicio de amparo. A 160 años de la primera sentencia*, t. II, México, Instituto de Investigaciones Jurídicas UNAM, 2011, pp. 369-414, en 593 pp.

ZAGREBELSKY, Gustavo, "La Constitución y sus normas" en Carbonell, Miguel (coord.) *Teoría de la Constitución. Ensayos escogidos*, México, Editorial Porrúa, 2005, pp. 67-93.